U0895716

伯里克利与雅典伟业的铸就

Pericles of Athens and the Birth of Democracy

Donald Kagan

[美] 唐纳德·卡根——著
王可雅——译

九州出版社
JIUZHOUPRESS

献给默纳，她教会了我许多，且教之有方。

目　录

前　言

叙述一个人的生平、认为他是一股不仅深刻影响了其所处的时代更塑造了随后几个世纪的强大力量，这样的写法已不再时兴。更少见的写法是将这些影响归因于他自身的英雄品格，正如本书所做的那样。但是我希望读者会认同，书中的证据证明了我的尝试是正确的，也支撑了我的结论。

给一个生活在公元前 5 世纪的人写传记会面临一个特殊问题。伯里克利自己没有留下任何信件、回忆录，或是任何什么文章。同时代的历史学家修昔底德以直接引语形式记载了 3 篇演说辞，另有 1 篇以间接引语记述，还有被其他古代作家引用才流传下来的几句。关于他言行的同时代证据只有修昔底德的《伯罗奔尼撒战争史》，以及阿里斯托芬（Aristophanes）和其他喜剧诗人在他们的戏剧中的讽刺性影射。另外一些有用的逸事和少量信息被保存在后来的古代作家的作品中。

关于他的记载最可靠的是修昔底德的史书，但修昔底德的论述严格地局限于伯罗奔尼撒战争，以及其中的军事、政治、外交问题。在修昔底德的叙述中，伯里克利是在死前第三年才出场的，而且他仅仅被当作一个公众人物来处理。而喜剧诗人和逸事对伯里克利的公共生活和私人生活都有所描述，并且很好地回溯了他的政治生涯，但这些是零散、孤立的叙述，很难合理地利用。不止一位学者曾经误入歧途，将古老的笑话作为严肃的证据，而另外一些学者则没有利用好那些源于喜剧和逸事的有价值的线索。

关于伯里克利的职业生涯最为完整的古代记载来自一部传记，这部传记包含一大批希腊罗马杰出人物的传记，由喀罗尼亚（Chaeronea）的普鲁塔克（Plutarch）用他的母语希腊语写成，于公元 1 世纪末问世，其中就有修昔底德的传记。虽然普鲁塔克比起历史学家更像伦理学家，虽然他生活在伯里克利死后 500 年，但是他的《伯里克利传》还是具有重要价值的。普鲁塔克有一个无与伦比的“图书馆”，里面包含了许多现已失传的作品，一些是与伯里克利同时代的人写的，一些是他下一代的人写的。他曾读过古代石碑上的铭文，看过现已不复存在的绘画、雕塑和建筑。他的作品可以作为一个获得真实信息的很好来源，如果我们谨慎、细致地使用它。

然而，尽管经过了仔细的梳理，这些材料还是不能提供一个关于伯里克利内心生活的清晰图景，只有在他的行为为此提供了线索的极少数情况下，我才试图加以推测。除此之外，这必然是一部从外部描述他生活的记录，但在一个非常重要的方面除外：它试图解读伯里克利的思想（mind），而非其心理（psych）。他的行为、关于他的故事，特别是他自己的演说都为此提供了大量证据。这些证据呈现了关于伯里克利思想体系的连贯图景，尤其是他在政治、社会、伦理方面的远见卓识。倘若我们注定无法窥见这位伟人的某些面相，历史留给我们的似乎恰是更重要的方面。

接下来是关于本书在方法和风格上的一些说明。如何使用修昔底德记录的演说辞一直是棘手问题。我把它们当作一种真诚的努力，是在追求精确地记录演讲者在每一个场合所说的话，虽然我不怀疑修昔底德心里也有其他的目的。此外，伯里克利的演说极有可能被准确地记录了，因为修昔底德必定亲历了所有这些演说场合，同时它们是如此令人难以忘记，以至于任何误传都可能被许多人识别出来。我在我的 4 卷本著作《伯罗奔尼撒战争史》以及一篇名为《修昔底德的演说辞和密提林（Mytilene）辩论》的文章中为我关于这些演讲的观点做了辩护（《耶鲁古典研究》第 24 期［1975］：71—94 页）。

我在《伯罗奔尼撒战争史》前两卷《伯罗奔尼撒战争的爆发》和《阿奇达姆斯（Archidamian）战争》中讨论了许多我在这里要处理的问题。在那里，我引用和论证了古代的证据，以及一些现代学者的观点，且每卷都包含参考书目。出于当前的目的，我会依靠和采用这些卷的部分内容，因为在大多数问题上，我没有改变我的观点，也没有找到更好的组织和表达方式。

有些读者可能发现本书的语气太过自信，尤其是我只为直接引用加注。伯里克利人生中的每个重要方面几乎都有争议，而且一直以来备受争议，但是反复提醒读者注意古希腊研究中固有的不确定性，更有可能会惹恼读者，而不是帮助读者。这一段是一个总体性的声明，我所呈现的都是我自己对事件和意图的解释，这些都是可以开放讨论的。

这本书的一个特点需要特别解释，我将许多雅典公民的举措归于伯里克利，就像他可以为全体公民做决定一样。实际上他并没有这样做的自由。几乎每一项举措都是在雅典公民大会上直接投票的结果，毫无保留地彰显着雅典人民的集体意志。我之所以将这些举措归于伯里克利，是因为我相信，在这些情况下，伯里克利可以进行有效的政治控制，能够在公民大会中推动他赞成的法案通过，并阻止那些他不喜欢的法案通过。当然，这只是一种解释，但我认为它有证据支持。但是读者应该明白，当我说“伯里克利采取某项公共举措”时，这是对“在伯里克利的引导下的公民大会”做出这一决定的简略表述。

最后，我必须解释什么是“反事实历史”（counterfactual history），并为我对它的使用进行辩护。有些读者可能会对我的做法感到困惑，我把实际发生的事情与假如个人或群体做了不同的决定、采取了不同的行动时可能发生的事情进行比较。我认为任何试图书写历史而不仅仅是罗列历史事件的人，必须考虑可能发生了什么，其中唯一的问题是，他如何明确地显示出他在做什么。历史学家对他们所讲述的内容进行解释、说明，也就是说他们对此进行评判。当我们判定某项决策明智与否时，本质上是在断言它优于或劣于其他可能的选择——这正是所谓“反事实历史”研究的核心命题。所有真正的历史学家都会从事这种实践，无论他们的自我意识是强还是弱。在很多情况下，或许堪称最伟大的历史学家的修昔底德就这么做了，正如他对伯罗奔尼撒战争中伯里克利的战略所做出的判断：“那时伯里克利有足够的理由预测在这场战争中雅典会轻而易举地战胜伯罗奔尼撒同盟。”（2.65.13）

我认为这样的明确表达有重要的优势：一个清晰的陈述让读者注意到，所讨论的主张是一个判断，是一种解释，而不是一个事实。它也帮助避免既成事实的过分影响，明确说明真实发生的事不是某种超人力量所导致的必然结果，也不是历史人物内在的同样坚定且神秘的力量导致的必然结果。相反，实际发生了什么，是人类在一个他们不能完全控制的世界中做出的决定所带来的结果。这表明，这些决定以及它们带来的结果本来可以完全不同。

我会持续用这种方法来考察伯里克利的生平。

在使用希腊语单词和人名时，我并没有保持一致。因为一致性要求会使那些我们熟悉的希腊名字变得陌生，因此我宁愿保留常用的拼法，例如，Pericles（伯里克利）、Cimon（客蒙）和Alcibiades（亚西比德），而不是Perikles、Kimon和Alkibiades。另一方面，我用接近希腊语发音的方式，音译了一些人们不太熟悉的名字和单词。

写这本书的初衷是以前我在耶鲁大学参与教授一门叫“伯里克利时期的雅典”的课程。我的同事是C. 约翰·赫林顿（C.John Herington）、杰罗姆·J. 波利特（Jerome J. Pollitt）、海因里希·冯·施塔登（Heinrich von Staden）、理查德·加纳（Richard Garner）和莎拉·莫里斯（Sarah Morris）。我从他们身上学到了很多东西，受他们的启发，进而更加深入地思考伯里克利和他所在时期的雅典。约翰·赫林顿、杰罗姆·波利特和海因里希·冯·施塔登已经阅读了手稿中的这部分内容，并帮我避免了一些错误。我也感谢朱迪思·格里克·巴林杰（Judith Glick Barringer）在艺术和考古领域给我提供的帮助。我的儿子弗雷德（Fred）已经阅读了部分内容，并给予了有用的意见。特别感谢我的儿子鲍勃（Bob），他阅读了整本手稿，提出了许多有用的想法，从世界政治和国际关系方面的专业人士的角度给了我很有价值的建议。我的编辑亚当·贝洛（Adam Bellow）提了许多周到和有趣的建议，给我很大帮助。他们都使这本书变得比原本要好，并且没有人要对依然存在的错误负责。我感谢耶鲁大学准许我离开，将工作重心放在这本书上。最后，我最深切的感激要给我的妻子，是她把伯里克利时期雅典的奇迹教给许多孩子，我的这份努力是献给她的。

哈姆登，康涅狄格州

1990 年 6 月

引 言

在公元前 500 年到来之前的十年里，雅典人建立了世界上第一个民主政制。半个世纪后，经过伯里克利改革，这种新型政体被带向了其古典模式，而希腊人诸多最伟大的成就正是在伯里克利塑造的雅典取得的。当世界其他地区仍然处于君主专制、等级森严的垂直管控型社会时，雅典已将民主制度发展到了前现代社会的极致，也许比其他任何地方和时代都发展得更好。虽然雅典公民权局限于本地出身的成年男性，但是在城邦做出的每个决定中，雅典公民权授予公民完全、积极参与的权利，而不考虑财富和等级。雅典人将妇女、儿童、外邦人以及奴隶排除在政治生活之外，但是他们发明的在政治共同体内部坚持平等的原则，是法国启蒙运动时期萌发的现代普遍平等主义思想的种子。

世界上首个民主制的经验在未来几年可能比 18 世纪以来的任何时候都更能引起人们的兴趣，彼时相关的经验因美国和法国革命而成为政治争论的中心。当时，君主主义者在古希腊历史中找到了反对民主政府的论据，民主制的支持者被迫以重新阐释历史的方式回应。最近东欧各国对当前政权的反对，以及希望用某种形式的民主取代它的普遍需要，令许多观察家认为自由民主的胜利是永恒的。然而，寻求民主的大多数国家对这样一个政体几乎没有或者只有一点儿经验，也很少有人懂得设立和维持这样一个体系有多困难。与此同时，民主制的现代拥护者似乎无法提供所需的知识和精神支持，因为他们忽视了它最初的原则。

虽然在我们这个时代，民主制被认为是理所当然的，但它实际上是人类经验丛林中最稀有、最精致和最脆弱的花中的一朵。它在雅典只存活了两个世纪，在其他为数不多的实行民主制的希腊城邦存在的时间更短。两千多年后，当它在西方世界再次出现时，它的范围变广了，但是根基更薄弱。与古希腊相比，法国和美国的革命更加慷慨地扩大了公民权范围，最终仅仅将儿童排除在政治参与之外。但是现代民主国家也更加间接和疏离，与这个术语在古代的含义相比更不“political”[①]。

迄今为止，只有古代雅典和现代的美国实行民主制长达200年。另一方面，君主制和不同形式的专制制度已历经千年。一个专制王朝、一个暴政统治、一个统治集团可能会被废除，但总是一个被另一个取代，或者陷入混乱的无政府状态，最终建立某种垂直管控型社会。乐观主义者可能认为民主是人类社会的必然和最终形式，但历史记录表明，到目前为止，它是罕见的例外。

有些人认为民主是人类天然政体，还认为一旦专制或“反动”统治被推翻，民主制的建立和成功就会得到保证，而上述事实应当让他们有所警醒。对历史上少数成功的民主制的考察表明，民主制要蓬勃发展需要满足3个条件。第一是要有一套好的制度；第二是要有大量透彻地理解了民主原则的公民，或者他们至少具有与民主生活方式相一致的特质；第三是要有高素质的领导者，

① 指political的古希腊语词源πολίτης，有公民（citizen）的意思。——编者注（若无特别说明，脚注均为原书注）

至少能在关键时刻发挥作用。有时，第三个条件是最重要的，它可以弥补另外两个的不足。

伯里克利不是民主制的创立人或发明者，而是在它被发明仅半个世纪后，在民主制还很脆弱时，才成为它的领导者。他在把民主政治从一个平民仍然服从贵族上层的有限民主转换为一个完全自信的民主政府——身处其中的民众不光在理论上，还在实际上拥有至高的权力——的过程中无疑发挥了主要作用。因此，除了作为政治功绩所具有的研究价值，伯里克利的政治生涯可以为如何让新生的、脆弱的民主制走向成熟提供指导。

人类历史上几乎没有哪个时段可以与公元前 5 世纪伯里克利领导下的雅典取得的成就媲美。伯里克利时期的雅典人口约有 25 万，这些人创作的文学、雕塑和建筑作品，直到现在都是榜样、灵感和奇迹。这个时期的雅典诞生了历史书写，其中一个公民一举将其提升到了难以超越的高度。这个时期的雅典是科学思辨的发源地，其强度和独创性罕有人及，也是至少在我们这个时代之前无人能比的政治探索、政治讨论和政治参与的温床。

伏尔泰将伯里克利时期的雅典视为仅有的 4 个享有类似辉煌时期的社会之一："4 个幸福的时代，在这 4 个时代里艺术臻于完美，它们标志着人类思想的伟大时代，是后代的榜样。"[1] 其他 3 个是恺撒和奥古斯都统治时期的罗马、15 世纪文艺复兴时期的意大利，还有路易十四统治时期的法国。我们也许可以把伊丽莎白一世统治时期的英国加入其中，但在本世纪①之前似乎没有其他

① 指作者成书的 20 世纪。后文以作者口吻写的"本世纪"均指 20 世纪。——编者注

时代可以与这 5 个时代处于一个等级。

如果要了解希腊人的经验，首先我们必须知道它是一个特例，是古往今来绝大多数人类社会未曾有过的例外。早期文明，如埃及、美索不达米亚、巴勒斯坦-叙利亚、印度和中国文明，与后来那些南美和中美洲文明在基本形式上类似，但是它们明显从根本上与希腊文明不同。它们有复杂、高度发达的社会，通常围绕城镇中心建设，国王和神权阶级处于统治地位。它们中的大多数都发展了深奥的书写系统，只有少数专业抄工精通。在庞大且组织严密的官僚机构的帮助下，它们拥有强势、权力集中的君主制政府，统治相对广袤的土地。它们有等级分明的社会制度、专业的常备军队，以及用以维持这些的常规税收制度。在某种程度上，它们倾向于文化的一致性和稳定性。

然而，希腊文明与这种模式大不相同。它兴起于公元前 1000 年之前，迈锡尼文明（Mycenaean civilization，一种受埃及和近东文明影响的文明）崩塌后不久，诞生在一个穷困、几乎是原始的世界。城邦消失殆尽，取而代之的是小型农业村庄。商业贸易几乎停止了，此外，不仅希腊人和其他种族之间的交流大幅减少，而且希腊人之间也是如此。写作技艺也消失了 3 个多世纪。总之，希腊文明的母体是一个黑暗时期，在这一时期，一小群贫穷、与世隔绝、不识字的人被世界其他地方忽视，独自发展他们自己的社会。

在大约公元前 1050 年到公元前 750 年的 3 个世纪里，希腊人为他们伟大的成就奠定了基础。相邻的家庭、氏族和部落联合起来，一方面防止外部敌人入侵，另一方面维持他们之间的和平。他们为了新的生活方式发展起来的单位叫 polis，即城邦。当时有数百个城邦，每个都唤醒了公民的某种忠诚和依恋感，这使得解散某个人的城邦并将它合并进一种更大单位的想法变得不可想象。结果，出现了一个动态的、多元的、充满竞争的，有时是混乱的世界，在这个世界里突出的成就和胜利具有最高价值。这种竞争（agon）的特质标志着整个城邦历史之中希腊生活的特性，并在西方文明中发挥了极其突出的作用。在文学和艺术领域，这一观念也带来了非凡成就，而在这些领域，时而正式和系统化的竞争激励着诗人和艺术家，正如在政治生活中，相同的精神特质鼓励着个人参与和个人自由。

国王与迈锡尼世界一起消失了，因此城邦实行共和制。希腊人非常贫穷，所以他们之间的财富差距相对较小。与东方文明相比，等级差异不是那么明显和重要。公元前 700 年后出现了一种新的作战方式，战争的主要形式从骑兵作战变成由重装步兵（hoplite）组成的方阵（phalanx）之间的战争，这种新作战方式带来了进一步发酵的影响。它卸掉了少数富裕男性保卫城邦的主要责任，因为之前只有他们能负担得起马匹，并将责任转移到普通农民身上。这些农民有足够的钱财购买盔甲，能让他们在重装步兵方阵中占有一席之地。同时，军事组织的转变也强调了大多数人的共同努力。希腊军队由没有报酬的公民兵组成，在战争结束后他们会回去种地。作为公共安全和公共利益的独立捍卫者，他们要求在最重要的政治决策中发挥作用。这样一来，相当大一部分人将共享政治控制权，参与政治生活得到了高度重视。

这些城邦不需要官僚体系，因为没有巨大的城邦财富需要管理和监督，也没有太多的经济盈余来供养官僚群体。大多数城邦没有实行定期征税。这些城邦没有独立的神权阶级，也不怎么关心死后的生活。在这种变化的、动态的、世俗的、非常自由的环境中，首次出现了基于观察和理性的思辨性自然哲学，它是现代自然科学和哲学的根源。

一个在两千多年前就失去了独立性和重要性的爱琴海边缘的小城邦，其领导者的职业生涯似乎不太可能会启发和深化我们对现代政治的理解。然而，许多在我们自己的时代致力于研究政治、外交和战争的人都认为，思考伯里克利和他同时代的人的经验具有实际意义。修昔底德的《伯罗奔尼撒战争史》是研究伯里克利和那个时期雅典最重要的材料，从成书以来，它在现在产生的影响力比以往任何时候都大。现今的政治学家从修昔底德的作品中获得他们的国际关系理论。[2] 历史学家和政治学家的国际会议仍在讨论雅典人和斯巴达人以及他们的冲突对我们这个世界的意义。[3] 没有一个讲述国际关系或者战争史的大学课程会忽视这场战争。这个主题是美国一些军校和哈佛大学肯尼迪政府学院（Kennedy School of Government at Harvard）的固定课程内容。当表现优异的军官们接到梦寐以求的调令，前往罗得岛州（Rhode Island）纽波特市（Newport）的美国海军战争学院（Naval War College）深造（也是他们晋升将官的关键一步）时，他们会同时获赠一本修昔底德的《伯罗奔尼撒战争史》，因为它是题为“战略与政策”的课程的第一讲主题。

和那些杰出人物一样，伯里克利在他的时代留下了印记，影响了历史发展。在一个伟大的民主制城邦中，他是最重要的公民。这个城邦敏锐地感知到自己在历史上的特殊作用，明白自己在政制和生活方式上有独特的优点。这个城邦还拥有蓬勃发展的经济，也创造了前所未有的财富和繁荣，完成了只有在这些财富的支持下才能实现的陆军和海军力量的结合。它同时担负着国际责任，这虽然会使其国力捉襟见肘，但又不得不勉力维持。它是一个与具有完全不同政制和特性的敌对城邦进行对抗的民主制城邦，后者将雅典的权力和生活方式视为对其自身野心和安全的致命威胁。伯里克利的一生和他所领导的民主社会，确实给我们这个时代生活在自由国度的公民很多启示。

伯里克利是一个没有太多私人财富的雅典贵族。作为民主共和国下的公民，他担任过的最高官职就是将军（strategos），但也只是十将军中的一个，他们中也没有人比其他人享有更大的正式权力。他不控制军队或警力，也不能在没有公民大会投票的情况下动用任何公款。与现代代议制民主国家的总统和总理不同，他没有确立已久、组织完善的政党机制可以依靠。每年他都要参加再选，不断受到公众的审查和政治上的挑战。

伯里克利与后世的领导者的不同之处还在于其职责范围之广，以及总是亲自处理事务。伊丽莎白一世、路易十四以及我们这个时代的伟大领袖，如富兰克林·罗斯福和温斯顿·丘吉尔，他们是军队名义上的首领。但是伯里克利与恺撒相像，或者在更小的程度上和奥古斯都一样，在战斗中多次指挥陆军和海军。他也是政制改革家，从根本上扩大了雅典民主制的范围，并实现了它。作为外交官，他议定了公共条约和秘密协议，并提出了具有创造性的建议，以增加城邦财富。在他的职业生涯中，他以无与伦比的技能和诚信管理公共财政。

和奥古斯都、洛伦佐·德·美第奇（Lorenzo de' Medici）、伊丽莎白一世一样，伯里克利也赞助了许多伟大的艺术和智识活动。是他想到用神庙和雕像给雅典卫城戴上“皇冠”，这使它成为过去两千年以来的世界奇迹。他精选建筑师和雕塑家，并筹措巨额资金来支付工程费用。此外，他是埃斯库罗斯（Aeschylus）的悲剧《波斯人》（*Persians*）的资助人，是索福克勒斯（Sophocles）的朋友和同事，是那个时代最伟大的雕塑家菲迪亚斯（Phidias）的朋友，正是菲迪亚斯做出了帕特农神庙（Parthenon）的总体规划。他还委任了米利都的希波达摩斯（Hippodamus of Miletus）为首位城市设计师，并与历史之父希罗多德交友。在休闲时刻，他与当时著名的教师和哲学家芝诺（Zeno）、阿那克萨戈拉（Anaxagoras）和普罗塔戈拉（Protagoras）辩论。他对艺术的赞助和他个人对思想家以及他们的活动的支持和鼓励，使雅典成为一块磁铁，吸引了整个希腊世界引领创新的杰出人才。

在雅典人战败两千年后，我们仍然惊叹于他们取得的成就。但现在可以看见的遗迹并不是他们最重要的遗产，虽然这些让人印象深刻。伯里克利面对的问题是任何自由、民主社会都会遇到的：如何劝说公民为了集体的成功做出必要的牺牲？僭主和独裁者可以依靠雇佣军和强制手段来捍卫自己的城邦。很罕见的一些城邦，比如斯巴达，作为一个封闭专制的社会，可以极力向它的民众灌输一种思想，让他们愿意几乎完全放弃私人生活。但民主制城邦不能使用这种手段。相反，民主制下的领导者要实施更加自由的公共教育。伯里克利试图教导雅典人：他们的利益与共同体的利益密不可分；除非他们的城邦安全和繁荣，否则他们就不能安全和兴旺发达；普通人只有通过其所在共同体的成就，才能实现个人成就。伯里克利所做的一切和他为雅典所追求的一切都是该教育的一部分。他试图用他思想的力量、他的人格魅力、他对理性的运用，以及作为一个独具说服力的修辞学家的才能，来塑造一个新的社会和一类新的公民，而不是使用暴力和恐怖。

在古代雅典，人们在露天环境中用口头辩论的方式决定某项政策。掌握公开演讲的技能至关重要，而伯里克利是公认的他那个时代最伟大的演说家。他最有才干的政治对手之一，一位著名的摔跤手，曾讽刺地抱怨过其对手的技能："每当我把他摔倒的时候，他总是辩称自己没有摔倒，并且能让那些目睹他摔倒的人也相信他的说法。"（普鲁塔克《伯里克利传》8.4）

大多数民主政治家都倾向于只告诉民众好消息，或者迎合他们的欲望和偏见来获得民意。但是，由于他们的意见对国家的措施有很大影响，所以，与其他政体下的民众相比，民主国家的民众更需要了解和面对现实。即便是富兰克林·罗斯福这样伟大又有权力的领导者，也只在极少数情况下且时间短暂、通常是间接地挑战民众的情绪，虽然他受到 4 年任期的保护。温斯顿·丘吉尔也许是现代最具伯里克利风格的领袖，为他的政治勇气付出了代价。但是他即使是作为战时首相，也享有特殊的紧急权力和延长的任期。相反，伯里克利每次任职一年，并且在这一年中至少面临 10 次有可能被公民投票罢免的风险。然而，他拒绝讨好民众、迎合他们的偏见。相应地，当情况需要时，他会告诉他们现实情况以及如何应对。他呼吁他们不要受恐惧的影响、克服对短期私利的追求，并激励他们这样做。在必要的时候，他甘愿冒着激怒他们的危险批评他们。

他确实激怒了他们。和所有民主领袖一样，伯里克利参与到混乱、粗鲁的民众政治中，受到各种各样的攻击。在他任职期间，他不但要面对城邦内的政治冲突，还要面对对外的战争。城邦内的政敌一方面指控他是僭主，另一方面说他是平民煽动者（demagogue）。喜剧诗人在公共剧场讽刺他，嘲笑他头的形状、他那奥林匹亚众神式的傲慢，甚至嘲弄他所爱的女人。他被迫承受针对她和他的许多朋友、同僚的法律诉讼，甚至目睹其中一些人被流放。他被指控为了取悦他的情妇而引发战争、向民众推行既失当又怯懦的战略。

尽管伯里克利成功地战胜了这些考验，但是他的事业发生了悲剧性转变，同时在他任期的最后一年，他有理由怀疑自己一生工作的价值。雅典卷入一场他曾敦促民众加入的可怕战争中，随后雅典暴发瘟疫，三分之一的公民失去性命。雅典民众要求他对所有苦难负责，并免除他的公职。由此，反民主的柏拉图能以一种既合理又具有毁灭性的方式贬低他：伯里克利试图让雅典人更好，柏拉图说，但“当雅典人还‘坏’时，没有对他施加任何羞辱性的惩罚；而在他生命的尽头，他让雅典人变得‘高尚和善良’之后，他们指责他贪污，几乎要处死他，因为他们认为他是一个恶棍”。（《高尔吉亚篇》515e）

柏拉图的论断影响了后来所有关于伯里克利和他领导的民主制的观点。实际上，在伯里克利死后，特别是在雅典战败后，人们很容易将两者都视为重大的失败。雅典人失去了他们的帝国，以及与之相伴的财富和权力。有一段时间，他们甚至失去了民主和自由。然而战争的失败和城邦的损失并不意味着伯里克利事业的失败。实际上，他自己已经预见到这种可能性，同时，在战争的黑暗时刻，他鼓励雅典人不要因为前景灰心丧气：

即使我们最终被迫屈服（因为任何伟大的事物都会衰

> 败），我们伟大的记忆也将永远留给后代；在所有希腊人中，我们统治的希腊人最多，在一些最伟大的战争中，我们与其他人结盟或者单独对抗敌人，以及，我们生活的城市最富创造力也最伟大。（2.64.3）

民主政治固有的矛盾在于它必须创造和依赖自由、自主、自立的公民。然而，它的成功，甚至它的延续，需要非凡的领导才能。它把参与政治的平等权利授予在训练、知识水平、智慧方面不平均的公民，它还把最终决定权交给大多数人，在这些素质方面，他们绝对逊于精英阶层。它允许多党派和派系自由发展，从而助长了分裂和摇摆，而不是统一和稳定。在古代，这导致批评者将民主嘲笑为“公认的愚蠢”；在现代世界，它被认为是低效率、无目的、软弱无能的。本世纪民主国家的公民在面临困苦和危险的时候时常失去信心，任由他们的民主成为右翼或左翼的暴政。

德国的魏玛共和国（Weimar Republic）是大萧条（the Great Depression）的受害者，因为它没有足够的时间让民主制度扎根，更重要的是，即使是魏玛共和国的支持者，也缺乏在危机时期为民主奋战的激情。因此他们被称为“理性共和主义者”（Vernunftrepublikaner），他们在理智上支持民主共和国，但并未真正投入他们的灵魂和精神。魏玛民主失败的主要原因是缺乏理解并能够提供民主国家所需的独特远见的领导者。

修昔底德记载了伯里克利本人对政治家必备品质的总结：“要知道必须做什么并能够解释它，要热爱自己的国家、廉洁奉公。”这些品质也是世界上脆弱的、新兴的民主国家的领导者需要的。

他们将承担艰巨的任务，培养民众对国家的热爱和对政治制度的热情，这将引导他们愿意承担风险和危险、忍受不可避免的困难，并做出必要的牺牲。同时这些领导者还要抑制民众的激情，平息他们的愤怒和野心；如果他们不理性的话，劝导他们保持清醒。

伯里克利的天才在于他认识到民主领袖有责任以公民美德教育他的民众，也在于他具备实现这个想法的技能。可以肯定的是，他的政策给雅典带来了繁荣和帝国的实际利益。但他的成功与雅典的成功不仅仅基于繁荣和演讲技巧。他也为他的城邦描绘了一个愿景，即通过共同努力，最卑微的公民也有机会获得个人尊严、荣誉和满足他们的最高需求。他用自己的才华和品格向他的民众传达了这个愿景。

如果我们这个时代的新型民主国家要取得成功，它们也必须提供比经济繁荣还要多的东西。它们的领导者的任务并不轻松，因为它们的民众已经对一切形式的理想主义感到怀疑。然而，像伯里克利一样，这些领导者还需要给民众提供一个宏大的愿景，使之获得精神与物质的双重满足。唯其如此，才能培育出民主制度渡过重重难关所必需的全民奉献精神。

伯里克利时代的雅典人那种理性和世俗的态度，以及在宪政、共和与民主的公共生活中对政治自由和个人自主的信奉，比自古以来已经出现的任何文化都要更接近我们这个时代的价值观。这就是为什么伯里克利时期的雅典对我们有如此重要的意义。但是，如果我们可以从相似之处中学到很多，那么我们从雅典人与我们的差异中可以学到至少同样多的东西。虽然雅典人像我们一样重视财富和物质，但他们认为，和参与公共事务的荣誉相比，经济生活和经济地位不如它高贵、重要。虽然他们是最早承认个人尊严的族群之一，但是他们无法想象，除了参与一个秩序井然的政治共同体，他们还能怎么满足精神需要。要了解伯里克利以及雅典的成就，我们需要意识到这些重大差异，我们还必须谦虚地研究这些。因为虽然雅典人生活在古代，但是他们相信的事情，我们要么已经忘记，要么从未知道，所以，我们必须兼容并包。至少在某些方面，他们比我们更聪明。

第一章

贵族

在公元前5世纪的第一个十年里，大约是公元前494年，怀着身孕的阿伽利斯特（Agariste）——希波克拉底（Hippocrates）的女儿——梦见自己生了一只狮子。几天之后，正如希罗多德所叙述的那样（6.131），她为丈夫克桑提普斯（Xanthippus）生了一个儿子，取名为伯里克利。这种带有预兆的梦只有在若干年之后发生一些能赋予它重要意义的事时，才会被人们提及，但是在公元前5世纪初的雅典，对于这对夫妻来说，一个儿子的降生是吉利的。此时，雅典的民主政制才建立十多年，它的领导者仍然只来自一些显贵家族。阿伽利斯特的叔叔克里斯提尼（Cleisthenes）是民主政制的建立者，她的整个家族被称为阿尔克迈翁家族（Alcmaeonids），这可能是雅典最有名望、最有权势的家族了。一则传说认为，这个家族的祖先是荷马史诗中的英雄，皮洛斯（Pylos）的国王涅斯托尔（Nestor）。另外一则传说认为，他们是雅典王政时代结束后首批公职人员的后裔。在这两种说法里，他们都是雅典社会最重要的家族之一。

第一个著名的阿尔克迈翁家族成员在伯里克利出生100多年前就扬名雅典了。一个名叫库伦（Cylon）的贵族因为在奥林匹亚竞技会上获胜而享有盛名，此外，在体育竞技会上的成就还帮助他娶到了墨伽拉（Megara）僭主的女儿，这是个挨着雅典最西边的城邦。这也许看起来有些奇怪，为什么竞技会上的胜利不仅使他名利双收，还能让他获得权势？但是相较于我们今天这个对运动着迷的世界，对古代希腊人来说，运动才能意味着更多。体育竞技会是非常重要的宗教和文化活动，为展示希腊社会最深刻的价值追求提供了平台。[1]

比赛项目包括跑步、跳远、掷铁饼、投标枪、摔跤、拳击，以及最负盛名的战车比赛。这些激烈的竞赛发生在个人而不是团体之间，而获胜能为个人带来非凡的荣誉。在雅典，胜利者在公共会堂用餐的费用终生将由城邦承担。一些城邦会拆毁自己的部分城墙，以迎接那些从竞技会上获胜归来的运动员。古希腊最伟大的诗人之一品达（Pindar）致力于用他的作品纪念这些胜利。一些雕塑家们会将众神刻成或年轻或成熟的运动员的样子。这一切都表明希腊社会的一个独特之处：极度重视这种发生在个人之间、能使获胜者声名大噪并获得英雄般地位的竞技活动。

公元前 7 世纪时，拥有强大人脉的奥林匹亚竞技会的获胜者可能会严重威胁所在城邦的政治稳定，而库伦正是这样一个人。这个野心勃勃的运动员旨在在雅典夺取权力，并建立僭主制，就像他岳父的僭主制一样。在库伦那个年代，僭主制还没有后来那种令人厌恶的含义，它只是意味着以非传统方式实现的个人统治。僭主制的建立经常源于民众对一个统治家族或者贵族的反抗，由英勇的领导者领导。这个领导者或是作为士兵，或是像库伦那样以运动员的身份获得声望。早期僭主无非是将通过竞技在城邦中夺魁称雄的传统推向了新的高度。

在库伦生活的时代，进行重大而冒险的活动之前先到德尔斐（Delphi）寻求阿波罗神谕的建议已经成为惯例。在这一时期，阿波罗神谕已经成为对希腊世界各种事件最重要的预言。德尔斐神庙被认为是世界的中心，确切地说是“世界之脐”（omphalos），来自各地的城邦代表或者重要人士都到这儿寻求神谕的建议。如果没有神谕的指示，没有人会建立新的殖民地或发动战争。然而，求取神谕可能是一件棘手的事。能否及时获得神谕取决于祭司们是否垂青，而丰厚的献礼往往能换来他们的青睐。询问神的问题由一位男祭司传达给皮提亚（Pythia），她是一位在药物作用下处于迷狂状态的女祭司。她的回答晦涩难懂，必须由男祭司来解释，并且通常以诗歌的形式呈现出来。即便如此，还是需要对神谕进行谨慎的考察，因为这些回答仍然可能存在歧义。

一个中小学生都熟知的例子是关于公元前6世纪的克洛伊索斯（Croesus）的，他是小亚细亚吕底亚（Lydia）王国的国王。他想占领与他的王国毗邻的强大帝国波斯，因此他去询问神谕是否可以出兵。神谕的回复是：“如果你攻击波斯人，你将会毁灭一个大帝国。”（希罗多德1.53）因此，克洛伊索斯信心大增，派兵攻打波斯，接着他的确毁灭了一个大帝国——他自己的国家。希罗多德叙述这个故事，是为了说明一个人的伟大是暂时的，以及极度的盲目和傲慢会给那些野心太大的人带去灾祸。

库伦犯了一个相似的错误。他一定询问了神谕怎样才能得到雅典的统治权。神谕告诉他，趁雅典人庆祝“为宙斯举办的最盛大的庆典”而分心时，夺取雅典卫城——位于城邦高处、供奉着诸多神庙的天然堡垒。库伦在雅典招拢他的支持者，让他们加入他的岳父墨伽拉僭主提供的一支军队，在奥林匹亚竞技会——伯罗奔尼撒半岛奥林匹亚为宙斯举办的盛典——举办时，他攻占了雅典卫城。但是，正如修昔底德所指出的，神谕可能说的是在阿提卡为宙斯举办的最盛大的庆典。该庆典本来会将大多数雅典人引到城外。当人们散在城外时，库伦本应有时间在敌人有所反应之前安全地掘壕据守。库伦预计这场政变的冲击可以震慑雅典人，以便让他们接受他的控制，但实际上大多数人都在城中，所以可以很快地集结。因此，不仅害怕僭主政制，而且害怕被他们的邻邦墨伽拉征服的雅典人，在美伽克勒斯（Megacles）及其阿尔克迈翁家族族人的带领下进行反抗。他们将密谋者围困在卫城中，很快就将他们逼入绝境。

失败了的密谋者躲进神庙这样的神圣区域里寻求庇护，但是不久之后，他们显然就要因饥饿和口渴而死了。这带来了一个难题。希腊人认为，人在圣地死去，会给整个城邦带来污秽与灾难，就比如在俄狄浦斯神话中，忒拜国王的遇害给他的城邦带去了毁灭性的瘟疫。美伽克勒斯和其他执政官（archon，即最初雅典城邦的主要贵族官员们）负责这场围困。他们知道不能让这些密谋者死在神庙中，于是承诺如果密谋者自己出来将性命无虞。然而，在密谋者们出来后，这些执政官却违背了誓言，将他们处死，甚至连那些徒劳地紧挨着复仇女神祭坛的人也不放过，哪怕人们认为复仇女神会对杀人凶手进行可怕的报复。因为这些亵渎神灵的行为，美伽克勒斯的家族被宣布为受诅咒的人，并成为冒犯城邦守护神雅典娜的罪人，他们整个家族被逐出雅典。不过几年后，当流言蜚语平息下来，他们又回到了雅典。但是“阿尔克迈翁家族诅咒”传递给了美伽克勒斯的后人，并在此后的雅典历史上发挥了重要作用。

这个家族的另一位成员阿尔克迈翁（Alcmaeon）是在奥林匹亚竞技会上第一个在战车比赛中夺冠的雅典人。此外，在保卫德尔斐神谕所的神圣战争中，他领导雅典军队进行战斗，因而获得了更大的荣誉。在和希腊贵族中众多最杰出的单身男性的竞争中，他的儿子取胜，并和希腊最富有的女继承人——西库翁（Sicyon）僭主的女儿——结了婚，成为雅典政坛上的领袖人物，直到他和他的家族再次被成功上位的僭主庇西特拉图（Peisistratus）驱逐。阿尔克迈翁的儿子是克里斯提尼，正是他找到了帮助雅典摆脱僭主制的方法，与此同时，恢复了他们家族的地位。他和其他阿尔克迈翁家族成员承包了重建德尔斐被毁坏的神庙的工程，并用精美的帕洛斯岛（Paros）大理石代替合同中规定的廉价石材重建了神庙的外立面，从而赢得了祭司的感恩。凭借由此获得的良好印象，以及给德尔斐女祭司的一大笔贿赂，他让神谕所说服斯巴达人驱逐雅典的僭主。

虽然庇西特拉图深受民众爱戴，但是他的儿子们不是。在他们统治期间，他们变得严酷和专制，具有现代意义上的僭主特征。公元前510年，一支斯巴达军队驱逐了庇西特拉图家族，而克里斯提尼和阿尔克迈翁家族恢复了他们所期待的荣光。然而，当斯巴达军队撤离时，雅典处于政治真空的状态，于是贵族们试图重掌权柄，回到仅限于贵族参政的旧时代，来填补这个真空。克里斯提尼在最初的政治领导权争夺战中失败了，但他没有接受失败的事实，也没有谋求贵族的支持以进行再次尝试，相反，克里斯提尼开辟了新天地，永远地改变了政治游戏的规则。他开始在贵族圈之外活动，建议废除偏向掌控着圣地及其神职人员的地主、主宰着政治和宗教组织的传统制度，并用一个为平民谋求地位的新秩序取而代之。他的反对者再次援引了“阿尔克迈翁家族诅咒”，并把克里斯提尼、他的家族和他的支持者逐出城邦。但是克里斯提尼赢得了雅典平民的心。他们在被驱逐后重新振作起来，然后拿起武器，赶走了斯巴达人，克里斯提尼和他的派系重获胜利。

克里斯提尼履行了他的承诺，推行了在雅典建立民主制的改革。所有成年男性公民都有资格给城邦的官员和肩负立法职责的五百人议事会的成员投票。他们可以担任陪审团成员，出席享有最高权威的公民大会。辩论是自由和公开的，理论上任何雅典人都可以提交法案、修正案以及针对任何问题展开利弊之辩。实践中，贵族出身的政治领袖完成了大部分辩论，并且在民主制实行的前半个世纪，五百人议事会似乎拥有一些后来由公民大会接管的权力。

克里斯提尼并没有改变根据财产多寡将雅典人分为四个等级的制度。只有最高两个等级的成员才能担任城邦的最高级别官员、出席战神山议事会（Areopagus），这是一个古老的贵族议事会，依旧行使着相当大的政治权力。第三等级的成员可以担任五百人议事会成员，但最贫穷的雅典人被排除在外。此外，由于公共服务没有报酬，穷人将难以参加公民大会和陪审团。克里斯提尼的政治体制被称为“重装步兵的民主”，以成为这套政治体制支柱的第三等级——就是那些拥有足够大的农场，可以维持体面生活，并有充足的财富购买作为士兵战斗时需要的重型盔甲的男性命名。按照后来的标准，他们的民主极为有限，较低等级的人得服从较高等级的人，尽管如此，这仍然是已知的首个民主制。

因此，新政权得到了民众强烈、忠实的支持，同时它很快展示了新的民主政制所释放的力量。雅典人击退了邻邦利用他们最近的内乱发动的几次进攻，打败了彼奥提亚（Boeotia）和哈尔基斯（Chalcis）的联军。后来希罗多德赞颂了这些胜利：

> 雅典现在越来越强大了，证明法律面前的平等（isegoria）是一件非常好的事情，而且这不是在一个方面，而是在所有方面都有所体现。因为当雅典人被僭主统治时，他们在战争中并不比他们的邻居高明，但是一旦他们摆脱僭主的桎梏，他们就远远胜过了所有人。这表明，当他们受压迫时，他们如同为主人工作的奴隶般懦弱，但是当他们变得自由时，每个人都渴望为自己赢得荣誉。（5.78）

克里斯提尼成了雅典城邦的解放者和民主制之父。他和他的家族推翻了僭主制，建立了充满活力的民主制。在此后的十余年里，他们缔结了能够让他们主宰雅典政治的联盟。伯里克利的父亲克桑提普斯之所以在公元前5世纪的头几年里大有作为，是因为他娶了克里斯提尼的侄女阿伽利斯特。不久之后，他将有机会展示自己杰出的法律、政治和军事才能。他和阿伽利斯特育有3个孩子：老大是阿里弗隆（Ariphron），以克桑提普斯的父亲命名；还有一个女儿，她的名字我们并不知晓；还有一个就是我们故事的主人公。

伯里克利成长于希腊世界发展的关键时期，也成长于雅典新兴的民主制动荡不安的时期。在公元前490年，当他4岁时，波斯国王大流士将军队派往阿提卡，希望恢复此地的僭主统治，同时想将雅典变为他帝国的一个行省。波斯的胜利很快将意味着所有希腊人的臣服。9000 名雅典人，在来自小城邦普拉提亚（Plataea）的 1000 人的帮助下，击败了规模比他们大得多的波斯军队。斯巴达人本来已经同意援助雅典，但是由于他们正在庆祝宗教节日，所以他们推迟了出发时间。几乎在无人帮助且出乎所有人意料的情况下，雅典人赢得了马拉松战役，赶走了波斯人。斯巴达军队按时赶到，视察了战场，并祝贺雅典人的胜利。几乎可以肯定，克桑提普斯是“马拉松勇士”之一，这些人很快成了传奇英雄，人们会怀着对爱国者的敬意谈论他们。

然而，战后谣言四起，说战争期间阿尔克迈翁家族密谋叛乱，并在战斗中以举起盾牌的方式给波斯人传递信号。这很可能是阿尔克迈翁家族的政敌编造出来的谣言，目的是结束该家族及其支持者自克里斯提尼改革以来获得的强势地位。阿尔克迈翁家族也做出了自己的指控来反击。马拉松战役之胜的策划者、刚从战场上回来的米太亚德（Miltiades）曾请求雅典人派遣他率领舰队和军队进行远征。他没有说出他的目标，但承诺会给雅典带回丰厚的回报。鉴于他当时的名声和影响力，他的请求未经进一步询问就被允许了。他攻击了帕洛斯岛，但是帕洛斯人殊死抵抗，在随后的围攻中，米太亚德受了伤，被迫空手而归。米太亚德回来后，克桑提普斯迅速对他提出指控，因为米太亚德突然崛起的地位使其成了一名危险的政治对手。陪审团判定奄奄一息的米太亚德骗民众进行了一场灾难性的远征，并对他处以巨额罚款。米太亚德将这笔巨额债务留给了儿子客蒙，而客蒙有朝一日将和伯里克利竞争政治领导权。

米太亚德死了，但是很快出现了更大的危机，阿尔克迈翁家族再次受到威胁。公元前 484 年，克桑提普斯被雅典判处放逐

10 年，这个程序被称为“陶片放逐法”（ostracism）。这是克里斯提尼在民主制初期制定的一项措施，用来防止派系斗争和叛国行为。大概在每年的 1 月份，雅典公民大会投票决定今年是否要举行一次陶片放逐。如果大多数人投票反对，则不实行；如果大多数人投票赞成，那么就会在 3 月份的某一天举行陶片放逐。在那一天，每个公民都可以在一块陶罐碎片（ostracon）——相当于古代的碎纸片——上写下他想要从城邦驱逐之人的姓名，并把它带到市政广场（Agora）。这天结束时，执政官清点票数，看是否有 6000 票，这是雅典公民大会做某些重要决定时所需的数字。如果有 6000 名雅典人参与投票，那么得票最多的人将被迫离开阿提卡 10 年。这一制度的目的是让像克里斯提尼那样有信心获得大部分人支持、深受欢迎的政治家去阻止敌对派的政变。人们认为，对敌对势力领导者的威慑，可以确保他和他的派系守规矩。以现代标准来看，这种粗糙且直接的信任投票机制似乎很残酷。但它似乎起到了作用，保护了雅典民主在近一个世纪里不被颠覆。

虽然陶片放逐法是在公元前 6 世纪的最后 10 年里由克里斯提尼发明的，但是直到公元前 487 年它才被使用。而公元前 487 年到公元前 484 年之间，每年都有一个阿尔克迈翁家族成员或与这个家族相关的政治领袖被驱逐。随后，其他主要的政治家被放逐，最后一个是正直可敬的阿里斯泰德（Aristides），他曾被称为“公正之士”。关于他的故事是这样的，在放逐投票那天，一个不识字的乡下人走向高贵的阿里斯泰德，让后者把“阿里斯泰德”写在他的陶罐碎片上。阿里斯泰德吃了一惊，问那个乡下人自己可曾得罪过他。“没有，”这个乡下人回答，“我都不认识这个人，但是不管我走到哪儿，都能听到他被称为‘公正之士’，我实在是听烦

了。”（普鲁塔克《阿里斯泰德传》7）

阿里斯泰德是一位杰出的政治家和将军，曾在马拉松战役中勇敢地战斗。他被召回雅典，帮助雅典人抵御波斯在公元前480年的入侵，并在最后的胜利中起到了关键作用。他廉洁的名声如此响亮，以至于在战后组建提洛同盟（the Delian League）时，阿里斯泰德被委托来评估每个盟邦应缴纳的贡金，而近200个城邦没有一个对这件事的公平性提出异议。没有人比他更有资格获得这样的头衔。上面讲述的故事可能是民主制的批评者虚构的，意在说明对卓越个体的嫉妒是这种政制的天然特征。但这歪曲了这个制度的本质和目的。陶片放逐法并不是一种让民众发泄对杰出公民的嫉妒的方式，而是一种制度性的保障，一个必要的安全阀门，帮助城邦避免产生可能会摧毁新兴的民主制的内部冲突。

到公元前482年，唯一一个没有被放逐的重要政治家是地米斯托克利（Themistocles）。他富有创造力，是名出色的演说家，同时他野心勃勃、嫉妒心强，他说一想到在马拉松战役中获得荣誉的是米太亚德，他便难以入眠。他看起来像是那些陶片放逐的幕后推手。地米斯托克利并不在克里斯提尼建立的统治联盟中，他似乎想出了一个计划破坏了这个统治联盟，这个计划让他能够在雅典取得首要地位。

公元前484年，当伯里克利10岁时，克桑提普斯带着他的直系亲属开始流亡。希腊贵族阶层具有国际性，作为其中的一员，他的家族肯定与其他几个城邦的贵族有客友关系（xenia）。他们可能住在西库翁，那是阿伽利斯特那位著名的外曾祖父的家乡。伯里克利的年纪已足够让他了解发生了什么。毫无疑问，这是生动的一课，让他很早就知道参与政治权力斗争的危险性。

波斯人在公元前481年再次入侵，此举中止了克桑提普斯的流放。波斯才登基的新大王薛西斯（Xerxes）通过海路和陆路发动了大规模的入侵，以惩罚雅典人和征服所有希腊人。雅典人召回所有被陶片放逐的同胞，团结一致，共同面对这个看起来不可战胜的敌人。庞大的波斯军队在中希腊势不可当，而在公元前480年，雅典人逃离了他们的家园，任凭雅典城被波斯人报复性地摧毁。达到作战年龄的男人在战船上准备作战，而妇女和儿童则在萨拉米岛和伯罗奔尼撒半岛的一些沿海城邦避难。克桑提普斯的家庭亦是如此，一则流传下来的故事是，他们家养的一只狗无法忍受主人离开，于是跳入海里，跟上战船，游到萨拉米岛时疲惫不堪，死在了沙滩上。

萨拉米海战是一场决定性的海上胜利，拯救了希腊的自由和独立，并保护了雅典年轻的民主制以实现它日后的伟大。但直到第二年，希腊联军在普拉提亚和米卡列（Mycale）的胜利，才让波斯人仓皇撤出希腊。克桑提普斯在米卡列领导着雅典军队，当斯巴达军队乘船回家时，他负责围攻塞斯托斯（Sestos），将波斯人从达达尼尔海峡（Dardanelles）的欧洲一侧赶走。返回雅典后，克桑提普斯被宣布为英雄，并成为一个前途光明的政治人物。

克桑提普斯和阿伽利斯特的儿子们所继承的非凡优势，在现代没有类似的例子。如果一个来自马萨诸塞州（Massachusetts）的亚当斯（Adams）家族成员和乔治·华盛顿的近亲成婚，同时亚当斯家族在很长的历史时期内都是有钱有名的贵族，那么他们的男性后裔的政治前途或许才可以和这两个年轻的雅典人相比。

在几乎所有情况下，雅典政治竞争中获胜的奖励都不是财富，而是名声。在公元前5世纪上半叶，担任政治职务没有报酬。城邦没有定期征税，用钱也很少，所以一个人没有多少机会通过担任公职来为自己积累财富。高级公职的主要竞争者都家境富裕、出身良好，并深受希腊人追求卓越、得到公众认可和拥有荣耀的竞争理想的感染。为了获得这些，竞争总是异常激烈。

有助于在竞争中获胜的部分因素是个人在战争和体育竞技中取得的成就，以及好看的外表、聪明才智和修辞技巧等个人品质。但强大的关系网也同样重要，而伯里克利和他哥哥在雅典最高层圈子里有宝贵的人脉。从他们的父亲那里，他们获得了间接的军事荣耀，这个荣耀是克桑提普斯新近取得的，所以仍然具有政治价值。在母亲这边，他们是推翻了僭主、建立民主制的克里斯提尼的侄外孙。在希波战争结束后的几年里，他们同时代的人中，可能没人能够有这样引人瞩目的血统。

同时他们也继承了一些重要的责任。在充满敌意的雅典政界中，显赫的地位会惹人嫉妒。因此，阿里弗隆和伯里克利可能会遭到对手特别粗暴的对待。另外，政治恩怨通常会代代相传。因此，克桑提普斯的儿子们可能会受到来自米太亚德的儿子客蒙的敌意，而客蒙是一个非常有能力的人。此外，虽然家族身份由父亲是何家族决定，但是阿伽利斯特的儿子们在公众认知中将始终与她那负有恶名的家族联系在一起，这是一把双刃剑。它虽然带来了名声和一个强大家族的支持，但也激发了一种特别的嫉妒情绪。从公元前 508 年到公元前 480 年，阿尔克迈翁家族掌握着异常强大的权力，所以人们尤其怀疑他们。尽管对他们在马拉松战役中叛国的指控从未得到证实，但人们仍然记得这件事，一系列的陶片放逐表明他们有强大的敌人。最后，他们身上还有“阿尔克迈翁家族诅咒”。它曾在合适的政治时刻被使用过，可能会被再次使用。然而，血脉传承给克桑提普斯之子和克里斯提尼的后裔们带来的福泽远大于负累。很少有别的年轻雅典人比他们在进入成年期和参与公共生活时拥有更广的前途。

作为长子的阿里弗隆可能本应该被期望发挥带头作用。但是，没有记录显示他参与过政治活动，或在其他活动中表现突出。因此，家族很早就把希望寄托在伯里克利身上了。他母亲的梦就是预兆，年轻的伯里克利的确出类拔萃。他非凡的心智和品格很快使他在同时代人中脱颖而出，在接受了雅典所有男孩都要接受的基本教育之后，伯里克利进行了进一步的学习。

雅典青年的传统教育是实用和伦理教育，而不是知识教育。体能训练是为男孩参加体育竞技准备的，而体育竞技是雅典宗教节日和泛希腊竞技会的固定组成部分，同时体能训练也使雅典人在 18 岁成年时具备当兵的条件。音乐教育教会他们唱歌、演奏里拉琴（lyre）和类似于双簧管的被称为“阿夫洛斯管”（aulos）的乐器，但最重要的是学习传统诗歌，主要是荷马史诗。这也是一种实用教育，因为每年都有数千名雅典男孩和成年男子在宗教节日中进行合唱队比赛。此外，贵族社会生活的核心——宴饮（symposia），通常也在参与者的合唱中结束。

古希腊传统教育中最重要的部分是记诵史诗，因为荷马的作品被认为是智慧的源泉和希腊人的行为典范。在那里，学生们获得了最清晰的道德教训。普罗塔戈拉，这位后来的伟大教师，在以他命名的柏拉图对话中指出，学生们之所以阅读这些诗人的作品，是因为他们的作品包含“许多著名人物的劝诫、故事，以及对著名人物的赞美和颂词，学生们被要求背诵它们，以便模仿或努力赶上他们，并渴望成为像他们一样的人”。他们学习里拉琴以培养自制力，随后学习抒情诗，倾听配乐的诗节，这样“他们可以变得更加温和、协调、有节奏感，从而更适合演说和行动，因为人类生活的每一个部分都需要协调与节奏”。他们也学习体操，为了避免“因为身体虚弱而被迫在战争或别的情形下变得胆怯”。（326a–c）

在公元前5世纪初期，这差不多就是一个年轻的雅典贵族所接受的全部教育内容。这代表了古风时期希腊贵族世界的特点，其目的不在于知识探究和理解，而是通过模仿好的榜样和不断训练，养成有德的行为方式。身体的活动，包括音乐和体操，教授了竞争意识和勇气、适度、协调、自制力。其核心思想是，教育应该塑造一个人的身体和品格，使他适应自己在群体中的位置。贵族的典范是成为一位具有天赋的业余爱好者，掌握各种各样的技能，但是并不追求对其中一项达到专业程度的精通。

伯里克利肯定接受了这种形式的教育，并且吸收了这种教育所教授的内容。在他的时代，超越常规培养内容的教师很少，他们的理论也被怀疑地看待。然而，伯里克利非凡的才智需要得到进一步教导。在年轻时他就展现出一种超常的智力和好奇心，这促使他去寻找那个时代最有才智的人。伯里克利的少年和青年时期是在两个对他的思想和成长有重要影响的人的陪伴下度过的，他们是雅典人达蒙（Damon）和克拉佐门尼的阿那克萨戈拉（Anaxagoras of Clazomenae）。

当伯里克利还很年少时，达蒙一定已经开始教导他了，因为一个喜剧诗人说达蒙是“伯里克利的喀戎（Cheiron）”。（普鲁塔克《伯里克利传》4.2）在《伊利亚特》中，喀戎是教导少年阿喀琉斯（Achilles）的半人马。达蒙曾赢得“在各个方面都是最有成就的人，作为音乐家更是如此，同时对年轻人来说也是无价的同伴”的赞誉，根据柏拉图的说法，达蒙是“在他那个时代所有的公民中最聪明的”。(《拉凯斯篇》180d）他的正式身份是伯里克利的音乐老师，但他的指导内容不只有唱歌和弹奏里拉琴，还包括他的音乐理论以及它与伦理和政治的关系。达蒙教导说，不同类型的音乐表达了人类性格的不同元素，柏拉图记下了他的言论，即“当音乐的调式发生变化时，城邦的基本习俗总是随着它们的变化而变化”。(《理想国》400b，424c）达蒙很可能谈到了实际的政治问题以及更广泛的理论问题。一些伯里克利的政敌后来声称，正是达蒙建议伯里克利挪用公款来支付提供陪审团服务的公民们的报酬，在他们看来，这导致了城邦的腐败。

但是伯里克利受到的最大影响不是来自一个雅典公民，而是来自一个被雅典人称为外邦人（metoikos）的外来居民阿那克萨戈拉，他来自小亚细亚沿岸一个名叫克拉佐门尼的爱奥尼亚城邦。该地区的希腊城邦长期以来一直是高水平知识研究的中心。在希波战争之前100年左右，据说米利都的泰勒斯（Thales of Miletus）——最早的自然哲学家之一——准确地预测了一次日食。他和另一个米利都人阿那克西曼德（Anaximander）试图用纯自然的原因来解释这种现象，而不是诉诸超自然的力量。在希波战争爆发后不久，阿那克萨戈拉来雅典居住，并带来了同样的自然主义方法。他提出的问题和想法挑战了传统信念和宗教信仰，令大多数听到这些内容的雅典人感到震惊和不安，却让仍处于易受外界影响年龄的、年轻的伯里克利感到兴奋。

像其他爱奥尼亚哲学家一样，阿那克萨戈拉用理性代替传统的希腊宗教神话，来解释这个可感知的物理世界，特别是天体。

他教导别人：它们不是神圣的存在，太阳就是一块热得发红的石头熔化后的产物，比伯罗奔尼撒半岛还大很多倍；月亮则是由类似地球的物质构成的，有相似的平原和峡谷，月光纯粹是太阳的反射光。这些理性解释与大多数雅典人超自然的宗教信仰相悖，在某些情况下甚至与城邦的信仰崇拜背道而驰。在这些解释出名的同时，它们也引起了人们的非议，有朝一日它们将给其支持者和阿那克萨戈拉那位热衷于此的学生带来麻烦。

不过，它们首先产生的主要影响似乎是把伯里克利从他那个时代普遍的迷信中解放了出来。有一个这样的故事，一天，伯里克利即将出海远征。当舰队准备起航时，在正午时分发生了日食，黑暗降临，人们觉得这是上天的警示，被吓得动弹不得。当太阳再次出现时，伯里克利用他的斗篷遮住吓坏了的舵手的眼睛，问他是否觉得这样可怕。“不。”舵手回答。“那么这个和刚刚的黑暗之间有区别吗，除了第一个黑暗是由比我斗篷大的东西造成的？”（普鲁塔克《伯里克利传》35.2）我们不必相信这个故事，但它从一个侧面表明了伯里克利拥有以理性著称的特质以及他对普遍宗教观点的怀疑态度。

普鲁塔克在500多年后写道，是阿那克萨戈拉塑造了伯里克利的演说方式和风格。他的哲学训练教给伯里克利：

> 崇高的精神和高尚的演说方式，远非一般庸俗、低劣的暴民演说家可以比拟，何况他表情严肃、不苟言笑、举止庄重、衣着整齐，演讲的时候不会受到任何情绪的干扰。当他说话的时候，语调控制得十分均匀，以及其他所有此类特点，让他的听众印象深刻。

这些品质对一个在民主社会中刚刚崭露头角的年轻政治家来说并不是非常有利。来自开俄斯岛（Chios）的诗人伊翁（Ion）将其与客蒙随和、亲切和受大众欢迎的演讲风格进行了不利的对比。他形容伯里克利的演讲风格“自以为是和傲慢无礼”，透露出一种高傲，其中有对他人的轻蔑和鄙视。（普鲁塔克《伯里克利传》5.3）友好的观点和带有敌意的观点似乎描绘的是同一个人：令人印象深刻，但又有些距离感、令人生畏。虽然他对自然哲学的研究可能使他的这些品质更加突出，但是对于一个有如此高贵的血统、经历了如此艰险的童年、性格如此深思熟虑的人来说，拥有这些品质并不奇怪。

最重要的是，阿那克萨戈拉影响了伯里克利的政治思想和实践，他的教导使伯里克利成为一个独一无二的领袖，修昔底德称，在伯里克利的领导下，“（雅典）名义上实行的民主制，实际上正在变成第一公民的统治”。（2.65.9）一些阿那克萨戈拉哲学上的对手认为，我们周围的世界是由 4 种基本元素——空气、火、土和水——通过变化和相互作用形成的，这 4 种元素会一直存在，并且永远不会耗尽。相反，阿那克萨戈拉提出，世界不是由这几种元素构成的，而是由无数的“种子”（seed）构成。这些“种子”作为基本元素，也是自然产生的、永恒的，它们的组合与分离形成了我们通过感官感知到的不断变化的世界。但是为什么这些“种子”会组合与分离？为了回答这个问题，阿那克萨戈拉介绍了一个新概念“奴斯”（nous），我们将其翻译为“理性”或“心灵”。“种子”是由“奴斯”创造和控制着的旋转或旋涡的一部分。“它是一切事物中最精细、最纯净的，它拥有关于一切事物的知识和最大的力量，并且在一切有灵魂的事物中，无论大小，奴

斯都主宰着它们。”（辛普里丘《物理学》156, 13ff.［迪尔斯-克兰茨本 59 B12］）

阿那克萨戈拉的理论吸引着那些反对纯粹机械宇宙观的人，因为纯粹机械宇宙观认为宇宙的运转是随机的，或者是依靠某种不可知的必然性。苏格拉底就是其中一员，当他听说了阿那克萨戈拉的想法，他就去寻找阿那克萨戈拉，并找到了他。“我对此很高兴，”他说，“奴斯是万物的本原似乎是正确的，我认为，如果真的是这样的话，那么奴斯会以最适合这些事物的方式来安排每一件事物。”换句话说，苏格拉底希望阿那克萨戈拉能够从目的论的角度来解释一切事物，以便根据这一目的来判断它们的善与恶。但是阿那克萨戈拉不是目的论者。对他来说，“奴斯”是运动的起源，而它所引发的旋转机械地产生了其余的运动，无须进一步干预。随后其他一切事物在相应的时间里与混合物分离，包括最聪明的动物——人类，他们自己就有“奴斯”。

这个理论引出的哲学问题和它解决的哲学问题一样多，但它肯定激发了年轻的伯里克利善于接受新事物、充满好奇的心灵。伯里克利深受从他老师那里学来的东西的影响，他的老师被同时代人根据其自己的概念命名为“奴斯”。在伯里克利的影响力达到顶峰时，他的崇拜者认为伯里克利本人就是奴斯，也就是理性的化身，反过来，他的理性又是雅典人行动的来源和起源。的确，伯里克利试图创造的政治世界和阿那克萨戈拉所设想的物理世界实际上非常相似。这并不是那种苏格拉底试图在阿那克萨戈拉那里找到的被持续指引和控制的运动，这一运动的政治表达形式是独裁统治。伯里克利的政治世界不是将一种单一的生活方式从上往下地强加于民众、把他们引向一个不符合他们自己意愿的单一目的，而是允许雅典民主制下的公民自行解决问题，具有这个表述所隐含的自由和不可预测性。

这种制度的危险性在于它可能会造成危险的不稳定。它的优势则在于它可以释放数千个个体的潜在力量，使他们自愿共同努力，去达到前所未有的伟大。民主制的反对者，比如苏格拉底的学生柏拉图可能会认为这样一个显然不受控制的政治世界同样令人不满，就像他的老师不满阿那克萨戈拉的物理世界一样。另一边，伯里克利似乎受到了这一思想的启发，正如修昔底德所描述的那样，他因此成为他的自由、民主城邦里的领导力量。

伯里克利的贵族血统、身为阿尔克迈翁家族成员的影响力和他父亲的成就带来的荣誉，让他在雅典的政治生活起点之高几乎无人可及。然而，这些都不足以解释为什么他与其他出身高贵的雅典贵族如此不同，并最终优于他们。他非凡的知识训练和由此产生的哲学视野，使他的见解超越了同辈的普遍观点，并影响了他在整个政治生涯中的政策。这个即将进入雅典公共生活的年轻人远不只是两个贵族家庭的后裔。和其他贵族一样，他追求政治成功带来的胜利、认可和荣耀。然而，与其他人不同的是，他为这场斗争带来了一些非传统观念，这些观念有关城邦的伟大，也有关政治领导权的各种可能性。

第二章

政　客

公元前 463 年，31 岁的伯里克利首次在政坛亮相。对于一个有抱负的雅典政治家来说，这是一个相当晚的起点，但这也被解释为他谨慎而有规划的策略的一部分。显然，伯里克利等到上一代杰出的两位政治家——地米斯托克利和阿里斯泰德——退出历史舞台，而客蒙继续在外领军作战时，才决定出场。他也因畏惧民众而踌躇：人们说他看起来像僭主庇西特拉图，是个令人害怕的演讲者，而且他们认为，也许他的目的同样在于建立僭主制。这样的疑虑，外加他的家族出身，使他极有可能成为被放逐的对象。然而，这样的解释忽略了他的策略的微妙之处和实用性。毫无疑问，伯里克利仔细规划过他政治生涯中的每一步。但是，不必将他的行动归因于畏惧竞争或者害怕民众的怀疑。相反，这些反映出伯里克利对雅典政治本质的敏锐感知。

古代雅典没有我们今天所说的政党。没有像美国的共和党和民主党、英国的保守党和工党那样的组织，那些组织能够维持数代之久，拥有独立于个人政治家的结构以及与政治忠诚紧密相连的政党名称和标志。雅典的政治生活以杰出的个人以及围绕在他四周的支持者为中心。古代作家把这种团体称为“围绕在地米斯托克利身边的人”“客蒙和他的朋友们”。有时候他们把这种政治团体称为“派系”（stasis），指的是那些为了某种政治目的而“站队”的人，尽管今天站在一起的人明天可能就会分道扬镳。

这种团体的形成首先必须有一个能够吸引追随者的领袖。在伯里克利的早年生活中，政治领袖全是贵族，而且几乎都很富有。一般来说，他们政治团体的核心圈子由他们的亲属、朋友以及依附他们或者受他们影响的人组成。为了增加支持者，政治领袖必须具备特殊的个人品质和成就。民主制中的政治生活就是参加大约 6000 人出席的公民大会，因此高水平的修辞能力尤为重要。好看的外形、慷慨大方的声誉以及得体的举止对于扩大自己的影响范围和获得政治支持都很有帮助。军事上的成功以及其他形式的公共服务，对于政治派系及其领袖的权势的提升甚至更为重要。虽然给领袖和他的朋友们增加财富是每个派系的核心目的，但是社会地位和政治发展也非常重要。一些政治团体里农民较多，另一些则有更多的城邦居民；一些团体的成员集中在雅典的一个地区，而有些则集中在另一个地区。这些区别造成了差异。一些政治团体支持一种对外政策，其他人则反对。城邦内的问题同样会使他们产生分歧。任何一个雅典政治领袖，不管他的其他优势是什么，如果想要成功，必须制订并提出一个有说服力的政治方案。

在伯里克利刚成年的时候，雅典最主要的政治家是客蒙。他是米太亚德的儿子，伯里克利的父亲曾经指控过他的父亲。在伯里克利初登政治舞台的公元前 463 年，客蒙成为雅典的重要人物已逾 10 年。他之所以能达到这一巅峰，既是因为他作为政治领袖的卓越才能，也是因为他有能力说明问题，并说服雅典人按他的方式思考问题。在雅典政治的个人竞争中，只要客蒙还占据主导地位，伯里克利所在的派系就不可能获取更多的利益，也无法推进自己的政治方案。而伯里克利本人也不可能在这个强大的对手的阻挠下实现自己的雄心壮志。

米太亚德的儿子客蒙是伟大的斐赖家族（Philaid clan）的一员，家境富裕且人脉广泛。古代的传闻指控他的妹妹艾尔佩尼珂（Elpinice）道德败坏，[1]但是客蒙把她嫁给了雅典最富有的人卡里阿斯（Callias），后者来自一个古老而高贵的家族科律刻斯（Kerykes clan），因此他不可能愿意娶一个声名狼藉的女人。客蒙娶了阿尔克迈翁家族的伊索迪珂（Isodice）。就这样，在波斯入侵的前后几年里，客蒙通过联姻将“公元前 5 世纪早期雅典最高贵的 3 个家族”[2]联系到一起，从而打造了一个权力空前强大的政治联盟。

客蒙在这种家族基础上还具备了很多极为珍贵的个人品质。他身材高大，拥有一头茂密的鬈发，让人印象深刻。他为人随和友善，特别让人欣喜的是，这样的态度竟然出现在一个如此伟大的贵族身上。他接受的是传统贵族式教育，强调体育和歌唱，而不是对智识的追求。与他同时代的评论家萨索斯的司提辛布罗都斯（Stesimbrotus of Thasos）指责他缺少作为一个自由人、一个希腊人应有的诗歌教育和其他方面的学识，以及雅典人特有的演讲技艺。（普鲁塔克《客蒙传》4.4）但实际上客蒙不需要训练，因为他有修辞天赋，这让他在政治生涯中受益匪浅。

在雅典的关键时刻，客蒙展现了自己的个人品质。公元前 480 年，当波斯军队即将入侵雅典时，客蒙——当时才 30 岁左右——已经显示出能让他在不久后主导雅典政治的领导能力。随着波斯大军逼近，人们茫然无措，不知道要做什么。一些人想留下来保卫他们的神庙和家园，而地米斯托克利主张撤退到萨拉米岛和伯罗奔尼撒半岛。地米斯托克利的策略会让雅典的命运掌握在海军手中，而另一个选择则是依靠陆军军队。

和20世纪之前的大多数社会一样，在希腊社会，加入不同的军种会产生社会和政治上的后果。在希波战争结束一个半世纪之后，亚里士多德明确指出了这一点：

> 因为民众主要分为4个部分：农民、工匠、商人和雇工。军队也分为4种：骑兵、重装步兵、轻步兵和海军。在适合骑兵作战的地方，天然适合建立起强大的寡头制（或贵族统治，因为那里的居民需要依靠这一政制的强大力量来保障他们自己的安全，而且只有拥有大片地产的人才养得起马）。在适合组建重装步兵的地方，可以建立一种（形式更加宽泛的）寡头制（因为重装步兵更容易从富人而不是穷人中组建）。那么依靠轻步兵和海军的地方，则完全适合民主制。（《政治学》1321a）

地米斯托克利是一个危险的政治对手，他长期支持海军力量发展。海军由那些没有土地、最贫穷的雅典人和他们操纵的桨帆船组成。地米斯托克利因此获得了平民强有力的支持，却不被贵族信任。

相反，米太亚德的儿子客蒙是伟大的斐赖家族中的一员，他十分富有，这使他成为骑兵贵族小团体的成员。大多数希腊城邦，包括希波战争之前的雅典，主要依靠由重装步兵组成的军队，这些步兵从拥有土地的农民中招募。处于客蒙这个阶层的人，在有选择的情况下，通常会支持陆战，因为军事作战的主要形式和政治权力的分配之间有着非常明显的联系。但他明白，雅典唯一的希望就是发动一场海战，因此，他以一种后来成为其政治生涯标志性的风格行事。他召集了一群同伴，让他们穿过城邦，登上雅典卫城。在那儿，他把他坐骑的缰绳献给雅典娜，象征着在这一时刻，城邦所需要的不是骑兵，而是水手和海军士兵。希腊人经常从倒下的敌人那里拿走武器和盔甲，将它们作为祭品献给神庙中的众神，以此来感恩获得的胜利。而客蒙从神庙中取出一面这种献给神的盾牌，径直走向战船。这样的一个动作“给了许多人勇气”。（普鲁塔克《客蒙传》5.2–3）正是这种实用智慧与德行领导的结合，让客蒙深受雅典各个阶层以及各个政治派别的爱戴。

次年，在萨拉米海战大捷之后，年轻的客蒙因其在作战中出色的勇气和才智被选为使团成员之一，和克桑提普斯、阿里斯泰德这样经验丰富的将领一起前往斯巴达。对于这样一个年轻人来说，这次的任务极为重要。此行的结果是他和斯巴达及其领导者建立了友谊，与斯巴达联谊将成为他整个政治生涯中的核心政策。

在希波战争时期，斯巴达在希腊诸邦中最为强大，此外，它还是希腊世界唯一的国际同盟——伯罗奔尼撒同盟的领导者。斯巴达的强大在于它出色的军队。斯巴达以一种严厉、有纪律、集体性强的生活方式来训练军队的勇气与服从，这与崇尚自由和个人主义的年轻的雅典民主制完全不同。在这些迥异的城邦之间存在不信任是很自然的事情，尤其是在雅典力量开始增长的时候。客蒙是罕见的能自豪地宣称对斯巴达友好，还能在雅典民主制下蒸蒸日上的人。他的作用是向斯巴达人解释雅典人的意图以及向雅典人解释斯巴达人的意图。他总是试图维持两个城邦之间岌岌可危的友谊。

在希波战争后的数年里，客蒙在建立城邦间关系体系中发挥了核心作用。公元前 479 年波斯军队的撤退并不是战争的结束。波斯人虽然被打败了，但是并没有被摧毁，也能集结军队重新回来。小亚细亚及其附近的希腊城邦仍须解放，而其他已经自由的城邦仍须防守。希腊人也想向波斯人讨还血债，追索战争损失，因此派出一支由斯巴达人领导的军队横渡爱琴海，以求实现这些目标。

斯巴达人迅速获得了一个不尊敬、不得体地对待希腊同胞的长期名声。斯巴达将领帕萨尼亚斯（Pausanias）为人严苛傲慢，这一点很快让他们和其他希腊人有了隔阂。根据普鲁塔克记载，“盟军的将领们遭到了带着怒意而苛刻的对待，帕萨尼亚斯用鞭子惩罚士兵，或强迫他们拿着铁锚站立整日。没有人能在斯巴达人之前得到被褥、食物，以及去泉边打水；他们的仆人手持鞭子，驱赶那些试图打破这一规则的人”。（《阿里斯泰德传》23.2–3）而率领雅典军队的阿里斯泰德和客蒙行事得体、温和，赢得了盟邦的信任。因此，最担心波斯人再次入侵的希腊人竭力要求雅典人承担领导盟军的责任，雅典人同意了。

生活在内陆的斯巴达人始终把伯罗奔尼撒半岛本土的问题放在首位，因此他们很快就不再领导针对波斯的长期战争。公元前 478/ 前 477 年冬天，剩下的联军在爱琴海中部的提洛岛上组建了新的同盟。组建它的目的在于解放波斯统治下的希腊人，并伺机复仇。这是一个完全的攻守同盟，成员是永久性的。虽然在公共议事会中，每个城邦都有一次投票权，但显然雅典是指定的领导者。由雅典人决定每个城邦应当缴纳的贡金，同盟的司库也是雅

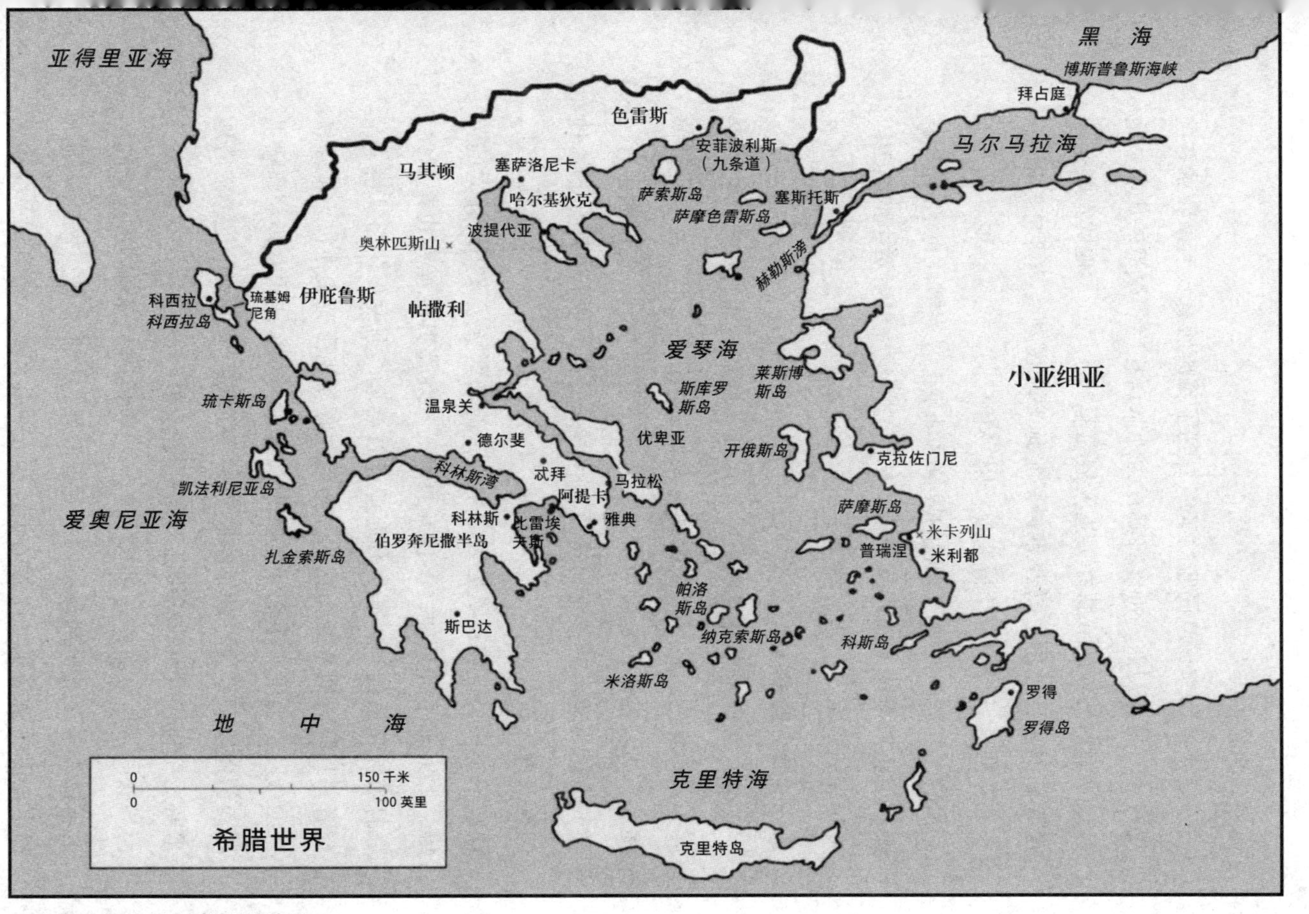

* 本书地图均系原书插附地图

典人，同时雅典人安排所有支出。

这个被称为提洛同盟的组织得到了雅典所有政治家和派系的支持，但是客观上，可以将其视为地米斯托克利政策的成功。他是最早警示波斯的威胁并力主发展海军的人之一，他的策略是取得胜利的主要原因。现在雅典坚定地要求发动海战抵抗波斯人，并准备从这场行动中获得荣誉、财富和权力。这也是地米斯托克利没有参与新的同盟和随后的战争这件事会显得如此奇怪的原因。帕萨尼亚斯指挥下的军事行动、新同盟的成立、对贡金的核定以及领导同盟军，这些事都被交到阿里斯泰德和客蒙手中——前者在一开始占据主导地位，但随后让位于后者。

为什么地米斯托克利被排除在外？城邦内部的政治局势无疑起了关键作用。阿里斯泰德和克桑提普斯已经在权力竞争中被放逐了，如果客蒙不是因为年龄够老以及足够杰出，他可能会有同样的命运。地米斯托克利的敌人有旧账要算，他们有理由担心他的权力再次壮大。在波斯入侵前，地米斯托克利就已经大受欢迎，而在战争中，他取得了更大的荣耀。他是那场战役中最伟大的英雄，大家都很仰慕他，不仅在雅典，在希腊其他城邦也是如此。在打败波斯后的第一届奥林匹亚竞技会上，据说观众们忽略了竞技者，只盯着地米斯托克利并为他欢呼。为了避免他权力增强带来的威胁，他的对手们联合起来牵制他。事实证明，客蒙和阿里斯泰德通过联姻建立的亲密联盟关系确实足够强大，足以阻碍地米斯托克利利用他的新机会，并最终打败了他。

然而，地米斯托克利不仅仅在个人和派系上面临着孤立处境。这场权力争斗的一部分原因是对外政策的严重分歧。波斯人刚刚撤退，麻烦就来了。此时的雅典变成一片废墟，城墙几乎荡然无存，因此雅典人开始了城邦和城墙的重建工作。但是斯巴达人不喜欢围以城墙的城邦，一方面在于他们优越的军队实力让城墙变得非必需，另一方面在于他们发现城墙会让攻城战变得困难。更重要的是，雅典人在最近的战争中展示了力量和勇气，这让斯巴达的盟友们感到紧张，他们敦促斯巴达人反对这件事。地米斯托克利是重建城墙的幕后推手，他用计拖住斯巴达人不予干涉，直到城墙已经被建得很高，足以抵御入侵。随后他做了一次充满挑衅意味的演说，拒绝承认斯巴达人所宣称的领导权，主张雅典独立于斯巴达，并与斯巴达平等。斯巴达人表面上并没有抱怨，但“私底下他们十分愤怒”。（修昔底德 1.92）斯巴达人从此开始敌视地米斯托克利，这种敌视一直持续到他被赶出希腊。

对雅典必须要扮演的新角色来说，拥有坚固的城墙是必要条件之一。但对斯巴达的敌意则不是必要的。斯巴达人在战后的政策上产生了内部分歧，其中大部分人愿意在雅典友好领导的条件下，接受其在爱琴海的霸权。他们喜欢并支持客蒙，而客蒙也以同样的态度全力回报。客蒙不断称赞斯巴达人的朴素和风俗，并大张旗鼓地仿效他们。他给一个儿子起名为拉栖代梦乌斯（Lacedaemonius，“斯巴达人”的意思），这表明在某一时刻，他已经成为斯巴达在雅典的代言人，类似于外邦代表（proxenos）。斯巴达人公开支持他，他以得到他们的支持为荣。他的政策是与斯巴达保持友好与尊重的关系，同时大力推动对波斯的战争。地米斯托克利当然知道斯巴达人中有一个派系对雅典力量的日益强大充满疑虑和嫉妒，他担心这些人带来的威胁。客蒙则相信大多数斯巴达人想要和平，并相信他们会宽容地接受雅典对提洛同盟的领导。客蒙的政策更具吸引力，因此他获得胜利。在雅典的这场政治斗争中，地米斯托克利失败了，并在公元前 473 年被陶片放逐。次年，在斯巴达的鼓动下，莱奥波底（Leobotes，阿尔克迈翁家族成员）指控地米斯托克利犯下叛国罪，随后地米斯托克利逃往波斯，并最终在那里去世。就这样，雅典人坚定地支持客蒙对斯巴达的政策，从而也忠于客蒙。

接下来发生的事情很快为这两点提供了正当理由。客蒙领导的远征捷报连连，这些胜利巩固了同盟、清除了海盗，并把波斯人赶出了爱琴海。他的军事活动给雅典带来了安全、财富和权力，也给客蒙带来了财富、荣耀和名望，这一切都巩固了他的政治地位。而他尤其利用财富取得了良好的政治效果。无论他走到哪里，身边总有身着华服的年轻人陪伴，他们会跟遇到的任何有需要的年迈公民交换衣服。他们还随身携带大量零钱，把硬币塞到他们偶遇的穷人手中。对于客蒙自己所在德莫（deme）的同伴，也就是他的家乡所在区域的居民，他甚至以更加公开和引人注目的方式为他们做得更多。

> 他拆除田地里的篱笆墙，使外邦人和公民都能毫无顾虑地享用果实。他每天在自己的家里摆上一顿正餐。饮食是简朴的，不过对许多人来说已经足够了，任何穷人都可以来吃，这样他们就可以不再为每天的温饱发愁，并有闲暇专注于公共事务。（普鲁塔克《客蒙传》10.1）

客蒙生性慷慨，但是这些行为远远超出了私人慷慨的范畴，而是精明的政治算计。尽管客蒙有种种优势，他仍然是民主制城邦中的一个保守的政治家，在这个城邦中，提洛同盟及其依赖的海军力量的成功，赋予了那些操控着战船的较低等级的人越来越大的影响力。一直获取政治成功需要他们的支持，而客蒙的计划是与比较贫穷的公民建立友谊，并看似慷慨地满足他们的需要。因此，他找到了一种在穷人中建立根基的方法，借此与他们天然的领导者地米斯托克利及其派系的其他人竞争。像波士顿、纽约和芝加哥的旧式政治首领一样，他通过满足贫困选民的个人需求并确保他们在必要时参与投票，赢得了一批忠实的追随者。

在这样的情况下，他实施的本地政策相当保守。尽管在波斯入侵的 30 年前，克里斯提尼已推行民主制度，但城邦的最高职位——执政官的财产资格限制仍未改变，这一职位依旧被限定在上层阶级手中。他发明的五百人议事会负责为公民大会准备法案，除此之外的其他职务很可能都将最低等级排除在外。更重要的是，战神山议事会没有丝毫变动。这个机构可以追溯到传说时代，在雅典还是纯粹的贵族共和制时，它是贵族政权的主要工具。每年雅典人从富人和贵族中选出 10 个执政官，他们在同年年底进入战神山议事会，在那里，他们终身任职。一个这样组成的机构必然有很大的声望和影响力，即使在克里斯提尼改革之后，人们仍认为它对地方行政官员和政制有界定不清却实实在在的监督权。

然而，在公元前 487/ 前 486 年，一项新的法律规定，应该通过以抽签告终的流程选出执政官。此后，这些官员将通过偶然的机会被选中，而不是因为他们在血统、智力或性格方面的特殊品质。这项民主制度的创新必然会削弱前任执政官曾经任职过的议事会和这个职位的声望。这是对上层阶级的有效打击，很可能是地米斯托克利和他所在的派系提出来的，也许这就是他在随后的日子里被他的反对者们陶片放逐的原因之一。这不仅是政治领袖之间个人争斗的一部分，还是雅典贵族和民主持续不断斗争中的一种操弄。

在希波战争的萨拉米和米卡列海战中，地米斯托克利和操控着雅典战船的下层民众发挥了关键作用，扮演了英雄般的角色，因而希波战争本来很可能会进一步扩大下层民众的影响力、牺牲上层阶级的利益。然而事实恰恰相反。亚里士多德说："希波战争结束后，战神山议事会的力量再次变得强大，控制了城邦……在这 17 年里，政制没有变化，战神山议事会依然主管一切。"（亚里士多德《雅典政制》23.1; 25.1）这 17 年（公元前 479 年—前 462 年）正是客蒙主导雅典政治的时期。在希波战争刚结束时，大多数战神山议事会成员依旧是通过选举而非抽签产生的，同时由于他们在战争中的良好表现，他们的声望增加了。他们未通过任何新的法律，他们只是在对他们有利的政治环境，尤其是越来越受民众欢迎的客蒙的支持下，开始行使原有的非正式权利。

毫无疑问，客蒙的政策是为了抑制下层民众不断增强的政治作用，一定程度上恢复贵族的影响力。公元前 462 年，当为了实现彻底的民主的伟大革命发生时，客蒙还在试图捍卫战神山议事会已经扩大的权力，"重振克里斯提尼时代（一直以来）的贵族制"。（普鲁塔克《客蒙传》14.2）当然，克里斯提尼时代的雅典并不是贵族制，而是有限而恭顺的民主制。这种民主制并不认为每一个公民都能担任最高公职。虽然最后的决定权在全体公民组成的公民大会身上，但这种民主制希望他们能在更高明的人的引导下做出好的决定。客蒙想使雅典民主恢复到最初的形式，也就是"战神山政制"（Areopagite constitution），并保持下去。面对多变的政治、军事、社会条件，他能实现这种政制，并保持很长时间，这是客蒙杰出能力的体现。随着时间的流逝，雅典的权力、财富和安全越来越依赖下层民众，但是他们仍然很高兴地接受了一个没有充分承认他们新地位的政治体制。他们从海军的胜利以及迅速发展的城邦的繁荣中获得的权力和自豪感，能够解释他们这种长期的顺从。不过，有很大的功劳要归于客蒙本人，他的成就和才能为他赢得民众支持，群众基础让他的政策在雅典以及外邦得以维持，让他看起来似乎无懈可击。

在这样的情况下，伯里克利开始了他的政治生涯。但他作为一个不容忽视的人物，在雅典历史上的首次亮相不是因为政治（至少不是公开看起来如此），而是因为宗教和艺术。每年，雅典首席执政官要选出 3 位诗人，为他们提供合唱队和主要演员，让他们在即将到来的节日中表演他们的戏剧，进行比赛。早些时候，首席执政官会选择 3 位富有的雅典人作为资助人（choregos），各资助一位诗人，这些资助人的工作是为他们雇佣一支合唱队和一名合唱队指挥，来排练演出。（为了争夺胜利和荣誉，资助人之间的竞争的激烈程度不亚于诗人之间和演员之间的，他们的名字会被一起刻在胜利者名单上。）在公元前 472 年一年一度的狄俄尼索斯节庆上，诗人埃斯库罗斯作为被选中的 3 位诗人之一，按照当时的习俗展示了三联悲剧和一部配套的羊人剧。这一年，分给埃斯库罗斯的资助人正是克桑提普斯的儿子伯里克利。埃斯库罗斯的戏剧赢得了一等奖，这对他的资助人来说十分有利。其中一出悲剧《波斯人》流传了下来。

有确凿的证据表明，伯里克利有能力支付一支合唱队的费用，因为他的父亲已经去世，他继承了遗产，或许是才继承了不久。雅典没有直接向民众征税，甚至在战争时期也没有。为了支付节日上合唱队的费用以及战船装备的开销，城邦加给最富有的公民们一项公共义务，称为“公益捐助”（leiturgia）。在繁荣的公元前5世纪，这种定期征收被视为一个获得大众青睐的机会，有钱人经常主动要求承担更多的公益捐助，而不是被要求这样做，他们相互竞争，要把这些做得更出色。伯里克利在刚刚继承遗产之后就摊上了这项公共服务，这不太可能是偶然，很可能是这位有抱负的年轻人抓住了第一个让自己受到公众关注的可资利用的机会。

给诗人指派资助人看起来并不是随机的，至少并不总是随机。地米斯托克利曾经做过一次诗人普吕尼科斯（Phrynichus）的资助人，和大多数悲剧诗人不同，普吕尼科斯写的都是同时代题材。希罗多德告诉我们，在米利都陷落——爱奥尼亚希腊人反抗波斯的叛乱以此结束——后不久，普吕尼科斯上演了一部名叫《米利都的陷落》（*The Taking of Miletus*）的悲剧。剧场里的每个人都流下了眼泪，听说雅典人非常伤心，以至于他们对诗人处以罚款，并禁止这部剧再次上演。（6.21）但是由此唤起的反波斯的情感，与地米斯托克利的政策完全吻合，这让我们认为很可能正是在这一次他成了资助人。而对诗人的惩罚也很有可能是地米斯托克利的敌人策划的——即使对诗人来说，充满争斗的雅典政坛也是一个危险的地方。

我们知道《波斯人》是埃斯库罗斯的唯一一部以当时的事件而不是以神话为主题的悲剧。它讲述了仅仅在7年前发生的萨拉米海战，展示了波斯妇女（她们组成了合唱队）在得知惨败消息后的痛苦心情。但同时它也歌颂雅典的荣誉，这是一个在雅典的狄俄尼索斯节上必定能取悦观众和评委的题材。伯里克利一定很高兴为这样的悲剧资助一支合唱队，很可能是他主动要求的。如果考虑到地米斯托克利和伯里克利父亲之间的敌对关系，我们可能会惊讶于伯里克利想要歌颂的战役中的伟大英雄竟然是地米斯托克利。但是我们也没有理由认定在那一时期伯里克利对地米斯托克利怀有敌意。此外，对雅典政客们来说，地米斯托克利已经不再是问题。在那之前他已经被陶片放逐，很快就会被当作叛徒进行缺席审判，并再也不会出现在雅典。而且，《波斯人》不仅会让观众回忆起萨拉米海战，还会让他们想起希腊人抵抗波斯的伟大胜利，而这场胜利的最后一战是由雅典将军克桑提普斯领导的，他正是这部悲剧的资助人伯里克利刚去世的父亲。显然，伯里克利资助埃斯库罗斯的悲剧是为了表达对城邦的虔敬和对父亲辉煌过往的追忆。上演这样一出悲剧并赢得一等奖，对一个雄心勃勃的年轻人来说，是向雅典公民展示自己的一个不错的方式。

在这次精彩的初次登场之后，伯里克利致力于军事，他参加了几次远征，在这些远征中他展示了自己“勇敢和喜好冒险”（普鲁塔克《伯里克利传》7.1）的特质。在提洛同盟事务繁忙、鼓舞人心的最初几年里，对于一个出身于他那个阶层且肩负着期望的年轻人来说，投身军事事业是再自然不过的选择。在陆地和海洋上得到的训练和经验，会在他作为雅典将军的很多年中对他大有裨益。此外，这些以及一个勇敢的名声对一个政治家的未来来说同样必不可少。希腊人希望他们的领导者展现出身体机能上的勇猛，无论是在运动场上还是在战场上，还要展现出虔敬、慷慨和高贵。客蒙能够获得权力主要是因为他有卓越的军事才能，也就是说，他的任何竞争者都至少要有光荣的服役经历和军事才能。此外，在这个时期，将军们逐渐开始成为雅典最重要的政治人物。执政官仅任职一年，并且从公元前487/前486年开始由抽签产生。

相比之下，将军由直接选举产生，可以无限连任。提洛同盟的形成也意味着雅典的将军们每年都将活跃于战场，或是忙着驱逐蛮族人、为雅典获得战利品，或是清除海上威胁并赢得荣耀。随着时间的推移，将军不可避免地会成为雅典政治中真正重要的人物，而客蒙辉煌的军事生涯无疑加快了这一进程。到了公元前 5 世纪 60 年代，显而易见，成为政治领袖要通过服役来实现。伯里克利似乎是在 30 岁时被选为将军，这是担任这个职位的最低年龄限制，在这一年，他率领一支由 50 艘战船组成的舰队，远征塞浦路斯岛的周边地区。

这次的成功和之前的突出表现，也许有助于解释为什么他会被选中去领导对客蒙发起的首次直接攻击，虽然客蒙威势煊赫，却未能压制所有的敌对势力。敌对派系的领袖厄菲阿尔特（Ephialtes）以公正和廉洁闻名于世，一开始他是地米斯托克利的盟友。在地米斯托克利被放逐后，他掌管了敌对势力。厄菲阿尔特和他的盟友想要破坏客蒙的权力以及他所代表的贵族势力，并给予下层民众更多的权力以扩大雅典民主，而一个严重的危机为此提供了机会。

公元前 465 年，位于爱琴海北部的一个重要岛屿、提洛同盟的创始成员邦萨索斯与雅典发生了冲突，冲突的焦点是该岛对面的色雷斯（Thracian）大陆上的一座金矿以及一些贸易点的控制权。萨索斯叛乱是提洛同盟历史的转折点，因为这是同盟军第一次似乎只为了雅典自身的利益而被使用。客蒙很快就击败了敌人的舰队，并在岛上驻扎下来，开始了之后被证明是漫长而艰难的围攻。同时，他率领一支由雅典人和同盟军组成的一万多人的队伍，在九条道（Ennea Hodoi）附近建立殖民地，这个地方在经济和军事上都具有战略意义。但是这个殖民地命运多舛，因为这些殖民者很快就被当地的军队彻底摧毁。同时，萨索斯人在围困下坚持了两年多，而这场代价高昂的围困战让雅典人越来越沮丧。尽管萨索斯人最终投降，并受到了处罚，但是这次战役是所有由客蒙领导的军事活动中最不光荣也最不成功的一次，毫无疑问，这在雅典引发了很多抱怨和不满。

厄菲阿尔特和他的派系抓住了这个时机对客蒙进行打击。他们猛烈抨击客蒙支持的战神山议事会的权力、有限民主以及他与斯巴达的友谊。在萨索斯叛乱之前的几年里，客蒙的声望保全了这些政策。但从这次作战中产生的失望情绪，以及客蒙因指挥战役而长时间不在雅典这件事，都让别人有机会削弱他的声望。

厄菲阿尔特和伯里克利当选将军有可能是在萨索斯岛被围困期间，而很有可能在这一时期，厄菲阿尔特也发动了对战神山议事会的攻击。此时并不是对这个机构本身和它的权力进行攻击的成熟时机，因此他将矛头指向个别成员，以这样的方式败坏议事会的名誉。雅典民主政制的一个特点是，在一年任期结束时，雅典的官员们要提交一份对他们工作、财产和其他方面的陈述，交由公众审查。厄菲阿尔特趁机指控即将卸任并准备进入战神山议事会的执政官们挪用公款，并成功地将他们从议事会移除。他可能也对已经在战神山议事会的个别成员提出了类似的指控，并同样取得了成功。

这些举措肯定削弱了战神山议事会的声望，也鼓励了厄菲阿尔特和他的支持者运用同样的战术继续攻击他们的主要目标。在公元前463年萨索斯投降时，他们的机会来了。客蒙一回到雅典就被指控违反军规。正式的起诉理由是他原本很有希望为雅典人征服马其顿，但是他接受了马其顿国王的贿赂，并因此撤军。这个指控的本质表明了对客蒙提出实质性的指控是多么困难，以及他的对手是多么渴望利用当前的机会攻击他。征服马其顿并不是他此行的任务，对腰缠万贯的客蒙来说，接受贿赂的说法更是可笑至极。但指控的具体细节并不重要。每个人都知道这是一场政治较量，在测试客蒙和他对手的力量——它只不过是雅典无休止的政治斗争中的另一场摔跤比赛。显然，厄菲阿尔特和他的派系相信一个雅典殖民地的毁灭、长期的围困战以及战神山议事会的尴尬处境，已经把客蒙削弱到了足以被打倒的地步。

雅典的法律中没有公诉人。因此在影响整个共同体的事件，例如一个将军涉嫌渎职的问题中，任何公民都可以起诉这个将军。在这种情况下，客蒙的敌人选了几个人去起诉客蒙，其中最主要也是最积极的就是伯里克利。他们有几个很好的理由做出这样的选择。最重要的就是克桑提普斯成功地起诉了客蒙的父亲米太亚德，说后者当将军时违反军规。这一巧合肯定会引起人们的注意，并唤起旧有的记忆和偏见。虽然客蒙之前已经通过联姻的方式修补了他的家族和阿尔克迈翁家族之间的裂痕，但是起诉他的人的母亲属于阿尔克迈翁家族，这可能会被视为相互竞争的贵族家族之间休战结束的标志。最后，伯里克利的个人能力，他的口才、家世、一丝不苟而又高尚的行事作风，将他推到激进的民主支持者们面前，成为起诉贵族客蒙的最理想人选。

刚满 30 岁的伯里克利必定乐于接受这个机会。所有的雅典人，当然还有斯巴达人，乃至整个希腊世界，都在关注着这场对希腊最伟大之人的审判。无论判决如何，表现得很好的“公诉人”将会赢得好名声，受到他的派系和许多其他雅典人的尊重。

关于客蒙的一份辩护文件流传了下来，它展示了控告者是如何将他未能竭力维护雅典帝国利益与他和斯巴达人尽皆知的友谊联系在一起的。客蒙毫无歉意地为自己及其政策辩护："我不是富裕的爱奥尼亚人和帖撒利人（Thessalians）的代表，其他一些能被讨好和收买的人才是，我是斯巴达人的代表，我模仿并热爱他们的节俭和自制，在我看来这比任何财富都重要，我想要用那些从敌人那里赢得的财富来给我的城邦带来荣耀。"不论是在为对波斯的侵略战争正名还是和斯巴达的友谊方面，这都是一次尖锐犀利又卓有成效的辩护。即使最近的军事活动失败了，由于这个政策曾经带来了持续的、空前的成功，加之针对客蒙的具体指控显然是荒谬的，客蒙最终被无罪释放。

虽然伯里克利对安排给他的任务非常有热情，但在这场审判中他并不是非常有攻击性。实际上，根据普鲁塔克的记载，他"很温和"（《客蒙传》14.4）地对待客蒙，表现得像一个只是在履行职责的人。一位公元前5世纪的作家为伯里克利的克制行事提供了一个浪漫的解释，他说，客蒙的妹妹艾尔佩尼珂来到伯里克利的家——对于一位受人尊敬的雅典夫人来说，这是一个极其大胆和鲁莽的行为——为她的哥哥求情。据说，伯里克利如此回应——合乎规矩，却未必风度翩翩："艾尔佩尼珂，你年龄太大了，不应该卷入这些事情。"尽管如此，在接下来的故事中，伯里克利在审讯中只是敷衍了事。实际上，伯里克利肯定从一开始就知道，凭借这些莫须有的罪名，很难成功将客蒙定罪。客蒙仍然拥有强大的支持，因此，对他过于激烈的攻击很可能适得其反。伯里克利的主要目的是以一个反对派中的政治新星的身份把自己带入公众视野，因而一场体面而不过度的起诉正是他需要的。因此，能够解释伯里克利的表现的是谨慎的考量而不是浪漫的故事。

若非国外的突发事件让政敌再获可乘之机，谁也说不准客蒙的权位还能维系多久。公元前 464 年，也就是雅典围攻萨索斯期间，斯巴达遭受了可怕的地震，这反过来鼓励了斯巴达类似于农奴的臣民，也就是黑劳士（helots），发动大规模起义。起义军在战斗中被击败，躲进了一个斯巴达人无法接近的山中据点，并顽强地坚守在那儿。最后，在公元前 462 年，斯巴达人要求他们的盟友提供帮助，特别是雅典人。公元前 481 年在斯巴达领导下宣誓反抗波斯的旧希腊同盟从未正式宣布解散。与此同时，雅典人在许多围困战中大获成功，并有擅长这种作战方式的美誉，而斯巴达人在这方面几乎没有任何经验。因此，向雅典人寻求帮助似乎是自然而然的选择，尤其是雅典正处于斯巴达忠实的朋友客蒙的领导下。

这一提议在雅典公民大会中引发了一场激烈讨论，这清楚地显示出反对客蒙及其政策的派系和势力一直存在并始终活跃。提出正式请求的斯巴达使者名叫佩里克莱达斯（Pericleidas），许多年后阿里斯托芬在他的喜剧《吕西斯特拉忒》（*Lysistrata*）中讽刺了这个场景："你不记得了吗？"剧中的女主人公对斯巴达人说，"曾经斯巴达的佩里克莱达斯穿着他的红色外套，脸色苍白，来到这里，跪在雅典的祭坛前，乞求一支军队。"（1137–1141）作为反对客蒙一派的领袖，厄菲阿尔特强烈反对这一请求，希望雅典人"不要帮助或重建一个曾经与雅典敌对的城邦，而要让斯巴达的骄傲跌入尘埃，被踩在脚下"。（普鲁塔克《客蒙传》16.8）厄菲阿尔特言辞的激烈程度表明，他以及至少一部分他派系中的人对斯巴达是多么痛恨。造成这种仇恨的部分原因是他们坚持奉行地米斯托克利的外交政策，地米斯托克利曾经试图使雅典成为希腊世界的唯一领导者，并憎恨斯巴达对雅典新兴权力和影响力的嫉妒。还有一个原因是斯巴达坚定地支持客蒙一派，成功地阻止了民主制在雅典的推行。

然而客蒙和他的政策仍受欢迎，他对反对派做了有效的回应，并且强烈要求雅典人“不要使希腊成为跛子，也不要眼睁睁地看着他们的城邦丧失它的轭伴”。这是一个朴实但有力的比喻，将雅典和斯巴达比作一支推着希腊犁车前进的牛队。这个比喻非常吸引公民大会，因为公民大会主要由农民组成。这还唤起了他们曾经共同抗击波斯的温情记忆，以及那时的泛希腊精神。因此公民大会投票派出客蒙带着 4000 名重装步兵帮助斯巴达人对抗黑劳士起义军。

雅典人在斯巴达待了没多久就不受欢迎了。没有明显的理由，斯巴达人把雅典人排除在盟友之外，并把他们遣返回家，借口是斯巴达人在第一次试图攻占起义军在伊索姆山（Mt. Ithome）的要塞失败后就不需要援军了。修昔底德揭露了这一站不住脚的借口后的真正原因：“斯巴达人害怕雅典人的勇敢和革命精神，认为……如果他们继续留在这里，他们很可能会被伊索姆山的起义军说服，从而改变立场。”（1.102.3）斯巴达是一个封闭的社会，通常不允许外来者在他们的领土上自由行动，即使个人也不行。虽然这 4000 名雅典人由客蒙指挥，但他们是在自由的环境中成长的，被民主雅典的繁荣和多样性所塑造，以他们的政制以及城邦力量和荣誉而自豪，因此他们必然会对斯巴达的节俭和物质生活的落后感到震惊。他们也一定会被斯巴达人的刻板和服从震撼，还会发现斯巴达人没有自由，并且，按照他们在自己城邦中的惯

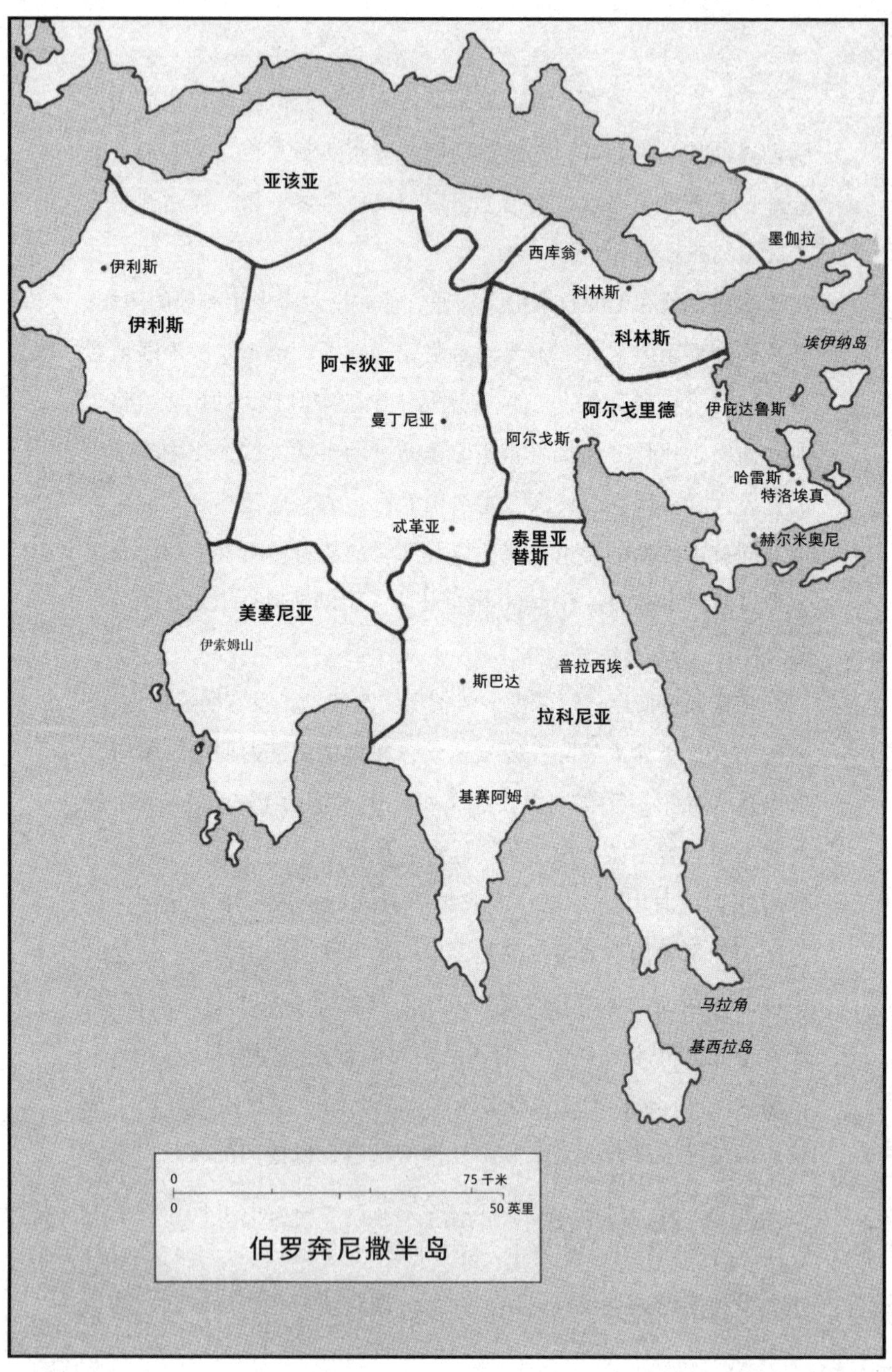
亚该亚
伊利斯
伊利斯
阿卡狄亚
西库翁
科林斯
科林斯
墨伽拉
埃伊纳岛
阿尔戈里德
曼丁尼亚
阿尔戈斯
伊庇达鲁斯
哈雷斯
特洛埃真
忒革亚
泰里亚
替斯
赫尔米奥尼
美塞尼亚
伊索姆山
普拉西埃
斯巴达
拉科尼亚
基赛阿姆
马拉角
基西拉岛
0
75 千米
0
50 英里
伯罗奔尼撒半岛

例，他们无疑会公开、频繁且大声地表达自己对这些负面印象的不快。不难想象这样的行为会如何困扰斯巴达人，而且他们本就对雅典的民主和权力充满猜忌。此外，这个时候他们的自信心尤其不稳，因为一场自然灾害和一次危险的起义已经暴露了斯巴达的弱点。

雅典人很自然地将自己被打发走视为一种侮辱、耻辱，以及斯巴达人怀抱敌意的证明。这对客蒙及其建立在相反的假设之上的政策是一个沉重的打击。关于雅典远征军受到冷淡对待的消息肯定在他们回到雅典前就已经传播开来，因为当客蒙率领他的部下返回时，他的对手们已经发动了一场重大的政制变革。

重装步兵是拥有至少中等数量财产的人，是克里斯提尼民主革命的最大受益者。他们中的大多数人对客蒙的保守民主制感到满意，是客蒙的核心支持者的重要组成部分。因此，趁这些重装步兵不在雅典，厄菲阿尔特和他的同僚们提出剥夺战神山议事会的“额外”权力，他们声称这些权力是之前战神山议事会篡夺的。毫无疑问，战神山议事会严重限制了民众的最高统治权，而其大部分权力的废除是雅典从有限民主走向全面民主的决定性行动。由于许多中产的重装步兵不在雅典，没有财产的、极端不满的下层，也就是雇工等级（thetes）的政治力量暂时性地强大起来。残余的公民大会通过一项法律，将战神山议事会几乎所有的权力转让给更民主的五百人议事会（当时已经存在）和民众法庭。战神山议事会只保留了对凶杀案的古老裁判权，其他权力几乎全被剥夺了。

客蒙回来后试图撤销政制上的变革，主张恢复克里斯提尼的政制，但这一切都是徒劳。他的斯巴达朋友们的侮辱性举动已经破坏了雅典人对他的支持，甚至连他自己的士兵也必然因在斯巴达遭受冷遇而感到愤怒，并对客蒙感到失望。因此，在可预见的将来，他的政制变革对手很可能会控制雅典公民大会和雅典的命运。第二年，也就是公元前 461 年的春天，他们觉得自己的实力已经强大到足以提议对客蒙进行陶片放逐，并成功地使客蒙沦为牺牲品。客蒙认为的“激进”民主派牢牢掌控了局面。

伯里克利参与了他的派系赢得的这场胜利，但他仍然服从厄菲阿尔特的领导。那时他年仅 32 或 33 岁，按照事件发展的正常程序，他还需要做几年“次级伙伴”（junior partner）才能谋求领导地位。但发生变革的公元前 462/ 前 461 年恰恰是不正常的。一方面变革情绪高涨，另一方面客蒙的支持者对厄菲阿尔特的仇恨一定非常强烈且广泛，因为就在客蒙被陶片放逐的同一年，厄菲阿尔特被谋杀了，这是雅典民主历史上极少数几起政治暗杀之一。

杀害厄菲阿尔特的凶手的身份仍然是历史上的未解之谜。普鲁塔克恰当地驳斥了一个不大可能的诽谤，这个诽谤认为伯里克利出于嫉妒和羡慕杀死了厄菲阿尔特。亚里士多德说塔纳格拉的阿里斯托迪库斯（Aristodicus of Tanagra）是暗杀者，但我们对此人一无所知，其他作家也说暗杀者的名字至今不明。不管怎样，民主派在胜利的关键时刻失去了领导者。将要接替这个位置的人很年轻，相对来说缺乏经验。他不可能指望自己立马就像不幸殒命的前任领袖一样发挥影响力，但他可以从厄菲阿尔特的遇难中获益。我们不知道伯里克利为何以及如何成了由已故的厄菲阿尔特领导的派系的领袖，但是他的家族传统和人脉关系、接受的不同寻常的教育以及他天生的才干使他做好了充分准备，能够领导这场迈向更为全面的民主、更加强大的雅典的运动。

第三章

民主支持者

厄菲阿尔特死后，伯里克利的地位发生变化，从一个持不同政见的派系的次要成员，上升为一个伟大民主制城邦的独一无二的领导者，这个城邦统治着一个富裕的海上帝国。之所以能够实现这一点，是因为首先他通过一系列政制改革使下层民众发挥了更大的政治作用，然后，他与雅典重装步兵中占大多数的农民建立了强有力的联盟。他的修辞能力、政治意识、组织能力以及他所取得的成就，使他能够迎接来自各方面的挑战。他精心构思且有力传达了一个伟大城邦的崇高愿景，这个愿景给所有公民的生活带来意义，由此获得的影响力让他赢得了重要的支持。

公元前 5 世纪 50 年代，在伯里克利的领导下，雅典公民大会通过了一系列法律，着手建立一个世界上有史以来最彻底的民主政制。这种政制将直接和最终的权力赋予公民大会和民众法庭中的公民，他们通过简单多数制投票来做出所有决策，它还规定了大多数公职人员由抽签的方式选出，而少数特殊职位则通过直接选举产生，以及对全部公职人员实行短期任期和严密监督。这种政制反映了伯里克利对政府的设想，在此框架下，他得以实现并长期保持领袖与第一公民的地位。

公元前 458 年，作为重装步兵作战的小农阶层（zeugitai，字面意思是“轭”或“双牛”）成员开始有资格担任执政官，而在此之前这个职位仅限于在经济方面处于前两个等级的有钱人。因此，他们将加入战神山议事会，结束有钱人和出身良好的人对这个机构的垄断。这个措施进一步削弱了执政官和战神山议事会的影响力，而随机选出的五百人议事会、公民大会和民众法庭的权力则得到了增强。

在公元前 451/ 前 450 年，伯里克利提出一项法令，对雅典公民身份进行更加严格的界定。在此之前，父亲是雅典人、母亲是外邦人的孩子也可以是合法的雅典公民。然而，新法令规定，父母双方必须都是雅典人。这种新定义的目的并不十分明确，但无论它产生了什么其他影响，这项新法令意味着今后共同体中成员的政治资格将不再由传统的贵族宗教机构来决定，甚至不再由各个地方的德莫决定，而是由全体公民共同决定。这是对公民大会作为民主政制核心机构的一种宣示。

另一个重要变化是一个新的负担落在了民众法庭的身上。雅典人口的增长、商业的蓬勃发展、与外邦接触引起的纠纷增多以及在民主政制中常见的诉讼精神的增长，都给现有的司法体系带来巨大的压力。在公元前 5 世纪后期，阿里斯托芬合理地估计，每年要选任 6000 名陪审员（dikastai），一年中有 300 天他们都要听审案件。(《蜂》66lff.)

理想的民主政制要求大多数公民参与公共决策，但穷人无法在没有报酬的情况下参与。为了解决这个问题，伯里克利推行了一项法令，批准支付此类报酬。不久之后，民主政制将劳务报酬的支付范围从陪审员扩大到五百人议事会的全部成员、执政官、所有通过抽签选出的公职人员、现役士兵和水手。亚里士多德估算，同时因参与公共服务、军事和民事事务、城邦和帝国事务而领取报酬的公民人数超过 2 万人。伯里克利引入的公共事务报酬政策使许多雅典人首次成为完全的公民，而雅典的完全民主生活也开始于伯里克利的改革。

对伯里克利改革产生的政权要有清晰的认识，这点非常重要，因为即使是 20 世纪民主国家的公民，理解民主制的本质也不容易。在古希腊城邦中，政治的重要性远超现代人的想象，人们认为和期待政制的类型会塑造其公民的品格。要完全理解伯里克利时代雅典的艺术、文学、哲学以及所有伟大成就，就不能脱离它们的政治和政制背景，即克里斯提尼在公元前 508 年左右建立、伯里克利在半个世纪后扩展的民主制。

对雅典民主制的描述要从给这个词下定义开始。然而，现代世界的发展使这件事变得困难，因为这个词已经被贬低，几乎毫无意义。几乎所有现代国家都宣称自己是民主国家。像美国、苏联、英国、瑞士、古巴、南非和尼日利亚这些国家，尽管它们差异巨大，但都声称自己是民主国家。这已经足够令人困惑了，但还有更进一步的难题。现今，许多人都坚持认为，一个民主制国家，必须给所有在其境内有合法永久居留权并希望获得公民身份的人提供充分的宪法上的、政治上的保护和机会。但是雅典人将投票权、担任公职以及充当陪审员的权利限制在成年男性公民内部，奴隶、外邦居民、女性和 20 岁以下的男性则被排除在外。现代评论家质疑伯里克利政权的民主性质，因为当时存在奴隶制，并且女性被排除在政治生活之外。然而，在排除这些群体的问题上，雅典社会和自公元前 3000 年文明产生以来一直到最近的其他社会一样。雅典人的不同之处不在于这些排斥，而在于异常广泛的包容，以及那些被包容的群体获得了极其重要且有意义的参与机会。回忆一下美国所谓的杰克逊民主（Jacksonian democracy）也许有用，它也与奴隶制同时存在，而一直到本世纪，女性在任何地方都没有选举权，而且我们至今仍然将政治参与限制在特定年龄段。如果因为被排除在外的群体而否定伯里克利时代雅典的民主称号，那就是采用了一套狭隘的、时代错误的标准，这些标准会产生自相矛盾的结果。当时的希腊人毫不怀疑雅典是一个民主制城邦，唯一的争论是民主制是好还是坏，而在我们这个时代，这样的争论几乎是不可想象的。

从另一个角度来说，雅典人可能会惊讶于现代国家宣称自己是民主制，即使是美国和英国这样的国家，因为对雅典人来说，民主的基本特征是大多数公民享有直接的、充分的最高统治权。由选举出来的代表组成的政府、分权制衡、三权分立、对重要职位的任命、非民众选举产生的官僚机构、司法终身制、任期超过一年的民选职位——就理性之人所理解的民主制来说，以上这些看起来显然都是民主制致命的敌人。如果我们要摆脱现代偏见，把握民主的真正特征，就必须对雅典民主的运作方式做一个简要的考察。

这里可以运用一个有效但与时代不符的方法，让我们思考政府的 3 个常见分支：立法、行政、司法。雅典民主制的核心是公民大会，被我们称作立法机构。它向雅典所有成年男性公民开放，伯里克利在世时，公民大会的人数可能多达 4 万。大多数雅典人生活在距离城邦很远的地方，很少有人拥有马匹，因此参加公民大会需要走很长的路才能到城里。这样的结果是，与会人数可能在 5000 到 6000 人之间，虽然一些决策要求 6000 人的法定与会人数。会议在一个名为普尼克斯（Pnyx）的山丘上召开，离雅典卫城不远，在山上可以俯瞰市政广场。公民们坐在倾斜的山坡上，演讲者们站在山坡底部的讲台上，对演讲者们来说，让他们的声音被别人听见并不容易。据说，公元前 4 世纪伟大的演说家德摩斯提尼（Demosthenes）为了让自己的声音足够洪亮，能够胜任在普尼克斯山丘上的演讲工作，曾在巨浪拍岸声中练习演说。

我们可以从阿里斯托芬于公元前 425 年上演的喜剧《阿卡奈人》（*Acharnians*）中了解公民大会的开场。第一个说话的人是阿里斯托芬典型的喜剧主角——一个传统的农民，他抱怨战争，因为战争让他待在雅典城里，远离他在乡下的农场：

> 今天是开公民大会的日子，时间已经不早了，但普尼克斯还是空空如也。他们还在市政广场上喋喋不休，避开那条涂着赭石粉的赶人索。[1] 甚至连公民大会的主席团官员也没有到。他们会迟到，当他们终于到了，你难以想象他们会怎样为了争夺前排的一个座位而互相推搡、打斗、挤作一团，他们什么都做，只是不会说任何关于缔造和平的话。哦，我的城邦雅典！我总是第一个返回公民大会并找到座位的人。而且因为我是独自一人，我叹叹气，放放屁，打打哈欠，伸伸腿，不知道该做什么，写写字，拔掉松散的头发，计算我的账目，望着我的田野，渴望和平，憎恨城里的生活，想念我的德莫，那里从来听不见有人叫喊“买我的木炭，买我的醋，买我的油”。“买”这个词在那里没人知道，因为那里的一切都是免费的。所以，我这次完全是有备而来，如果演讲的人

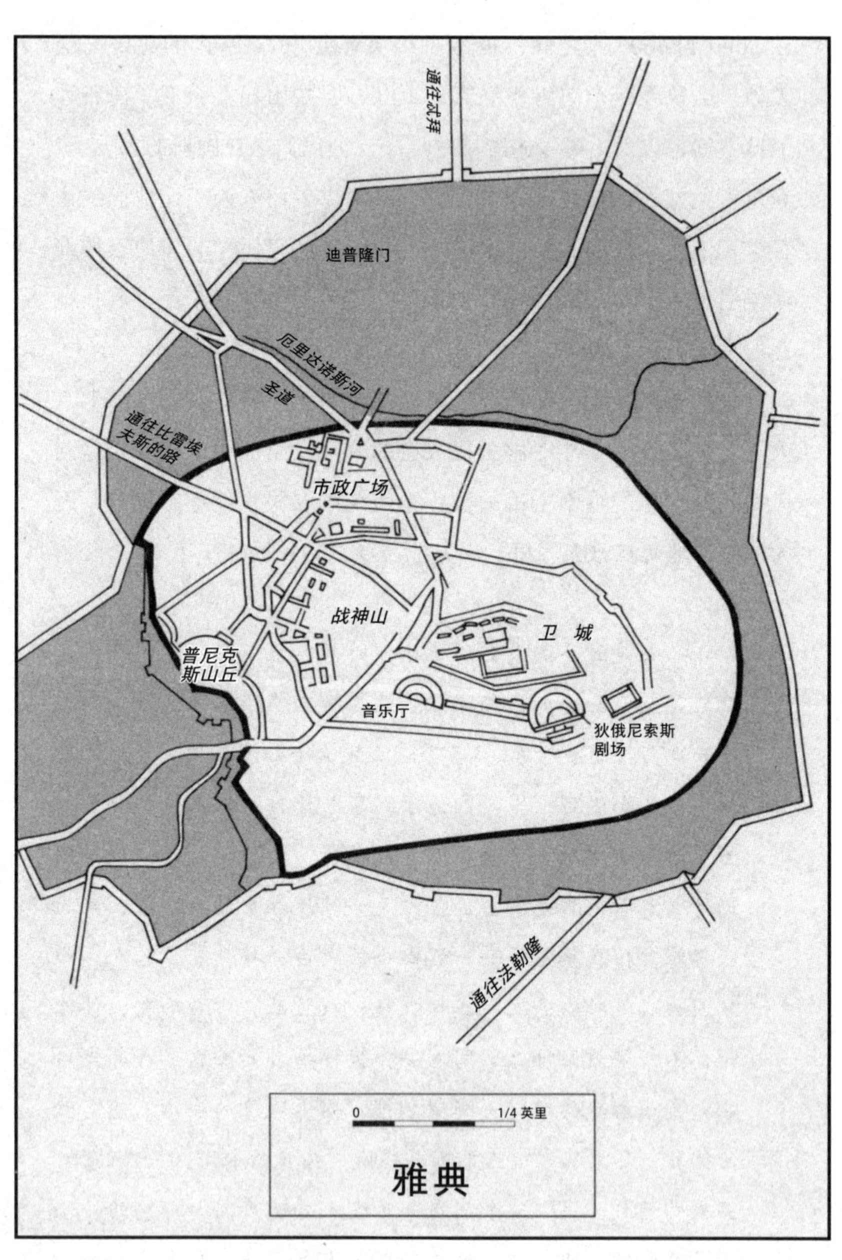
通往忒拜
迪普隆门
厄里达诺斯河
圣道
通往比雷埃夫斯的路
市政广场
战神山
卫 城
普尼克斯山丘
音乐厅
狄俄尼索斯剧场
通往法勒隆
0
1/4 英里
雅典

只说别的，不谈和平，我就会大喊大叫，打断并辱骂他们。瞧这些中午才来的主席团官员们。我没告诉你吗？我不是猜到了他们会怎么来吗？一切就像我说过的那样，每个人都在争夺前排座位！

接下来，公民大会的传令官说："向前走！进入神圣区域！"然后他念出了公民大会辩论的标准开场辞："谁想要发言？"（19–45）

《阿卡奈人》的场景省略了公民大会开始前的祈祷。我们可以从阿里斯托芬另一部喜剧《地母节妇女》（*Thesmophoriazusae*）中的一个对公民大会开场的戏仿场景里了解当时的情况。这一段的笑点源自一个让妇女举行政治集会的滑稽想法，以及欧里庇得斯（Euripides）作为厌女者的名声。传令官朗诵了开场的祷告，其中包括对那些想要颠覆民主政制的人的诅咒：

保持安静！保持安静！向地母（Thesmophorae）、德墨忒尔（Demeter）和科瑞（Kore）祈祷，向普路同（Plutus）、卡莉吉奈（Calligeneia）和大地（我们的养母）祈祷，向赫尔墨斯（Hermes）和美惠三女神（the Graces）祈祷，希望他们保佑这次公民大会能做出最精妙和最好的决策，不仅为雅典带来好运，还为我们自己带来好运。让最能为雅典人和全体妇女说话行事的女人赢得胜利。为此祈祷，也为你们自己祈祷。赞美吾神！赞美吾神！让我们尽情欢乐。（295–311）

妇女公民大会以一首祷歌作为回应。随后，传令官重申了诅咒：

> 祈求奥林匹亚、皮提亚和提洛的男神和女神以及其他诸神，如果有人对妇女心怀恶意、企图加害，或者与欧里庇得斯或波斯人密谋伤害妇女，或者想要成为僭主或重建僭主制，或者揭发某个妇女将别人的孩子冒充为自己的孩子，或者有奴隶参与女主人的阴谋诡计却背叛她向男主人告密，或者不能如实传递信息，或者一个情人通过撒谎从妇女那里得到想要的，但是从来没有履行过他的诺言……愿他和他的家人不得好死，同时祈求神明赐予你们——剩下的所有妇女以许多美好的事物。（330–51）

合唱队再次以一首祷歌回应。然后，传令官开始进入正题：

> 听着！由妇女公民大会批准，由索斯特拉塔（Sostrata）提案，由提摩克勒亚（Timoclea）担任主席，由吕西拉（Lysilla）担任秘书：在地母节中间一天的上午，也就是我们最空闲的时候举行一次公民大会。大会的第一项议程将是：我们应该如何处理冒犯了我们所有人的欧里庇得斯。谁想要发言？

如果我们暂且不谈那些嘲弄女性的玩笑话，用“雅典公民”替换“妇女”，并在被诅咒的名单里加上“那些虚假上报和欺骗人民的人”，我们就会对公民大会开场时的例行场景有一个大致的了解。

但是在普尼克斯山丘上召开的真正的大会并不那么喜剧化，大会处理的都是严肃的问题。雅典人将一年划分为10个时期，每个时期固定召开4次公民大会，必要时还会召开特殊大会。议题包括同意或不同意和约、宣战、指派参加战争的将军并决定他们指挥的军队和可以利用的资源、任命官员或将其免职、是否实行陶片放逐法、有关宗教的问题、有关继承的问题，以及其他一切问题。在每个时期的第2次公民大会上，“任何人都可以就他关心的任何主题向民众发表讲话，不管是私人的还是公共的”，而第3次和第4次公民大会讨论“所有其他类型的事务”，不管它可能是什么。[2]

对于一个现代代议制民主国家的公民来说，读到这些可以直接处理外交政策问题的大型城邦会议会特别印象深刻，而这些问题可能事关城邦和公民的生死存亡。伯里克利主政时期，这类激动人心的公民大会时常举行，但被描述得最详尽的那场发生在他去世近一个世纪后。当时马其顿的腓力已经进军到中希腊，距他最大的敌人之一雅典只有3天的路程。面对这样的情况，雅典该做些什么，无论是抵抗还是试图争取谈判条件，这些决议都将决定雅典及其民众的命运，而这些决议将由普尼克斯山丘上集结的公民做出。反对腓力派的领袖德摩斯提尼在他的演说中描述了这次会议：

> 当天晚上，使节前往议事会主席团那里，向他们报告埃拉提亚（Elatea）已经被占领的消息。当时他们晚餐才吃到一半，他们立刻起身，清理了集市上的摊位……而另一些则派人去找将军、召集号手，整个城邦动荡不安。次日黎明，

> 议事会主席团召集议事会成员进入会厅开会，而你们（雅典公民）前往公民大会，在议事会开始会议并提出任何提案前，全体公民都坐在普尼克斯山丘上。这时，议事会成员到了，主席团报告了收到的消息，并介绍了带来消息的使节。当他说完后，传令官问道："谁想要发言？"没有人上前。（《论王权》169–70）

为了了解古代民主和现代民主之间的差别，我们只需要考虑现今美国是如何处理紧急状况的，例如美国大使馆被攻占。这种紧急情况可能首先作为秘密信息被送到政府庞大而复杂的情报部门的某个分局。它将被视为高度机密，只会透露给白宫、国务院和国防部的少数人。应对政策将在一个小小的、封闭的团体内讨论，并由总统做出决定。如果消息没有泄漏的话，人们只有在一切已经决定时才会得知这一事件。

在伯里克利时代的雅典，与德摩斯梯尼时代的雅典人所面临的同样严峻的问题曾多次出现。每当这种时候，公民大会都会举行全面的辩论，然后举手表决，以简单多数决定最终结果。这是最有力的证据，证明雅典人享受充分的、最终的最高统治权。

当然，一个由数千人组成的公民大会无法独自完成其工作。因此，它依赖从所有雅典公民中抽签选出的五百人议事会。虽然五百人议事会承担了许多更庞大的机构无法高效处理的公共职能，但其主要责任是准备立法草案供民众审议。在这方面，同其他所有方面一样，五百人议事会是公民大会的仆人。公民大会可以否决议事会起草的法案，或者在召开公民大会的过程中修改法案，也可以要求重新起草，或以完全不同的法案取而代之。最高权力和公共权威的真正行使直接依靠这些有众多公民参与的会议。在某个特定的日期，聚集在普尼克斯山丘上召开公民大会的多数公民几乎可以不受政制约束地做出任何决议。

在雅典，行政部门的权力范围、自由裁决权和权力本身都受到严格限制，立法权和司法权之间的区别远不如我们当代社会那么明确。首先，他们没有任何总统或总理，也没有内阁或任何选举产生的官员负责总体地管理国家、制定或提出整体政策。他们没有美国人称之为 administration（政府）、英国人称之为 government（政府）的东西。主要的民选官员是十将军，任期为一年。正如他们的头衔所表明的，他们基本上是指挥陆军和海军的军事官员。他们可以不受限制地连选连任，像客蒙和伯里克利这样的杰出人物几乎年年当选。但他们是最特殊的。这些人行使的政治权力受到自身说服力的限制，因为他们只能在公民大会中劝说同胞听从他们的建议。他们没有特殊的政治或民事权力，除了在陆军或海军出征时，他们不能发号施令。

即使在军事事务方面，将军们的权力也受到严格限制。远征军的将领由全体雅典公民参加的公民大会投票选出，军队的规模和目标也由公民大会决定。在将军就职之前，他们要接受五百人议事会对其资格的审查。在一年任期结束后，他们的履职表现，特别是他们的财务账目都要接受稽核，这个过程被称为离任审计（euthyna）。亚里士多德描述了这个程序如何延续，甚至在稽核结束后仍可持续：

在市场常规开放的时间段里，被称作查账员（Examiners）的官员们坐在每个部落的名祖（the eponymous hero）像

> 旁。如果任何公民想对任何已经提交述职报告的官员提起私人或公共性质的诉讼，他必须在3天内，在一块白板上写下自己的姓名、他所控告的人的姓名、他想要指控的罪行和他认为适当的罚款金额。(《雅典政制》48.4)

如果查账员认为这项指控有可信之处，他会将其转交给合适的民众法庭，进行最终判决。这不是民众对少数通过选举产生的官员的唯一控制手段。公民大会每年有10次投票，用来“确定(将军们)对军务的处理是否令人满意。如果民众投票反对某人继续任职，他就将在法庭受审。如果他被判有罪，法庭会评估对他的处罚或罚款。如果他被宣告无罪，就会恢复公职”。(61.2)由于选举产生的职位给他们带来了声望，因此当选的官员会受到严密监察，唯恐他们破坏民众统治。

即使设置了如此严格的管控机制，雅典人仍仅对少数公职采用选举制，例如军事官员、造船技师、部分司库以及供水管理者就通过这种方式产生。其他官员则是通过抽签产生，这与民主的原则一致，即相信任何公民都能很好地履行公民责任，同时也基于一项推论：担心行政权或管理权落入少数人手中，即便这些人经验丰富或能力出众。

一份关于雅典通过抽签产生的官职的部分名单显示了随机选出的普通公民所承担的公共服务种类。首先是五百人议事会，其成员的任期不能超过两届，职责包括为公民大会起草立法、接待外邦的传令官和使节。从这个群体中产生了议事会主席团、主席团的领导者、主持公民大会的官员和每日会议的主席。雅典娜金库的司库们看守着存有大量钱财的庞大公共帝国的国库，他们也是通过抽签产生的。同样通过抽签产生的还有：公卖官，他们承包公共合同以开采公有矿山，并征收城邦税款；收款官，负责收取公共收入，并且将其分配给相称的官员；会计员，负责检查官员账目；刚才提到过的查账员，他们坐在市政广场上接受公众对公职人员的投诉；修缮官，负责维护公共圣所。

这里值得引述亚里士多德对另一个通过抽签产生的官员团体——城市监督官——的职责的描述，因为他的描述提供了一幅不经常被讨论的雅典生活景象：

> 他们确保吹笛女孩、竖琴女孩和弦琴女孩的雇用费用超过 2 个德拉克马（drachma），同时，如果几个人想要雇用同一个女孩，这些官员就让他们抽签，胜者可以雇她。他们还监督清道夫，不许他们在距离城墙 10 斯塔德（stade）之内的地方倾倒粪便。他们不允许人们的建筑物侵占街道，不允许建造延伸到街道上的阳台、向街面上排水的排水管或朝向街道的窗户。他们还要利用（雅典城邦拥有的）公共奴隶，把死在大街上的人的尸体移走。（50.2）

雅典人也通过抽签决定他们的市场监督官，他们的职责包括检查在售商品的纯度。度量衡监督官负责监督经销商的诚信度，谷物看守人负责确保谷物和面包不存在哄抬物价的现象、确保面包是否足称，以及许多其他事务。雅典人把公共生活的管理权放在普通公民手中，远离专业人士、专家、官僚和政治家，这在一定程度上让现代人感到惊异。

对现代人来说，雅典的司法系统可能比其政制的其他部分更奇特。例如，公民大会和民众法庭之间的区别几乎只是法律细则上的。这两个机构背后的理念是一样的：完全、直接的公民统治权。实际上，每年有6000名陪审员报名到法庭工作，他们组成的陪审员小组被称为民众法庭，这个名称在其他城邦是用来指代公民大会的。在任何指定的日期，陪审员会从这个小组中被分配到特定的法庭和案件中。陪审团的规模通常为501人，但也有人数从51到1501人不等的陪审团，其人数取决于案件是公共的还是私人的，以及案件的重要性。为了避免任何贿赂或偏袒的可能性，雅典人发展出一套复杂得令人惊讶的分配制度，有效地防止了行贿。

雅典的法律程序与美国现代法院的有着显著的差异。首先令人惊讶的是雅典没有任何公诉人或州检察官。实际上，雅典也根本没有律师。无论是民事还是刑事、公共还是私人、大的诉讼还是小的投诉，都由公民个人登记和辩论。不管是原告还是被告、起诉人还是被起诉人，无论是否使用自己的语言，每个人都用自己的声音来陈述各自的立场。任何人都可以自由地雇佣演讲稿撰写人来帮助他准备案情陈述，而撰写演讲稿这个行业也很兴旺，虽然直到伯里克利时代之后的许多年它才达到巅峰。另一个令人惊讶的是雅典没有法官。陪审团就是一切。任何一位有自尊心的雅典民主人士都不会允许某个人——无论其资历如何——告诉他什么证据是相关的，什么证据是不相关的，或哪些法律和先例适用。因为这会让学识和专业知识变得过于重要，还会增加腐败以及不民主的偏见的风险。因此，案件的审理取决于争执双方援引的相关法律和先例，也取决于陪审员对他们各自主张的裁决。也因此，在正义和公正的基本问题上，雅典民主人士很少信任专家。

在法庭上，原告和被告都有机会陈述案情、反驳对手、援引法律、传召证人，并进行总结。每个阶段都有具体的时间限制，由一名官员用水钟记录时间，确保任何审判不超过一天。最后，案件提交陪审团审理，而陪审团不会收到任何指示或指令。陪审团不进行仔细讨论，只是以无记名投票的方式进行表决。简单多数决定了案件的结果。如果要求进行惩罚，而法律没有相关规定（大多数情况下确实没有），则采取以下程序：原告提出一种处罚方式，被告提出另一种处罚方式，陪审团投票选择其中之一，而不能提出其他处罚建议。通常，这个过程使得双方提议适度的处罚，因为陪审团会反感不合理的提议。尽管批评者抱怨民主制让雅典人变得爱打官司，但这一制度包含了一个旨在促进约束的手段：如果在陪审员的表决中，原告没有获得既定的最低票数支持，他必须支付一笔数额不小的罚金——在公共诉讼中支付给城邦，在私人诉讼中支付给被告。这必然对草率的、恶意的、仅仅抱着侥幸心理的诉讼形成了有力的震慑。

雅典的司法制度有明显的缺陷。由于没有先例作为参照，裁决可能会变得奇怪和难以预测。陪审团可能会带有偏见，而陪审员除了依赖自己的智慧和知识，面对那些错误援引法律和歪曲历史的演说家往往无力反驳。演说内容不受证据规则和相关性规则的约束，也没有法官施加的规训，因此可能是虚假的、错误的和诡辩的。然而，从现代的角度看，雅典的司法制度有一定的吸引力。美国的法律体系和法院程序被指责为过于技术性、近乎难以理解，而且让律师和法官发挥核心作用，这对富人来说是莫大的优势，因为他们负担得起日益拔高的诉讼费用。此外，这种法律体系和法庭程序也缺乏对无根据诉讼的有效威慑，这使得法庭的日程表拥挤不堪。在陪审团的选择和法律细则的争论上花费的时间进一步延长了审理过程，而它本身就没有时间限制。当事人等待多年才开庭审理的情况很常见，有时，原告甚至在出庭前就已经去世了。并非所有人都认为，在日益复杂的法律程序规范下，过度强调对当事人权利的保护——以至于导致案件严重拖延——是值得的。而且法官常常根据普通公民难以理解的晦涩法律或程序性理由做出决定。

雅典的制度尽管存在种种缺陷，却简单、迅速、公开，并容易被其公民理解。它包含了一些条款，旨在产生适度惩罚和制止不合理的诉讼。这种制度没有在公民和法律之间设置任何法律细则和专业知识的障碍，而是一如既往地依靠普通雅典人的常识。

雅典的民主制度在伯里克利时代达到顶峰，但是历代对其进行了严厉批评。古代作家们将矛头指向以群众集会进行统治和以抽签方式决定公职人员的理念。雅典的叛徒亚西比德曾告诉斯巴达的听众："至于民主制……对于一个公认的愚蠢行为，我没有什么新鲜东西可说。"（修昔底德 6.89）柏拉图在作品中以苏格拉底之口把同样的观点阐述得更加全面和严肃。他指出，当事关建造一所房子或一艘船时，雅典公民大会只听取专家的意见。如果没有专家资格的人试图在这些问题上提供建议，"即使他非常英俊、富有和高尚"，他们也拒绝听他的。相反，"他们会嘲笑和呵斥他，直到他要么被喊下台自行退出，要么被武装的军士拖走，或被主席团下令驱逐"。但当讨论城邦事务时，"任何人都可以站起来发言，不管是木匠、修补匠、鞋匠还是乘客、船主，不管是富人还是穷人，不管是贵族还是平民，没有人会像之前那样责备他，没有人会认为他没有知识、没受过教育却尝试提出建议"。（《普罗

塔戈拉篇》319D–E）

实际上，雅典人确实重视知识、技能、才能和经验，他们认为这些东西是存在的，并可以用于公共利益。因此，他们通过选举产生军事官员、司库、造船技师和供水管理人员。他们没有通过选举产生政治学教授、哲学家、律师来管理和评判他们的事务，那是因为他们怀疑在这些领域存在有用的专业知识，即便存在，他们也怀疑这些知识可以安全并有利地为公共利益服务。过往 2500 年的历史经验，尚未能证明他们的观点是错误的。

其次，在公共事务中，能够发挥重要作用的愚蠢或无能之辈不太可能很多，也许还没有今天多。公民大会本身远不像人们设想中的那样笨拙或无能。如果一个公民每年参加大会的次数只是最低要求的一半，他仍然能听到 20 场由城邦最能干的人进行的辩论。辩论者主要是选举出的官员或以前选举出的官员、各派的政治领袖以及众多各类专家。此外，这些都是真正的辩论，发言者无法攥着事先准备好的发言，他们必须即兴回应反对者提出的尖锐问题和观点。这些辩论不是不负责任的表演，而是严肃的争论。紧接着就是投票，投票的结果会对演说者和听众产生重要影响。如果公民大会的每一位出席者平均听了 10 年这样的讨论，那么单凭这样的经验就一定可以形成一个杰出的选民团体，他们可能比历史上任何可以拿来比较的团体都更加开明和老练。此外，每年都有 500 名雅典人在议事会任职，他们每天都在管理雅典事务中积累经验，从最琐碎的事务到最严肃的事务，他们都能够应对，他们起草的议案成为公民大会辩论和投票的基础。因此，在任何一场公民大会上，成千上万的参会者中，可能大多数都曾在议事会的任职中经历了训练。鉴于此，那种认为决策是由一个无知的群体做出的说法是没有说服力的。

但是，在公民大会上进行辩论的是普通雅典人，即缺乏必要的专业知识、缺少提供明智建议能力的公民吗？证据表明并非如此，因为有一些令人敬畏的威慑力量，足以让那些缺乏经验、消息闭塞、受教育水平低的人不愿开口。

（笔者）多年来参加美国著名高校的院系会议的经验表明，在少于 100 人的会议上，很少有人（通常是相同的几个人）大胆发言，支持或反对一些不太有争议的政策，更不用说在那些少有的规模更大的、涉及激烈争论议题的会议中发表意见了。出席这种会议的人都受到过极好的教育，具有不寻常的才智，并且从事一个把公开演讲作为工作一部分的职业。这些会议是按照既定的秩序规则进行的，这些规则禁止了打断和人身攻击，但大多数与会人员很少发言，甚至从不发言。他们因害羞和害怕尴尬而缄口。

另外，雅典公民大会的会议并不总是安静、合宜得体的。我们不应该忘记迪卡奥波利斯（Dicaeopolis）威胁"要大声呵斥、打断和辱骂发言者"。我们也不应该忘记柏拉图对雅典人嘲笑和驱赶发言者的叙述，仅仅是因为雅典人认为那些发言者缺乏他们认为必要的专长。这些非正式的威慑手段大大限制了大会发言者的人数。但也有一个正式的手段，促使他们在发言前认真考虑一番。在某个时期，也许在伯里克利任职期间，但肯定不晚于他死后 15 年，雅典人引入了一个被称为违法提案起诉（graphe paranomon）的程序，使公民在公民大会中成为宪法的守护者。任何公民都可以因为议事会或公民大会上提出的提案与现行法律相抵触来反对它。这会立刻阻止提案的实施，如果该提案已经通过，那么就中止其颁布。然后，该提案人被带到民众法庭。如果陪审团决定反对他，那么他的提案将被驳回，并且他会被罚款。只要出现 3 次反对的裁定，将剥夺提案人的公民权。因此，公民大会的要求及其程序让无知、无能之辈在审议工作中发挥重要作用的可能性极低。

在历史长河中，伯里克利所推行的民主制始终面临着一项更为严厉的指控。这个指控声称雅典民主制本身就是不稳定的，充满了派系斗争和阶级斗争，不关心财产权，导致多数穷人对少数富人的统治。一个被称为“老寡头”（Old Oligarch）的无名作者在伯里克利去世几年后写了一本反对民主制的小册子，直截了当地认为民主制以牺牲富人利益为代价促进了穷人的权益。根据这位作家的说法，雅典人之所以选择民主，是因为“他们更愿意相信大众比普通公民做得更好”。（伪色诺芬《雅典政制》1.1）

柏拉图说：“民主制起源于穷人胜过、杀害或放逐他们的对手，并将公民权和担任公职的机会平均分配给剩下的人，而大多数官员由抽签产生。”（《理想国》557A）他接着描述了民主制如何在一段时间后堕落为暴政：人数最多、力量最强的群体是“那些用自己双手工作的公民，他们对政治几乎没有兴趣，也没有多少财产”。他们来到公民大会，只是为了分得掠夺品：“他们的领导者掠夺富人的财产，把小部分分给群众，大部分自己留着。”（565A）对有产者的攻击导致他们背弃了民主，这反过来又使公民成为嗜血的暴民。他们聚集在一个领导者周围，支持他“将人流放或者处决，同时暗示取消债务、重分土地，直到他不得不面对一个选择，要么被他的敌人杀死，要么成为豺狼而不再是人，即成为一个僭主”。（565E–566A）

同样的指控在古代由亚里士多德和波里比乌斯（Polybius）

提出，到 18 世纪时，这些指控形成了一套关于古代民主的具有强大影响力的普遍看法。詹姆斯·麦迪逊表达了作为美国建国之父的典型观点，他说："民主国家一直都是动荡和争斗的舞台，一直都与个人安全和私有财产权不相容，而且一般来说寿命很短暂，在寿命终结时往往伴随着暴力动乱。"

麦迪逊和他的同僚们对一个早在 2000 多年前就已经终结的政制的性质产生误解是可以被原谅的。但是，柏拉图对雅典民主的歪曲不能找这样的借口。从公元前 461 年厄菲阿尔特和伯里克利开始实行的更全面的民主制开始，我们发现一个几乎从未间断的、有序的政权持续了 140 年，其间有两次被寡头制中断。第一次中断发生在一场漫长而艰难的战争中，由政变引发，持续了 4 个月。第二次中断是在伯罗奔尼撒战争后，是由斯巴达人强加的，持续不到一年。每次中断后，完全的民主制都在没有动乱的情况下得以恢复——没有阶级斗争、报复，或财产没收。尽管经历了多年的艰苦战争、军事失败、外邦的占领和寡头制的鼓动，雅典民主制依然存在，并展现出一种克制和适度，很少有其他政制能与之相比。

考虑到伯里克利时期及其后盛行的政治和政制条件，这种表现显得尤为引人注目。大多数雅典民众并未面临所谓"军工复合体"的权力威胁，没有被代议制政府的复杂性、制衡机制和不择手段的游说者的阴谋诡计阻挠，也没有为大众媒体不可抗拒的欺骗性所操纵。他们只需在开会当天走到普尼克斯，发表演讲并投票，就可以带来最根本的社会和经济变革：免除债务、向富人征收没收性的税款、直接没收少数富人的财产。但他们从未这样做过。虽然政治平等是民主制的一项基本原则，但在伯里克利时代的雅典，经济平等没有立足之地。伯里克利领导的民主制捍卫了私有财产权，并没有试图改变不平等的分配情况。陪审员所做的宣誓包括以下条款："我不会允许私人债务被取消，也不会重新分配属于雅典公民的土地或房屋。"（《反提莫克拉底辞》149）此外，首席执政官每年宣誓时也会说："在我就任前，无论任何人拥有什么，在我离任时，他仍将保有相同的东西。"（亚里士多德《雅典政制》56.2）

公元前 5 世纪的最后 30 年是一段可怕的时期，充满了战争、瘟疫、贫穷和失败。然而，无论在战时还是战后，雅典民众都没有干涉私有财产或寻求经济平等。在伯里克利时代的民主制下，雅典公民只要求法律面前的平等、完全的政治权利，以及这些权利所提供的机会均等。即使面对最严重的灾难和最大的诱惑，他们都愿意遵守这些规则。这种政治平等、个人主义、守法且宽容的民主观念，是伯里克利花费大量心血创建和予以援引的，他引以为傲，并深信他的同胞也认同这一点。

我们不必惊讶于那些敌视民主制的古代作家指责伯里克利在推动民主制过程中起到的作用。他们指责伯里克利通过给公共服务支付报酬来贿赂群众，指责他实行民主改革只是为了增强自己的权力。从我们的角度来看，真正令人惊讶的是，他们中的一些人否认伯里克利时代的雅典是真正的民主制。历史学家修昔底德是伯里克利的仰慕者和同时代人，他认为伯里克利领导下的雅典空有民主之名。（2.65.7）为伯里克利立传的古代作家普鲁塔克认为，这位雅典政治家不是真正的民主支持者，只是利用民主制这一平台来获得权力，然后恩威并施、宽严相济地统治人民。在伯里克利取得稳固的政治地位后，

> 他和以前不同了，不再顺从人民，不再像舵手顺从风向那样，屈服于群众的愿望。相反，他摒弃了软弱无力的花言巧语……用贵族和王的方式加强对城邦的管理。他以直截了当和正直的方式，为所有人的最佳利益行使自己的领导权。在大多数情况下，他领导着一群愿意追随他的人，劝导和教育群众。但有时，当他们对他非常生气时，他会收紧缰绳，强迫他们做一些对他们有利的事情。他非常像一位治疗复杂和慢性疾病的医生，有时用无害的糖果取悦他的病人，有时则用苦药来拯救他们。（《伯里克利传》15.2–3）

我们该如何看待这些观点？修昔底德的话唤起了现代读者对奥古斯都治下的罗马元首制时期的记忆。但是，一旦将这一时期与伯里克利时代的雅典比较，我们立刻就会发现这一比较的不妥之处。奥古斯都的统治依赖他对一支极为强大的军队的绝对控制，这支军队是地中海世界仅存的军队。伯里克利则没有掌控任何军队，甚至没有掌控警力。他完全依赖雅典民众持续不断、自由表达的支持。城邦的所有决定由公民大会的多数人做出，所有的选举也不是强制举行的。伯里克利唯一的官职是将军，需要每年选举，还要受到公众对其账目的审查，并随时可能被罢免和公开审判。毫无疑问，这种制度是真正的民主。

关于说伯里克利虚伪利用民主来实现自己的目的却不真正相信其原则的指控，又该如何看待？伯里克利的政治行为表现本身就是对这一指控的充分反驳。在获得雅典统治派系的领导地位后，他仍然活跃了 30 多年，并且随着岁月的推移，他的声望和影响力愈发增长。有时他的政策会遭到拒绝，在他的朋友和亲人遭到政敌的攻击时，他被迫袖手旁观。在他去世的前一年，公民大会否决了他的政策，将他免职，并处以重罚。在之前的30年里，他们随时都可以这么做，但是他们确实没有。而且，伯里克利也没有试图通过改变民主政制的规则来保护自己或凌驾于其上。

但是，伯里克利可以成为贵族制下的一个贵族，也可以成为专制统治下的统治者，为什么他更偏向民主制呢？就伯里克利而言，有几个回答可以解释这个问题。首先，支持民众统治是他家族传统的一部分。他的外叔祖克里斯提尼是民主制的创始人，作为后辈，他自然会尊重民主制。其次是阿那克萨戈拉的教导。如果我们对他的教义理解正确的话，它为民主制度提供了哲学支持，与更加等级化的传统信仰相对立，而伯里克利是一个深受理性的、哲学的分析影响的人。

最后，我们可以推测，伯里克利是忠于民主制的，因为他比任何同时代人都更清楚地看到了民主制的伟大能力。正如我们将会看到的那样，伯里克利希望让他的城邦向一个无与伦比的愿景发展。雅典的安全、财富和权力依赖对海洋的控制和那些作为桨手的较低阶级的人的支持。民主制赢得的正是他们的热情效忠。其他制度则将众多民众排斥于公民参与之外，从而浪费了相当一部分潜在力量。专制政权需要监视被排除在权力之外的民众，这进一步削弱了他们的潜在力量。只有民主制才有可能释放所有民众的全部能量，从而创造出一个拥有前所未有潜力的城邦。也许正是这样的前景，比其他任何事情都更能让伯里克利成为一个坚定的民主支持者，并始终如一。

第四章

士　兵

民主制在雅典的胜利导致城邦的外交政策产生了剧烈变化，也导致了一场战争，这场战争威胁到了新政制以及雅典对其帝国的控制，甚至威胁到了雅典的自治权。现代学者称它为第一次伯罗奔尼撒战争，是一场由雅典领导的提洛同盟和处于斯巴达领导霸权下的伯罗奔尼撒同盟之间的较量。在大约公元前 460 年到公元前 445 年之间，双方在陆地和海上间歇性地作战。在雅典权力最鼎盛的时期，它的势力范围从西西里延伸到尼罗河三角洲，他们的军队控制着中希腊和进入伯罗奔尼撒半岛的通道。在其他时候，雅典人被迫捍卫自己家园的边界以及城邦的城墙。在这场战争中，伯里克利不仅担任政治领袖和政制改革者，而且需要充当外交家、战略家以及海军、陆军指挥官的角色。在所有这些活动中，他不仅展现了自己非凡的才能，还表现出对这些活动之间相互关系的独特理解。

雅典的政治变革给希腊城邦之间的关系带来了一场外交变革。在斯巴达遣散雅典军队时，雅典就断绝了在希波战争期间与斯巴达建立的同盟关系。他们还与斯巴达的邻邦兼宿敌阿尔戈斯（Argos）以及以强大骑兵著称的北希腊的帖撒利建立了全面的攻守同盟。第一个同盟明显对斯巴达构成了威胁，第二个同盟则增强了支撑这一威胁的军事力量。这种新的敌对状态揭示了之前由客蒙缔造的和平与友谊是多么脆弱：实际上，之前的同盟更像是派系间的同盟，而不是城邦间的同盟。斯巴达的核心权力层对雅典的权势充满猜疑、嫉妒、恐惧，不愿意与雅典分享他们在整个希腊的领导地位。斯巴达在雅典的敌人意识到了来自斯巴达的敌意，也不愿意忽视斯巴达对利益构成的明显威胁。因此，他们选择将雅典的势力范围扩展到希腊大陆，从而挑战此前斯巴达对伯罗奔尼撒半岛无可争议的控制权及其在陆战上的优势。

步兵在整个古典时期一直是主要的军事力量，而斯巴达人有训练有素、纪律严明的重装步兵方阵，这是当时最强的步兵。重装步兵是全副武装的步兵，腰上别着短剑，但他们的主要武器是长度在7.5英尺[①]到9英尺之间的长矛。他们的防护装备包括胸甲、头盔、护胫甲，他们的左臂挽着一个又大又圆的重盾，保护他们的前胸、左半身，盾缘还远远超出左肩。突出的部分保护了旁边战友无遮蔽的右半身，因此每个重装步兵都会躲在旁边战友突出出来的盾牌后面移动来保护自己的右半身。盾牌大到可以作为伤员的担架或丧生士兵的棺罩。但是在撤退时，它们会成为可怕的累赘，因此重装步兵撤退时会丢弃盾牌。士兵们排成了紧密的方阵，通常至少有 8 排。只要重装步兵英勇作战、坚守阵地，人员伤亡就会很少，也不会战败。但是，即使只有少数人撤退，结果通常会是全面溃败。

希腊的重装步兵战斗常常发生在两个争夺地盘的城邦的军队

---

① 1 英尺等于 30.48 厘米。——编者注

之间。一方军队在对方的庄稼快要收割时侵入对方的领土。防守方的军队别无选择，只能保护自己的田地或投降，要不然庄稼就会被毁坏，城邦里的人就会挨饿。方阵战是一种依靠每个士兵的勇气、纪律和奉献精神的集体努力。每个公民的存活取决于同伴的协作，反过来，城邦的存续离不开每个公民的努力付出。

在个人服从于集体这一点上，斯巴达似乎是最接近理想状态的城邦。起初，斯巴达人与其他希腊人并没有太大区别，但是大约在公元前 725 年后，人口增长的压力导致他们对邻邦美塞尼亚（Messenia）发动了一场征服战争。胜利给了他们需要的全部土地。他们将被征服的人变为黑劳士，这样斯巴达人就不必再耕种养育他们的土地了。但在公元前 675 年到公元前 650 年，黑劳士起义，在伯罗奔尼撒半岛其他城邦的帮助下，起义变成了一场漫长而惨烈的战争，对斯巴达产生了巨大威胁。这是斯巴达历史的转折点。斯巴达人明白，如果不对自己的生活方式做出根本性改变，他们就没有希望镇压人数可能 10 倍于他们的黑劳士。

在新的制度下，每个斯巴达人从出生起就受到控制，由城邦的公职人员决定哪些婴儿从体格上适合存活下去。7 岁的时候，每个斯巴达男孩都会从母亲身边被带走交给指导者，后者教授他们体育竞技和军事方面的技能，教导他们忍受穷困、忍受身体上的痛苦，以及如何就地取给，盗掠亦在所不惜。20 岁时，斯巴达青年被编入军队，和同伴们一起住在军营，直到 30 岁。这些不同年龄段的人通过年轻男人和年长男人之间的同性恋关系建立纽带，在这种关系里，肉体上的关系被认为是次要的，主要目的是通过年长者的指导完善年轻人的品格。一旦这个成人礼完成，他们之间的肉体关系就会结束，但个人之间的纽带可以持续，有助于增强共同体的凝聚力。

这些年轻人可以结婚，但那是一种奇怪的婚姻。一名年轻的斯巴达男子只能偶尔偷偷地看望妻子。在 30 岁的时候，斯巴达男人才成为完全意义上的公民，一个“平等者”（homoios）。他和 14 个同伴一起在公共食堂用餐。他们的食物非常简单，往往包括一种让其他希腊人胆寒的黑汤。兵役要求服到 60 岁，只有在兵役结束之后，斯巴达人才可以退休，回归家庭。

这套规则也适用于女性。她们虽然不接受军事训练，但和男婴一样，女婴也要接受是否适合存活下去的检查。女孩们学习体操，相较于其他希腊妇女，她们享有更大的自由，同时她们也同样被灌输了斯巴达理想。希腊人普遍认为斯巴达妇女比男人更加凶猛。斯巴达母亲将自己的儿子送上战场时会告诉他们：要么带着盾牌回来，要么躺在盾牌上被抬回来。

整套制度的目的是将男人献给妻子、孩子和家庭的自然情感转化为对城邦更强烈的忠诚。为了生产出在体能、训练和纪律方面领先世界的士兵，隐私、奢华，甚至舒适都被牺牲掉。丝毫不允许人的心思偏离职责。无论是家庭还是金钱（硬币本身是被禁止的，以免腐化斯巴达人的欲望）都不能干扰他们那个唯一受到准许的野心，即通过战争中的勇毅赢得荣誉和尊重。

虽然雅典人和大多数希腊人一样，怀有和斯巴达人一样的理想，但是即使在民主制实行前，他们也没有理由放弃对个人和家庭价值的正常持守。兴起的民众统治和从自己的帝国中获得的财富使他们甚至比以前更加热爱个人自由。两大同盟领导者之间的反差再明显不过了。斯巴达和雅典之间爆发的战争主导了公元前 5 世纪的最后 60 年，它不仅代表了两个强大的城邦之间的斗争，而且代表了不同的理念、政治制度和生活方式之间的斗争。

他们作战的方式也不同。斯巴达是一个军事城邦，拥有最好的重装步兵军队，此外它的盟邦还提供了同等数量和质量的军队，因此没有任何力量能够与斯巴达领导下的伯罗奔尼撒军队匹敌。雅典人则领导着一个海军帝国，正如斯巴达人主宰陆地一样，他们主宰海洋，他们的盟友为他们提供战船或金钱。尽管雅典人在方阵战中表现出色，正如他们在与希腊的敌人作战时以及在马拉松战役中、在公元前 480 年波斯入侵期间所展现的那样，但他们自知无法在全面战役中与伯罗奔尼撒联军的人数抗衡。这使得雅典很难防住对手陆上的进攻。如果敌军可以打败雅典军队，或迫使他们退守城墙之内，那么强大的帝国海军就没有用武之地了。围困的军队可以摧毁雅典的农田、橄榄树和葡萄藤，也可以切断城邦与港口的联系，最终饥饿会迫使雅典人投降。斯巴达人和他们的伯罗奔尼撒同盟是唯一有能力实施这种作战策略的希腊人。客蒙通过与斯巴达人交好，避免了这个问题，但当他的政敌反对他的政策时，他们就需要寻求新的策略。与斯巴达在伯罗奔尼撒的对手结盟提供了一种诱人的可能性，而在客蒙被放逐后，民主派抓住了这个机会。当客蒙的策略失效时，伯里克利面临着他职业生涯中的下一个重大挑战：想办法对付斯巴达强大的军事力量。

雅典分别与阿尔戈斯和帖撒利结成新同盟，等于向斯巴达人下了战书，但很快雅典人做出了更加挑衅的行动。反叛的黑劳士在伊索姆山坚持抵抗了很多年后终于投降，条件是允许他们安然无恙地离开伯罗奔尼撒半岛。斯巴达人原本预计他们会四散于希腊各地，这样就不会对斯巴达进一步造成威胁，但是雅典人有另外的安排。他们最近得到了靠近科林斯湾（Corinthian Gulf）北岸峡谷的瑙帕克图斯（Naupactus）港，把这个地方给了流散的黑劳士，作为他们的安身之所，而黑劳士欣然接受了。瑙帕克图斯港是一个很好的海军基地，地理位置极佳，可以干扰斯巴达许多盟友的商业和海军行动，尤其是科林斯，而那些心生感激的黑劳士可以信赖，他们会把瑙帕克图斯港开放给雅典使用。然而，这些战略考量只是次要的。雅典人之所以成为黑劳士的恩人，是“因为他们已经对斯巴达人怀有仇恨”。（修昔底德 1.103.3）

雅典人接下来的举措让斯巴达人更加不安。斯巴达的两个盟邦科林斯和墨伽拉正因一块边境领土陷入战争。墨伽拉人节节败退，所以他们提议脱离斯巴达的伯罗奔尼撒同盟，反过来与雅典结盟，以换取雅典人对他们反抗科林斯的帮助。这个提议既及时又危险。墨伽拉人居住在科林斯地峡上一个面积狭小且贫瘠的平原，两侧都是山脉。当地的粮食产量不足以养活 25000 到 40000 个墨伽拉人，但是高地上有足够的植被可以喂养羊群，而这些羊群产出墨伽拉的主要出口商品：粗糙、廉价的羊毛大衣。他们还养猪，出口大蒜和一种味道很重的盐。在伯罗奔尼撒战争期间，当墨伽拉人因贸易受阻和土地被破坏而受折磨时，阿里斯托芬嘲笑了他们的苦难和饥馑。告密者“一看见墨伽拉人穿的小斗篷就去告密；如果有人看见一根黄瓜、一只野兔、一只乳猪、一瓣大蒜或一块盐，就全把它们举报为墨伽拉货并让它们被没收”。（《阿卡奈人》519–22）

夹在两个强大邻邦之间的墨伽拉在几个世纪中一直保持独立，它强大到足以先后对抗科林斯和雅典。然而，在公元前 6 世纪伊始，墨伽拉就失去了西部边境的争议领土，给了科林斯；还失去了萨罗尼克湾（Saronic Gulf）的萨拉米，给了雅典。这些损失一定让斯巴达人的同盟提议很受欢迎，因为同盟关系是抵御上述两个城邦威胁的保障。墨伽拉人对斯巴达人一直很忠诚，直到斯巴达人因为地震和黑劳士起义无暇他顾，任由他们沦为伺机而动的科林斯人宰割的羔羊。斯巴达和雅典关系的破裂给他们提供了一条出路。如果斯巴达人抛弃他们，他们就改变立场，支持雅典人，换取雅典人的帮助来对抗科林斯。

位于雅典西部边境的墨伽拉占据着重要的战略位置。它的西部港口佩加（Pegae）提供了通往科林斯湾的通道，而此前雅典人要去科林斯湾必须绕过整个伯罗奔尼撒半岛，路途漫长而危险。墨伽拉东部港口尼塞亚（Nisaea）位于萨罗尼克湾，雅典的敌人可以利用它，发动对雅典境内港口比雷埃夫斯（Piraeus）的突袭。更重要的是，雅典要实现对墨伽里德（Megarid）山隘的控制，唯一可能的方式就是与墨伽拉建立友好关系。一旦雅典控制了墨伽里德山隘，伯罗奔尼撒军队想要入侵阿提卡就会变得非常困难，甚至不可能。因此，与墨伽拉结盟，一方面会给雅典带来安全保障，使雅典免受攻击，从而能让雅典自由地把握任何出现的机会。另一方面，这个同盟可能意味着与富裕、强大、不容小觑的科林斯开战。

从荷马时代开始，科林斯就获得了“富裕”的称号，部分原因在于科林斯拥有出色的工匠，他们制作并出售精美的陶器、青铜器和艺术品，但主要是因为科林斯地理位置优越，使它在商业上拥有巨大优势。科林斯人利用这一地理优势，建造了一座横跨地峡的石轨，因此沿东西向航行的船舶可以通过这条轨道从一个港口被拖到另一个港口，从而避免了绕伯罗奔尼撒半岛航行，这使科林斯成为当时的苏伊士运河或巴拿马运河。很少有船只不在那里停靠，因为绕伯罗奔尼撒半岛航行的路线漫长而危险，尤其是伯罗奔尼撒半岛南端马拉角（Cape Malea）附近的海域，而且，科林斯所在的地峡是从南希腊的伯罗奔尼撒半岛通向希腊中部和北部的唯一陆路。由于控制着陆上南北通道和海上东西航道，科林斯人能够对经过他们领土的来自四面八方的商人征收贸易税，城邦财库中的财富因此而激增。

这还不是全部，科林斯还是旅游胜地和水手之城。在当地举行的地峡竞技会（Isthmian Games）是希腊世界 4 大宗教-体育节日之一，吸引了大量人群。科林斯还有阿佛洛狄忒（Aphrodite）神庙，这座神庙“如此富裕，拥有一千多个庙奴，她们是男人和女人献给爱神的妓女”。（斯特拉波 378）这些旅游胜地吸引了大批游客来到科林斯，为当地的商人、工匠和店主带来财富，而且去这些地方花销很大，因此当地有一句谚语：“并非人人皆可踏上科林斯之旅。”

科林斯是斯巴达领导下的伯罗奔尼撒同盟中最富有、最独立的城邦。在许多方面，它类似于中世纪晚期的威尼斯商业共和国。它在西希腊、雅典帝国的腹地爱琴海地区都拥有殖民地。它还有一个体系完善的寡头制政权，由在外交和谈判方面经验丰富的人领导。因为科林斯是商业贸易中心，所以科林斯人能够轻松获取信息，并能与其他城邦的领导者保持联系。总之，科林斯是一个实力强劲的对手。

比起触怒科林斯，接纳一个背叛斯巴达的城邦加入雅典同盟是更严重的问题，这无异于向伯罗奔尼撒同盟宣战。尽管如此，雅典人依然毫不犹豫地选择与墨伽拉结盟、在尼塞亚驻军，并修建了连接港口和墨伽拉的长墙。就他们而言，这场战争已经是既

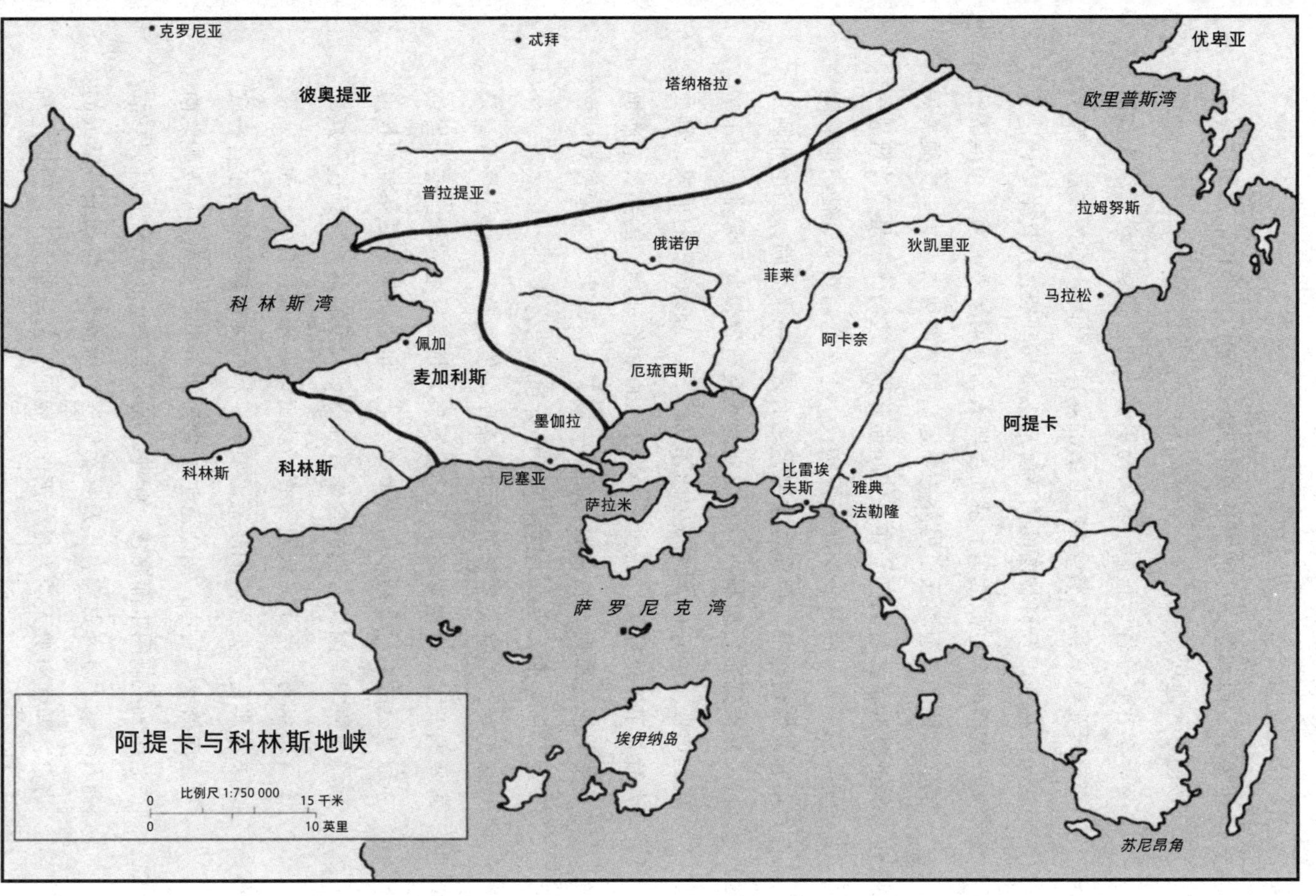
阿提卡与科林斯地峡
比例尺 1:750 000
0
15 千米
0
10 英里
克罗尼亚
忒拜
优卑亚
彼奥提亚
塔纳格拉
欧里普斯湾
普拉提亚
拉姆努斯
俄诺伊
狄凯里亚
菲莱
马拉松
科林斯湾
佩加
阿卡奈
麦加利斯
厄琉西斯
阿提卡
墨伽拉
科林斯
科林斯
尼塞亚
比雷埃
夫斯
雅典
萨拉米
法勒隆
萨罗尼克湾
埃伊纳岛
苏尼昂角

定事实，而和墨伽拉结盟是一个天赐良机，让他们能够以安全有效的方式迎战。

修昔底德告诉我们，雅典与墨伽拉的结盟是“科林斯人首次产生对雅典人的切骨之恨”（1.103.4）的原因。不久之后，雅典就与科林斯以及科林斯的伯罗奔尼撒盟邦开战，现代学者称之为第一次伯罗奔尼撒战争。就在雅典人为这场激烈的战争做准备的同时，他们被迫卷入了另外一场远离家乡的战事中。一支颇具规模的雅典帝国舰队已经在塞浦路斯开战，这场战役是反波斯战争的一部分，目的是争夺海上控制权。这次塞浦路斯远征可能发生在客蒙倒台之前，但在客蒙倒台之后很长一段时间，当厄菲阿尔特一派得到雅典控制权时，波斯的埃及行省爆发了叛乱。为了响应利比亚（Libya）反叛的国王伊那罗斯（Inaros）的请求，雅典人放弃了塞浦路斯，派出了一支由 200 艘战船组成的强大舰队前往尼罗河。雅典人在希腊正面临一场恶战，却同时在埃及对波斯发动了一场重大战役，这样的举动看起来颇为鲁莽。

无疑，伯里克利赞成他的派系所采取的政策，作为该派系最重要的发言人，他肯定带头劝说雅典人接受这些政策。与斯巴达为敌是已故的厄菲阿尔特政策的核心，也是将他的派系推向权力顶峰的原因。因此，他的合作者和继承人没有继续宣扬这一点是不可想象的。至于对波斯行省的攻击，这完全符合公元前 479 年以来雅典人一直支持的政策。伯里克利的父亲帮助开创了这一政策，而伯里克利本人在公元前 5 世纪 60 年代末曾率领一支舰队前往波斯人控制的东部海域。此外，埃及是一个最具诱惑力的目标，拥有大量小麦和财宝。埃及叛军倘若取得胜利，将削弱波斯人的力量，增强雅典人的力量。因此，我们有充分理由认为伯里克利也赞成援助埃及叛军。

公元前460年，雅典帝国才诞生不久。它几乎没有遭遇挫折，就在对外的和希腊内部的战争中取得了一系列令人惊叹的胜利。彻底的民主制政权甚至更加年轻，而且其领导者像处于草创阶段的法国和俄国革命中的领导者一样，可能认为在崇高理想激励下的自由人将扫除面前的一切困难。虽然事实会证明他们过于乐观，但那是在很长时间以后，在取得了非常大的成功之后。伯里克利自己还很年轻，与大多数人相比，他所经历的只有惊人的成功，并准备去冒险以取得更大的成果。

雅典人的战略只能从他们的举措中推断出来，因为没有一个古代的作家讨论过这些。雅典人承诺帮助墨伽拉人，所以他们的计划很可能是与盟友联合击败科林斯。科林斯人一定会向斯巴达和伯罗奔尼撒同盟的其他盟邦寻求帮助，而伯罗奔尼撒半岛的全部兵员远远超过雅典人和他们的盟邦能够投入战场的军队人数。雅典人可能把部分希望寄托在斯巴达因黑劳士起义而持续虚弱的状态上，因为这可能会延迟斯巴达的反应时间，直到为时已晚。但雅典战略的关键一定是阿尔戈斯。

阿尔戈斯人曾经是伯罗奔尼撒半岛的主导力量。他们的僭主斐冬（Pheidon）在一场大战中击败了斯巴达人，并夺取了奥林匹亚节庆的举办权和战略要地埃伊纳（Aegina）。他在整个伯罗奔尼撒半岛推行了统一的度量衡制度，而且据传他铸造了希腊的第一批银币。然而，几个世纪后，斯巴达人逐渐占据上风。他们赢得了有争议的边境地区泰里亚蒂斯（Thyreatis）的控制权，这片地区被称为伯罗奔尼撒半岛的阿尔萨斯-洛林（Alsace-Lorraine），并且一直是两个城邦之间摩擦的根源。公元前5世纪初，斯巴达人在一场战斗中获得了压倒性的胜利，几乎摧毁了阿尔戈斯。在希波战争期间，阿尔戈斯选择置身事外，拒绝在斯巴达人的指挥下作战。希波战争后，阿尔戈斯恢复了实力，在斯巴达人分心之际，控制了阿尔戈里德（Argolid）地区的一些小城邦和这个地区的边界。在拥有新的民主政制、统一的城邦内领土的情况下，阿尔戈斯决心恢复其权力和声望，并再次挑战斯巴达，争夺伯罗奔尼撒半岛的控制权。公元前461年，阿尔戈斯人与雅典人结盟，证明他们信心十足，并且已经准备好随时战斗。

一个强大、独立且与斯巴达敌对的阿尔戈斯的出现，为雅典人提供了一种克服军事劣势的方法，这一军事劣势威胁着雅典的安全，并似乎扼杀了一个海上强邦战胜希腊陆上霸主的可能性。通过与斯巴达在伯罗奔尼撒半岛的敌人结盟，雅典人可以在斯巴达的领土上与之作战，从而保证雅典自身的安全。

雅典人在伯里克利的领导下采取的战略与40多年后他的被监护人亚西比德采取的战略类似，而我们对后者知道得更多。亚西比德的目标也是瓦解伯罗奔尼撒同盟，而不让雅典军队与敌人更强大的步兵正面交锋。公元前461年，与在公元前421年一样，雅典与阿尔戈斯结盟只是起点。阿尔戈斯寻求恢复伯罗奔尼撒半岛霸主的古老地位，吸引伯罗奔尼撒各城邦远离斯巴达、加入阿尔戈斯领导的新同盟。

时机已经成熟到可以实行这一计划，因为变革的风潮正在伯罗奔尼撒半岛的北部和西部涌动。伊利斯（Elis）和曼丁尼亚（Mantinea）已经各自成为一个统一的城邦，而不是德莫的集合体，并且都采用了民主政制，这显然会引起斯巴达的怀疑，并让民主制城邦阿尔戈斯产生同情。伊利斯已经把势力扩展到了美塞尼亚的边界，而美塞尼亚是斯巴达的主要粮仓和大多数黑劳士的家，这些都让斯巴达人极为警觉。在斯巴达以北的阿卡狄亚（Arcadia）地区，忒革亚（Tegea）和该地区的其他城邦在10年前或更早的时候曾与斯巴达交战并战败了。因此，我们可以合理推测，这些城邦可能仍然心怀怨恨，并会被卷入一场反抗斯巴达的新行动中。通过干涉贸易、从海上攻击城邦和土地的方式，沿海的城邦可能会被拉出斯巴达阵营。斯巴达被阿尔戈斯和它召集的盟邦牵制，在没有能在海上战斗的海军的情况下，斯巴达人无法给沿海城邦提供援助。因此，这些沿海城邦可能会像成熟的果实一样从树上掉落。

这是后来亚西比德采用的战略，但是在公元前461年之后的几年里，阿尔戈斯人从来没有像他们在公元前421年之后做的那样领导过这样一个同盟。因此，推测公元前461年雅典人采取的战略只能是一种假设。然而，他们在第一次伯罗奔尼撒战争中的行动与这一假设相符，而且没有人能提出比这个更好的假设。

雅典在这一战略中的作用主要在于海军方面，但也有一部分涉及陆军。首先，雅典必须能够在斯巴达及其盟邦进攻阿尔戈斯时支援它。这就需要雅典有能力将军队迅速而安全地运送到那里，也就是需要通过海路。这场战争的最初几场遭遇战最好理解为在保护阿尔戈斯的同时争夺雅典和阿尔戈斯之间的海岸控制权的部分尝试，目的是确保这一重要的交通路线的存续。大约在公元前460年，雅典人和阿尔戈斯人在一个名叫俄诺伊（Oenoe）的德莫里击败了斯巴达。这个德莫位于阿尔戈斯，是从斯巴达过来的必经之路。斯巴达远征军来这儿很可能是为了对付雅典与阿尔戈斯的同盟以及它所预示的麻烦，但阿尔戈斯和雅典的军队已经做好准备，并赢得了胜利。这虽然不是一场大战，但是在陆地上战胜斯巴达人本就是一项了不起的成就。阿尔戈斯人向德尔斐献上一组雕塑来纪念这场胜利，而雅典人在市政广场的著名彩绘柱廊（Stoa Poikile）里绘制了一幅纪念画，就在纪念马拉松战役的绘画旁边。

不久之后，雅典人攻击了阿尔戈斯东边的阿尔戈里德半岛，以获得后二者之间的海上航线的控制权。他们还占领了一些沿海城邦，但是在哈雷斯（Halieis）遇到阻碍，那里有雅典和阿尔戈斯之间最好的海港。如果落入雅典手中，它可以作为对付萨罗尼克湾上的重要伯罗奔尼撒城邦伊庇达鲁斯（Epidaurus）的行动基地。了解到这个威胁后，科林斯人和他们邻邦的西库翁人连同伊庇达鲁斯人一起来到哈雷斯，阻止了它的陷落。在联合作战中，雅典舰队在萨罗尼克湾海域将伯罗奔尼撒敌军击溃。这些早期的战役并不是决定性的：虽然阿尔戈斯安全了，雅典也统治了海洋，但是两者之间的航线并不是完全安全的。

雅典在萨罗尼克湾西岸的活动也是针对埃伊纳的。雅典位于萨罗尼克湾的东岸，长期威胁着它。曾经埃伊纳的海军力量在希腊名列前茅，同时它也是希腊主要的商业中心。希罗多德提过，在雅典人和埃伊纳人之间有“古老的仇恨”，无论其起因如何，他们经常因此交战。到了公元前 5 世纪 60 年代，雅典的贸易和海军实力已经轻松超过了埃伊纳，但伯里克利仍然将这个位于萨罗尼克湾、从阿提卡很容易就能看到的敌对岛屿视为雅典的威胁。他在一次著名的发言中称埃伊纳为“比雷埃夫斯的眼中钉”，并敦促将其铲除。公元前 458 年，在埃伊纳附近爆发了一场大规模海战，是雅典人及其盟邦对阵埃伊纳和伯罗奔尼撒同盟的舰队，最终雅典人取得胜利。他们登陆并围困了埃伊纳，次年春天这个城邦投降了。埃伊纳人被迫拆除了他们的城墙，交出他们的舰队，并成为雅典帝国的臣民，缴纳所有属邦中最大数额的贡金。萨罗尼克湾逐渐成为雅典的内湖。

在埃伊纳围困战期间，科林斯人入侵了墨伽拉的领土。他们希望通过此举减轻埃伊纳的压力，甚至可能夺取墨伽拉，因为当时雅典的军力捉襟见肘。大量军力耗在埃伊纳，另一支规模可观的军队远在埃及。雅典人展现了非凡的决心，他们没有撤回任何一个战区的军队。相反，他们派出了保守派将军迈容尼德（Myronides），由他率领一支军队。这支军队由因为年龄而免上战场的士兵组成，即 20 岁以下的男孩和年过 50 的男人。这支不起眼的军队向麦加利斯地区挺进，随后大获全胜。这次胜利极为轰动，且带有羞辱意味，也确保了墨伽拉的安全。多年后，喜剧诗人们会赞美迈容尼德，认为他是极端民主掌权前那段“美好旧时光”的典型象征：“在高尚的迈容尼德管辖时候，没有人敢因为履行了公民义务而索取报酬。”（阿里斯托芬《吕西斯特拉忒》302–6）

显然，战争的头几年缺少斯巴达的参与。最多可能有一些斯巴达人参与到支援埃伊纳围困的 300 个伯罗奔尼撒人当中，但这对于他们的盟邦来说显然是微不足道的投入。为什么斯巴达人如此无所作为？如果雅典控制的通过墨伽拉的路线阻止了斯巴达人入侵阿提卡的话，为什么斯巴达人不强攻阿尔戈斯，或者向科林斯或埃伊纳提供更多帮助呢？如果他们仍然被黑劳士起义削弱和分散了注意力，那么他们如何能在公元前 458 年派遣一支庞大的军队前往距离家乡更远的中希腊呢？

关于斯巴达人按兵不动的解释，政治因素比物质条件更具决定性。在公元前 5 世纪斯巴达与雅典竞争的整段历史中，斯巴达的内部意见一直存在分歧。斯巴达总是有一个派系渴望摧毁雅典的权势，并愿意为此开战。但通常他们是少数派，因此他们的想法不能实现。公元前 475 年，斯巴达的这个派系对雅典作为提洛同盟领袖的势力日益壮大感到不安。因此，这个派系提议发动一场针对雅典的战争，重新夺回海上霸权，但是他们的提议没有通过。大多数斯巴达人还是想要和平，并相信客蒙会带领雅典走一条安全的路。公元前 465 年，至少有一些斯巴达人同意在萨索斯反抗雅典期间入侵阿提卡。然而，我们无法知道他们是否能够说服斯巴达人民履行这一许诺，因为大地震和黑劳士起义让它变得难以兑现。

一定是这同一个派系在公元前 461 年向斯巴达人宣扬雅典的危险性，导致客蒙领导的雅典军队被驱逐出伯罗奔尼撒半岛。无论这一侮辱的动机是什么，当它导致客蒙被推翻、他的政敌获胜，并导致一场让斯巴达面对了危险的敌对同盟的外交变革时，大多数斯巴达人一定很快意识到了它是一个巨大的错误。令斯巴达人不安的墨伽拉与雅典的结盟源于科林斯为了自己的利益而采取的行动，而这些利益与斯巴达并无直接关联。支持和平的大多数斯巴达人一定会问，为什么他们要为了科林斯的利益而卷入一场危险的战争？他们似乎已经选择让科林斯人和他们在西库翁和伊庇达鲁斯的盟友为自己的利益而战，毫无疑问，斯巴达人低估了雅典人在多条战线上同时成功作战的能力和决心。此外，斯巴达的两位国王都积极推动和平。年长的阿基达马斯（Archidamus）没有参加第一次伯罗奔尼撒战争中的任何战役。他是伯里克利的私人朋友，在 30 年后的第二次伯罗奔尼撒战争中，他仍然反对匆忙对雅典开战的建议。年轻的国王普雷斯托阿纳克斯（Pleistoanax）则因为一生都渴望与雅典和平共处而背负了累累骂名。在这些状况下，在战争的头几年，斯巴达人在激烈的战斗中按兵不动就一点也不奇怪了。

然而，到公元前 458 年，情况发生了变化。雅典人的激进举措证明了反雅典派的怀疑是正确的：雅典人的目标就是摧毁斯巴达的力量。他们占领了伯罗奔尼撒半岛东部的港口城市，袭击了埃伊纳，并让科林斯的军队受辱。当埃伊纳陷落时（它肯定会被攻陷），雅典人将会摧毁唯一能够在海上挑战他们的主要舰队，获得新的财政资源，并获得一个便于向科林斯、伊庇达鲁斯、萨罗尼克湾上以及萨罗尼克湾附近的其他斯巴达盟邦的港口发动攻击的基地。如果斯巴达人继续保持不动，他们的一些盟邦可能会落入雅典之手。即使这些盟邦坚守阵营，斯巴达如果没有能力帮助他们，也将会削弱它作为同盟领袖的地位，而作为同盟领袖正是斯巴达安全的基础。因此，很显然，斯巴达人必须采取行动。

公元前 457 年的春天，斯巴达派遣了一支由 1500 名斯巴达士兵和 1 万名盟军士兵组成的军队，把他们装载上船，送他们渡过科林斯湾，进入中希腊。一般来说，斯巴达军队由国王指挥，但这次由摄政者尼科梅德斯（Nicomedes）代表普雷斯托阿纳克斯指挥军队，因为国王当时太过年轻。（阿基达马斯也可以指挥，但他一定不赞成这场战役。）雅典人对此措手不及，因为他们根本没有舰队能在附近阻止敌军渡海。

这场远征表面上是为了保卫中希腊小城邦多利斯（Doris），使它不受邻居福基斯人（Phocian）的攻击。多利斯是传说中希腊家族多利安（Dorian）的发源地，而斯巴达人是其中最强大的一支。传说这里是赫拉克勒斯的子孙们发起入侵行动的地点，正是这次入侵让伯罗奔尼撒半岛被多利安人控制。因此，斯巴达人把多利斯视为他们的母邦。但是镇压福基斯人（斯巴达人很快就这样做了）不需要这么大规模的军队，而且随之发生的事件表明斯巴达人有更隐秘的动机。

在多利斯战役后，斯巴达人没有直接返回，相反，他们在彼奥提亚的塔纳格拉徘徊，这个城邦位于阿提卡边境。彼奥提亚是一个面积广大、人口众多、土地肥沃的地区，以农业为主要产业。其平原地形适宜养马，促进了骑兵的发展，但该地民众不了解船只，该地的城邦也没有海军。按照雅典人的标准，彼奥提亚地区是一个落后地区，充满了乡巴佬，他们制作了各种美食，但他们自己吃得太多。雅典人认为他们没有受过教育、迟钝、愚蠢，因此给他们起了一个绰号叫“彼奥提亚猪”。这个带有贬损性的称呼在公元前 5 世纪初就已经广为人知，正如我们能从彼奥提亚最伟大的诗人之一品达写的一首诗中了解到的那样。他写道：“唤醒你的伙伴吧，埃涅阿斯，首先高呼赫拉・帕耳忒尼亚（Hera Parthenia，Parthenia 意为‘处女’）的名字，然后，要看我们能否用真言摆脱那古老的非难——彼奥提亚猪。”（品达《奥林匹亚颂歌》6）彼奥提亚人可能不及雅典人机敏，但他们人多且善于战斗。他们与斯巴达人及其伯罗奔尼撒同盟一起，对雅典构成了严重威胁。

修昔底德告诉我们，斯巴达人留在塔纳格拉是因为雅典人已经知道了他们的位置，会马上派出一支舰队封锁海路，而且雅典控制着的墨伽拉已经封锁了陆路。但是斯巴达人应该预见到了这些事情，当他们离开家时，他们一定已经知道他们可能不得不杀出一条回家的路，而且他们一定也愿意这样做。

修昔底德还提供了一个更好的解释。斯巴达人移师到阿提卡和彼奥提亚的交界处，部分原因是“一些雅典人暗地里邀请他们过来，希望他们可以终结民主制和停止长墙的修建”。（1.107.4）长墙是特意按照伯里克利的想法修建的，其中一段连接了环绕雅典的城墙和保护雅典位于比雷埃夫斯的港口和海军基地的城墙，另一段从雅典延伸到在法勒隆（Phalerum）的旧港口，第三段是在前两段建成十几年后才修建的，与第一段平行，两者之间的距离不到 200 码。[①] 这些长墙能让我们第一次看清伯里克利为了保卫雅典及其帝国霸权而规划的新战略。当长墙建成后，它们会把雅典、比雷埃夫斯和法勒隆之间的区域变成一个无法从陆地攻克的“岛屿”，只要雅典一直保持对海洋、雅典帝国以及帝国霸权带来的收入的控制，就能立于不败之地。如果在敌人的军队入侵时，雅典人愿意放弃他们的家园和土地，他们就不会被打败，因为雅典帝国给了他们无限期抵抗下去的底气。伯里克利设计了一个革命性的战略，但它太超前了。公元前 457 年或之后不久的雅典人远远没有准备好做出牺牲。然而，这种可能性确实存在，并将在未来为他们带来好处。

如果雅典人采用了伯里克利的新战略，那么他们可能也会以削弱更保守的步兵和贵族骑兵为代价加强海军力量，从而巩固刚刚扩大的民主制。这个前景很可能促成了一桩雅典历史上罕见的叛国阴谋。客蒙正流亡在外，他的支持者群龙无首、惊惧不安，

---

① 1 码约等于 0.9 米。——编者注

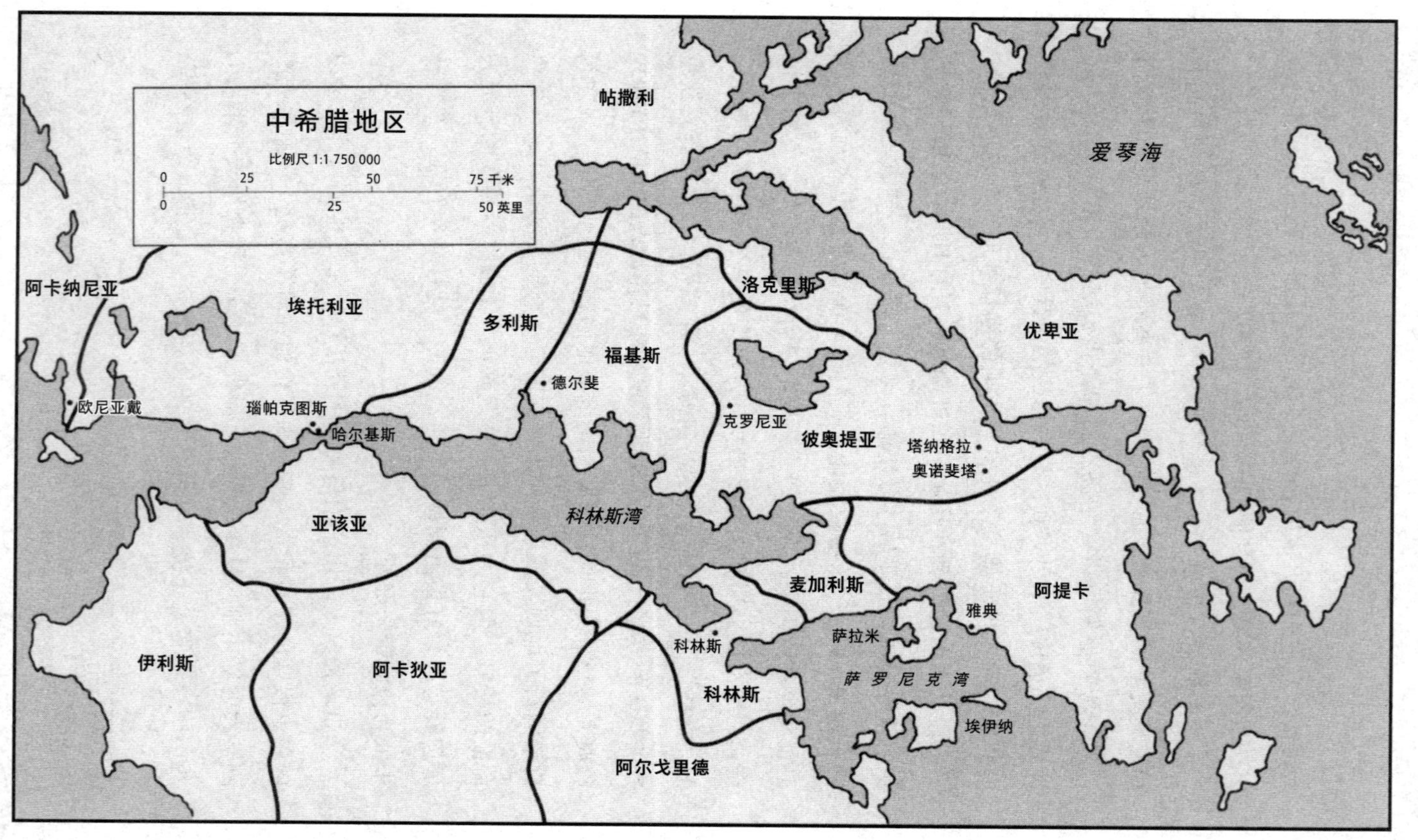
中希腊地区
比例尺 1:1 750 000
0
25
50
75 千米
0
25
50 英里
帖撒利
爱琴海
阿卡纳尼亚
埃托利亚
多利斯
福基斯
洛克里斯
优卑亚
德尔斐
欧尼亚戴
瑙帕克图斯
哈尔基斯
克罗尼亚
彼奥提亚
塔纳格拉
奥诺斐塔
科林斯湾
亚该亚
麦加利斯
阿提卡
雅典
萨拉米
科林斯
伊利斯
阿卡狄亚
科林斯
萨罗尼克湾
埃伊纳
阿尔戈里德

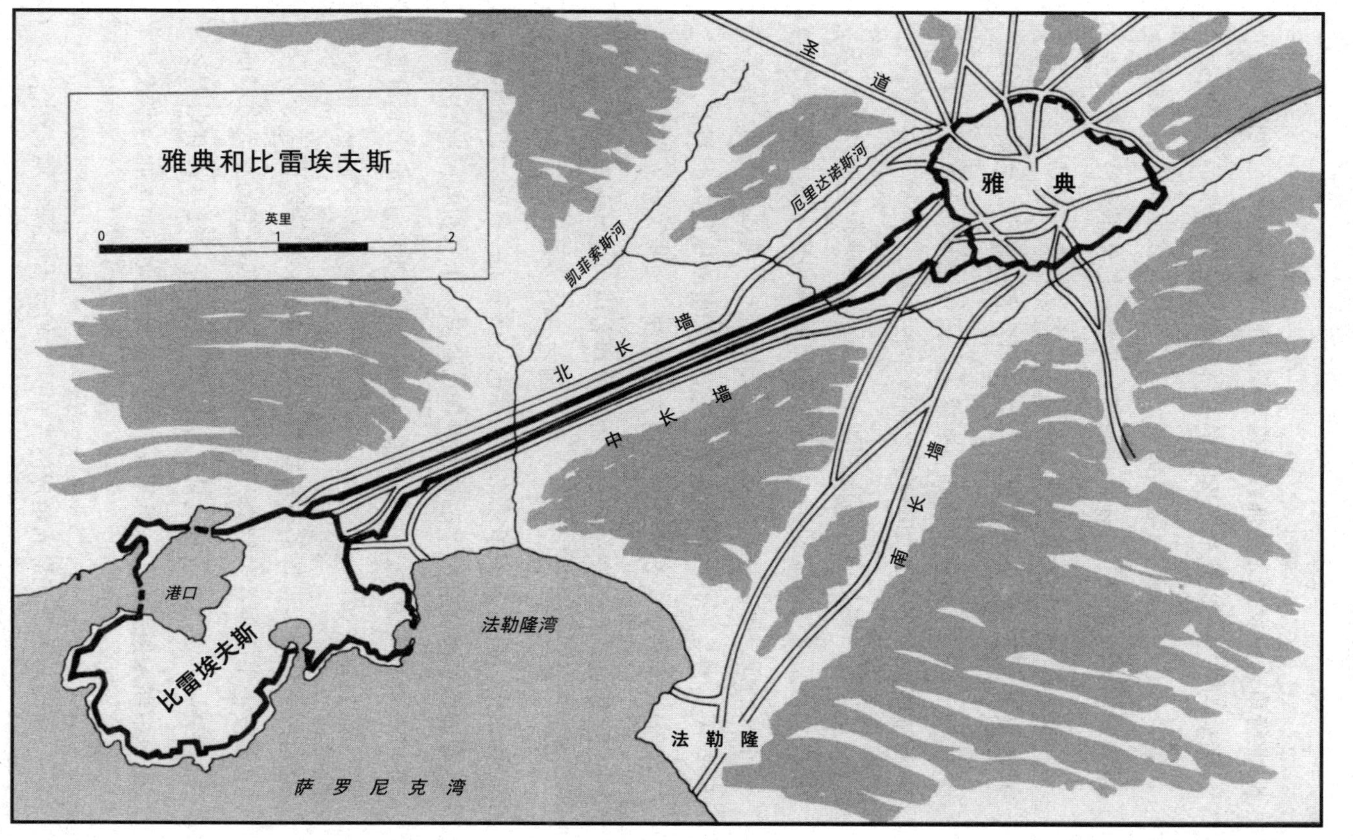
雅典和比雷埃夫斯
英里
0
1
2
圣道
雅典
厄里达诺斯河
凯菲索斯河
北长墙
中长墙
南长墙
港口
比雷埃夫斯
法勒隆湾
法勒隆
萨罗尼克湾

因此行事也愈发肆无忌惮。如果客蒙在的话，他肯定会劝阻和制止他们的行为。以我们对客蒙的了解来看，他对雅典的民主制很满意，尽管他更倾向于温和的版本，但即使是在厄菲阿尔特和伯里克利创建的政制下，他也能快乐地生活。他从不允许派系之争妨碍爱国精神，但是现在他不在了，他无法控制自己所在的派系中的激进分子。也许在斯巴达人离开伯罗奔尼撒半岛之前，这些激进分子就已经和斯巴达人沟通过了，而且他们一定曾敦促过尼科梅德斯，要求他在长墙建好之前攻击雅典人。

但是斯巴达指挥官所能仰赖的，远不止雅典叛徒的鼓动和许诺。忒拜是彼奥提亚地区的主要城邦，同时也是传说中的悲剧人物俄狄浦斯的家乡，自公元前 6 世纪以来一直与雅典不和。虽然忒拜人一直想把彼奥提亚地区的所有城邦置于他们的控制下，但是他们从来没有成功过。在波斯入侵期间，忒拜人站在了侵略者一边。因此，当波斯军队逃走后，忒拜名声扫地，彼奥提亚地区的同盟也被瓦解，曾经处于忒拜控制之下的彼奥提亚地区的城邦开始自治。自希波战争以来，忒拜已经恢复了一些实力，并开始重建同盟。当忒拜人了解到斯巴达即将远征中希腊时，他们试图利用这个机会为自己谋求利益。在接着发生的塔纳格拉战役之后，他们要求斯巴达人“帮助忒拜获得整个彼奥提亚地区的霸权”，作为回报，“他们将对雅典人发动战争，这样斯巴达人就没有必要把军队派往伯罗奔尼撒半岛之外”。（西西里的狄奥多罗斯 11.81.1–4）在这次远征之前，斯巴达人必然承诺了从多利斯返乡的途中加入他们，与忒拜军队一起对抗雅典人，并在此后继续对雅典展开攻势。

斯巴达人和忒拜人组成的大军陈兵阿提卡北部边境，引发了雅典人的高度警觉。当雅典人得知伯罗奔尼撒人和彼奥提亚人都在塔纳格拉时，他们决定前去迎战。他们的长墙尚未完工，但他们并不准备让敌人劫掠他们的土地。雅典步兵得到了雅典帝国分遣队和1000名阿尔戈斯士兵的支援。另外，帖撒利人也派出了一支骑兵部队，但结果证明这并不是什么好事。虽然雅典军队的人数略多于敌人的人数，但是战斗过程中帖撒利人倒戈投向斯巴达人，最终斯巴达人获胜。

在希腊战役中，对胜利的定义是对战场的控制，让胜利者可以在此竖立纪念碑、埋葬死去的同伴，同时要求失败者请求休战，以收集和埋葬在作战中死亡的士兵。从这个层面来讲，斯巴达人在塔纳格拉战役中获胜了。但是双方伤亡惨重，斯巴达人无法利用他们的胜利劫掠阿提卡的土地，更不用说攻城或迫使雅典人投降了。他们转而穿过了麦加利斯地区，雅典人没有阻挠他们返回斯巴达。

雅典人在很大程度上是因为他们的盟友帖撒利人的背叛才输掉了这场战役，颇为讽刺的是，他们参战时担心的是自己队伍内部有叛徒。当雅典人驻扎在塔纳格拉时，虽然客蒙仍然在放逐期，但是他穿上战甲来到他所在部族的军队中，准备为他的城邦而战，并“通过他的实际行动，摆脱对他亲斯巴达的指控”。（普鲁塔克《伯里克利传》10.1）但是客蒙的政敌指控他试图在队伍中制造混乱，随后引导斯巴达人对雅典城发动攻击，所以五百人议事会以他还在放逐期为由，驱逐了他。但是，客蒙非但没有愤怒地离开或生闷气，还敦促他的朋友们，特别是那些被严重怀疑与斯巴达有交情的人，让他们积极作战，以消除这些猜疑和指控。他的朋友们把他的盔甲放在队伍中间，同时以非凡的勇气战斗，最终全部战死。

伯里克利也在塔纳格拉战役中积极作战。他日后作为爱惜士卒、用兵谨慎的将领享有盛誉，但这不应该掩盖他本人在战场上的勇气和胆量。在塔纳格拉战役中，他是“最引人注目的，因为他丝毫不顾及自己的安全”。（普鲁塔克《伯里克利传》10.2）

战斗的结果以及客蒙一派在战斗中表现出的忠诚和英勇改变了雅典人的想法，证明他们对客蒙一派叛国的担忧是多余的。虽然斯巴达人已经撤退，但是他们可能会在来年春天返回，并与忒拜人联手，而忒拜人因控制了彼奥提亚地区而实力大增。伯里克利的支持者曾是决定驱逐客蒙的议事会的成员，但是在看到客蒙表现出的忠诚以及他对共同面临的危险的担忧后，他们决定结束派系斗争，谋求新策。

是时候与斯巴达议和了，而最适合进行谈判的人就是客蒙。如果客蒙愿意接受新政制（他后来的行为表明他的确接受了），同时如果伯里克利也准备与斯巴达和谈（就像他的行动所暗示的那样），那么为什么不利用客蒙独一无二的优势来实现停战，或许还能签订一个真正的和平条约呢？由此而争取到的时间都可以用来完成长墙的修建和加强雅典的安保，以防战争重新爆发。因此，伯里克利提出了一项法令，提前 6 年召回了仍在放逐期的客蒙。斯巴达人一定对塔纳格拉战役的结果及其代表的强硬政策感到不快。他们遭受了巨大的损失，唯一的受益者是忒拜人，而且，他们没有理由相信继续作战会带来更好的结果。客蒙在伯里克利的邀请下回到雅典的这个消息表明，雅典人可能准备放弃他们的敌意，与斯巴达重修旧好。最终的结果是双方休战 4 个月，可能是由客蒙谈判促成的。

雅典人虽有意与斯巴达讲和，但是许多雅典人因为斯巴达人在彼奥提亚地区扶植的新忒拜势力而感到愤怒和受威胁。忒拜人扩建了城墙，还迫使彼奥提亚城邦不情愿地加入其同盟。忒拜人在塔纳格拉战役中就已经证明了他们对雅典人的敌意，而彼奥提亚地区又民风彪悍、兵员充足，所以位于雅典北部漫长边境上的彼奥提亚同盟——由忒拜主导——代表着一个极大的潜在威胁。因此，大约在塔纳格拉战役的 2 个月后，雅典人派出一支庞大的军队，在迈容尼德的指挥下进入彼奥提亚地区。他们在离塔纳格拉不远的奥诺斐塔（Oenophyta）与忒拜人领导下的彼奥提亚军队交战，并取得了巨大胜利。他们获得了忒拜以外的整个彼奥提亚地区的控制权，扶植那些欢迎他们入侵的民主派人士领导各个城邦，还占领了彼奥提亚地区之外的福基斯和洛克里斯（Locris）。通过一场战役，雅典人成了中希腊的主人。与此同时，他们也完成了南北长墙建设，埃伊纳岛也投降了。

在奥诺斐塔获取的胜利使雅典人的权势达到顶峰。公元前 457 年夏，雅典舰队主宰了爱琴海，没有城邦是它的对手，帝国盟邦忠诚且局势稳固，每年的收入足以供养这支舰队。雅典人倚仗机警以及他们的盟友墨伽拉，防止了伯罗奔尼撒同盟的入侵。此外，他们对彼奥提亚地区的控制则保证他们免受来自这个方向的攻击。埃伊纳的陷落使他们完全控制了本土水域。很少有城邦享有比雅典更有利的战略局势了，雅典人可以从海上攻击敌人，但他们自己几乎不会受到攻击。然而，奥诺斐塔战役胜利的代价就是与斯巴达的和谈彻底破裂。这场战役的胜利还鼓励了雅典内部与伯里克利意见相左的激进派，他们迫切要求帝国扩张。

公元前 457 年时，伯里克利还不到 40 岁，在雅典政坛的地位尚未稳固。迈容尼德是奥诺斐塔战役的胜利者，有很大的影响力。他显然赞成对忒拜采取激进政策，这一立场代表了大多数雅典人的意见。严格来说，对彼奥提亚地区的进攻没有违反与斯巴达的休战协议，因为该协议只适用于雅典与斯巴达的关系。但是这场战役取得的非凡成就使和平的希望破灭了。虽然伯里克利不赞成这种政策，但他不得不接受既成事实。随着雅典政策的转变，客蒙认为雅典的政治环境不符合他的喜好，再次选择流亡，等待局势的变化。与伯罗奔尼撒的战事即将重启，而伯里克利不得不在其中发挥作用。

雅典人随后又恢复了向斯巴达施压的战略，以从海上攻击其伯罗奔尼撒盟邦，甚至攻击斯巴达的故土拉科尼亚（Laconia）的方式来实现这一点。公元前 456 年，托尔米德斯（Tolmides）带领一支雅典舰队绕行伯罗奔尼撒半岛。在一次大胆袭击中，他在斯巴达人的主要港口基赛阿姆（Gytheum）登陆，蹂躏了那里的土地，烧毁了码头和城邦，这次袭击无疑让敌人震惊。随后他航行到科林斯湾北岸，占领了科林斯的殖民地哈尔基斯，然后又驶向南岸，击败了科林斯的邻邦西库翁的军队。

两年后，伯里克利担任将军，率领另一支海上远征军进入科林斯湾。他从墨伽拉的西部港口佩加起航，又一次击溃西库翁的军队。随后他前往雅典盟邦亚该亚（Achaea），为进攻海湾入口北岸的阿卡纳尼亚（Acarnania）征集援军。他劫掠了阿卡纳尼亚的领土，围攻了重要城邦欧尼亚戴（Oeniadae），虽然他没有成功占领这个城邦。最终他返回雅典，“向敌人展示了他的威慑力，同时也向同胞们证明了他是一位可靠和高效的将领。因为这次远征没有给人们带来不幸”。这次远征具有伯里克利之后领导和策划的其他行动的典型特征：它以海军力量为主，但不回避必要的陆地上的任务；目标明确且时限严格；全程高度重视参与者的安全。最后一点是作为将军的伯里克利的特质：

> 在他的将军生涯中，他尤以谨慎著称。他从不打没有很大把握或有风险的仗，也不羡慕或仿效那些冒了很大风险、赢得了辉煌战绩，并被尊崇为伟大将领的人。他总是对他的同胞们说，只要他执掌大权，他们就会长命百岁，永垂不朽。（普鲁塔克《伯里克利传》18.1）

伯里克利堪称“士兵的将军”，是奥马尔·布拉德利（Omar Bradley），而不是乔治·巴顿（George Patton）。他缺乏客蒙的天赋和胆识，也缺乏客蒙敢于不惜一切代价追求胜利的果敢和无情。作为一名士兵，他战斗能力出色，个人勇气可嘉；但他的将军生涯，就像他的政治生涯一样，充满谋算和理性。他始终清醒把握战略目标与实力之间的平衡，知道雅典的兵员资源根本不足以支撑其日益扩张的军事需求。只要有机会，他更喜欢通过外交手段而不是战争来实现自己的目标。如果一定要作战，他更愿意使用盟军，特别是在陆战中使用盟军，而不会使用雅典陆军，因为他相信雅典海军在训练和战术上占有优势。由于雅典拥有得天独厚的帝国和财政资源，所以他始终认为时间会站在雅典一方。因此，他避免仓促行动，拒绝在陆地上开战，因为雅典人在陆地上缺乏他们在海上所拥有的优势。伯里克利首先还是一位政治领袖。对于一个政治家来说，带着一支被重创的军队和长长的阵亡名单从战场上归来永远是不利的。无论如何，他的能力和谨慎为他赢得了良好的声誉，虽然他从未像其他人那样，通过辉煌胜利博取更高的声望。

无论是对中希腊的征服，还是托尔米德斯和伯里克利的海军远征，都没有引起斯巴达的反应。一支雅典舰队在科林斯湾保持警戒，同时墨伽拉和雅典的军队守卫在墨伽里德山隘，如此斯巴达人就被困在了伯罗奔尼撒半岛。由于缺乏一支实力强劲的舰队，斯巴达人无法保卫他们的沿海盟邦，甚至无法保卫自己的沿海城邦。如果这种情况持续更长时间，那么伯罗奔尼撒同盟可能会开始瓦解，斯巴达的力量也将随之削弱。然而，埃及发生的事改变了一切。自公元前 461 年以来，雅典军队一直在埃及支持当地反抗波斯统治的叛乱。最后，波斯国王派出了一支庞大的军队对抗叛军和他们的雅典盟军。公元前 454 年，在经历了一场长时间的围困之后，雅典人及其盟邦的全部军队被歼灭了，埃及重回波斯的控制之下。

这场可怕的灾难使雅典人及其盟邦损失了不少于 40 艘战船和 8000 名士兵。它打断了雅典对波斯的连胜，在爱琴海地区引起了严重的骚乱，并迫使雅典人停止了在希腊本土的行动。雅典海上帝国面临的威胁使雅典人放弃了与伯罗奔尼撒人的战争，在公元前 454 年到公元前 451 年之间，没有任何雅典对伯罗奔尼撒采取行动的记录。

公元前 451 年，客蒙的放逐期结束，然后他回到了雅典。伯里克利已经表示愿意与他的前对手合作以维护和平，而此时，这种合作的需求比起公元前 457 年时更为紧迫。客蒙仍然是一个强大的潜在对手，但他已经不如之前那么危险了。伯里克利的知名度和影响力在客蒙流亡期间有所增长。此外，客蒙还接受了雅典政制的改革，改革后的政制已经持续了10年。当时的形势也使伯里克利转向了客蒙式的外交政策：与斯巴达和平共处、对波斯开战。受到埃及败仗的影响，如果不能击败波斯，那么雅典帝国将难以为继，而雅典的资源并不足以同时对付波斯人和伯罗奔尼撒人。

因此，在公元前451年，客蒙与斯巴达缔结了为期5年的和平条约。斯巴达人很高兴能摆脱一场让他们束手无策且充满挫折和危险的战争，他们一定也为他们的好友客蒙回到雅典而感到振奋。作为代价，他们要求雅典结束与阿尔戈斯的同盟关系，以及解除雅典对斯巴达的威胁。这份和平条约也将结束雅典对斯巴达盟邦的军事行动，以及雅典对斯巴达在伯罗奔尼撒半岛上的霸权形成的挑战。作为回报，雅典人被允许保留他们已经得到的东西，包括与墨伽拉结盟所产生的前所未有的安全、对彼奥提亚地区的统治和对埃伊纳的控制。此外，与斯巴达和平共处使雅典人能够专注于应对波斯和爱琴海帝国的麻烦。他们一定希望，在5年和平条约期满之前，所有悬而未决的问题都能得到解决，雅典和斯巴达之间的旧日友好关系得以恢复，希腊世界也能确立起全新的、持久的和平。

在接下来的一年里，雅典人派遣客蒙率领舰队出海，这显然是为了对波斯人发起一场大规模的反击。客蒙率领200艘战船进入地中海东部，向埃及派出其中的60艘战船支援仍在坚持抵抗的叛军，同时他自己则率领剩下的舰队前往塞浦路斯，该地已成为波斯重要的海军基地。雅典人在那里围攻了基提翁（Citium）。客蒙死在那里，或者是因为受伤，或者是因为疾病。

30年来，客蒙一直是雅典的伟大人物。他为希波战争中希腊人的团结和胜利做出了重大贡献，而且，他的外交和军事才干帮助他建立了提洛同盟，并将其转变为雅典帝国。虽然他性情保守、出身贵族，受到的训练和个人倾向也是贵族式的，但是在雅典的民主社会中他仍感到自在，即使在厄菲阿尔特和伯里克利所创造的那个广泛民主社会中也是如此。在他的影响下，贵族阶级与雅典民主制之间的矛盾有了很大程度的缓和，从而避免了像其他希腊城邦那样伴随着民主制而出现的血腥内战。难怪柏拉图——一个认为雅典的民主社会不是高尚灵魂实践政治美德的地方的人，将客蒙视为与地米斯托克利和伯里克利无异的平民煽动者。（《高尔吉亚篇》515d–e）然而，客蒙不是煽动平民的政客，而是一个务实的政治家，他愿意在一个不完美的世界里尽可能地让他的城邦更美好，而不会为了追求完美而毁掉它。

客蒙死后，雅典人从埃及和塞浦路斯撤回了他们的军队，但这次远征并非徒劳无功。在塞浦路斯，他们遇到了由腓尼基人（Phoenician）、塞浦路斯人、奇里乞亚人（Cilician）组成的波斯联合舰队。雅典人在海上打败了他们，随后登陆塞浦路斯岛，又进行了一场陆上较量。雅典人达成了他们的主要目的，即狠狠击败波斯人、夺回对海洋的控制权、阻拦他们的盟邦反叛、阻止波斯人进入爱琴海支援反叛了雅典的盟邦。

随着客蒙退出雅典政坛，伯里克利终于可以自由推行自己的政策。接下来发生的事将表明，伯里克利决定采取一项新的外交政策，并试图用他的余生来贯彻执行。对波斯发动侵略战争的计划已经尽可能多地完成了，但在埃及的败仗表明，过分扩张可能会危及所有取得的成果。无论伯里克利如何看待与伯罗奔尼撒人的战争和在希腊本土的扩张，这些军事行动都已然达到合理预期。

自从征服中希腊以来，雅典人曾两度试图进军帖撒利，但都失败了。海上突袭尚未瓦解伯罗奔尼撒同盟，塔纳格拉战役更是显示出与斯巴达军队直接交锋需要付出的高昂代价。所有这一切促使伯里克利想要结束与斯巴达和波斯的战争。他知道雅典需要和平，既要恢复对那些因埃及败仗而动摇的城邦的控制，又要为帝国奠定一个新的、坚实的基础。

第五章

帝国支持者

客蒙的死让伯里克利更容易与波斯议和，从而结束各地的战争。反过来，这种整体上的和平也会使雅典帝国的安全得到保障，这是伯里克利和雅典人的核心目标。实际上，帝国本身就是雅典防御的关键。它可以有效抵御再次出现的波斯威胁，并为防范未来任何来自斯巴达的挑战提供了手段。除此之外，帝国的收入对于伯里克利的计划来说至关重要，他计划将雅典建设为希腊有史以来最繁荣、最美丽和最文明的城邦。这份荣耀正是他对雅典的愿景的核心所在。

因此，伯里克利和雅典人认为，他们的帝国是有必要的。但这也带来了一些严肃的问题。一个帝国能否限制其扩张和野心，并保持自身的安全？还是说对他人的统治会不可避免地导致帝国权力的过度扩张，最终造成帝国的毁灭？一个帝国，特别是一个希腊人统治希腊人的帝国，在道德上是否正当？或者这是狂妄的证据吗？这种暴戾的狂妄肯定会给那些胆敢像神一样统治别人的人带来理所当然的毁灭。

作为雅典人的领袖，落到伯里克利身上的任务是把他们的政策引导到安全的轨道上，并向雅典人以及其他希腊人证明帝国的正当性。在这两项任务中，伯里克利都开辟了一条崭新的路径。他终结了帝国的扩张，削弱了雅典的野心。他还通过语言和行动提出了有力的论据，证明帝国既是正当的，又符合所有希腊人的共同利益。

需要强调的是，雅典人最初并不想建立一个帝国，提洛同盟的建立也只是因为斯巴达违约了。雅典人在接受领导权时所展现出的谨慎，并不意味着他们不愿意领导反波斯战争。如果说斯巴达有充分的理由拒绝霸权，那么雅典则有更充分的理由接受它。首要原因是雅典人担心并预计波斯人会再次进攻希腊。波斯人在20年内攻击了希腊人3次，因此，很难相信他们会永久接受最近的失败。其次，雅典人还没有真正开始修复最近一次波斯进攻所造成的破坏，他们知道即使修复好了，下一次进攻中雅典肯定会再次成为目标。此外，爱琴海及其东部的土地对雅典的商业贸易来说至关重要。雅典人依赖从今乌克兰地区进口的粮食，而这些粮食必须从黑海运送过来。因此波斯只要发起一场小规模战役，控制博斯普鲁斯（Bosporus）海峡或达达尼尔海峡，就会切断雅典的生命线。最后，雅典人与爱奥尼亚希腊人有着共同的祖先、宗教和传统，而这些爱奥尼亚希腊人的城邦构成了受到波斯威胁的主体。安全、繁荣和民族情感共同驱使着雅典要把波斯人彻底逐出爱琴海、达达尼尔海峡、马尔马拉海（Marmara）、博斯普鲁斯海峡和黑海的所有海岸和岛屿。

这个新同盟是希腊世界中的3个邦际同盟之一，另外两个是伯罗奔尼撒同盟与为了反抗波斯而组成的希腊同盟（the Hellenic League），虽然斯巴达人退出了爱琴海，但这绝不意味着希腊同盟已经解散。在提洛同盟成立后，希腊同盟逐渐透明化，并在面对第一次真正的考验时瓦解。重要、有效、活跃的同盟是位于希腊本土的伯罗奔尼撒同盟，由斯巴达领导，以及位于爱琴海地区的提洛同盟，由雅典领导。

从一开始，提洛同盟就比其他同盟更有效，因为它本着积极自愿的原则。提洛同盟的目标对盟邦来说至关重要，且组织结构清晰简单。雅典是领导者，所有盟邦（起初大约有 140 个）发誓永远会和雅典有同样的朋友和敌人，也就是说，这是一个在雅典领导下的永久性攻守同盟。然而，领导权不意味着统治。在提洛同盟成立初期，雅典人是“参与共同会议的自治盟邦的领导者”。（修昔底德 1.97.1）那些年间，政策的制定和决策都是在提洛举行的同盟大会上进行的，雅典也只能投一票。

理论上，在同盟大会中，雅典和萨摩斯（Samos）、莱斯博斯（Lesbos）、开俄斯，甚至和更小的塞里福斯（Seriphos）一样，是平等的参与者，拥有相同的一票。实际上，这个制度的运作有利于雅典。雅典的陆军和海军力量、做出的相对巨大的贡献，以及作为领导者的极大声望，能让许多弱小的城邦受到它的影响，而那些可能会挑战雅典权威的较大城邦则容易被投票轻易压过。许多年以后，心怀怨恨且充满反抗情绪的密提林人会说：“盟邦们无法团结起来自我保护，因为（偏向雅典的）投票者太多了。”（修昔底德 3.10.5）但是在早期，不管是大城邦还是小城邦，盟邦之间和谐一致，而雅典的影响力也与其贡献相称。因此，从一开始，雅典就处于一个有利地位，它控制着提洛同盟，但不显得不合法或专横。

提洛同盟诸邦的早期行动必定赢得了一致且热烈的支持：它们把波斯人驱逐出他们在欧洲余留的据点，同时从斯库罗斯岛

（Scyros）驱逐了一批海盗，从而使爱琴海的海上航线变得安全。随着接二连三的胜利，波斯的威胁似乎日渐远去，一些盟邦认为同盟以及相应的沉重义务无须存在了，这种想法在历史上屡见不鲜。一旦危机消除，盟邦们便想放弃努力。在这种情况下，通常霸权国家会采取更加冷静的态度，雅典人正是如此。他们精准地看出波斯的威胁并没有消失。实际上，这种威胁会随着希腊人警惕性的减弱而增加。修昔底德明确指出，后来发生叛乱的主要原因是盟邦拒绝提供约定好的船只、金钱，以及拒绝履行必要的军事义务。雅典人严厉地追究了它们的责任，并且

> 作为领导者，雅典人已不再像以前那样平等地友善。他们在军事行动中不再以平等者的姿态行事，并且轻易地镇压了那些反叛的城邦。造成这种局面所有盟邦都有责任：因为它们的大多数人不愿意服兵役，不想远离家乡，所以他们选择缴纳金钱来代替提供船只。结果，雅典利用他们所缴纳的金钱扩充了海战船队，当盟邦试图反叛时，它们既缺乏作战资源，也缺乏作战经验。（1.99.2–3）

提洛同盟成立不到 10 年，也许是在公元前 469 年，在小亚细亚的欧律墨冬河（the Eurymedon River）河口，提洛同盟军对战波斯舰队和陆军，同盟军取得了压倒性的胜利。波斯这场决定性的败仗加剧了盟邦的不安，也使得雅典人的严苛统治愈发不得人心。公元前 465 年到公元前 463 年发生在萨索斯的叛乱和围困战，源于雅典人和萨索斯人之间的争执，虽然这与同盟的宗旨没有明确关联，却必然产生了同样的负面影响。

第一次伯罗奔尼撒战争使雅典的资源极度紧张，这一点鼓励了盟邦的叛变。公元前 5 世纪 50 年代中期雅典对埃及远征的失败加速了同盟向帝国的转变。对许多人来说，这似乎是雅典权势崩溃的开始，因此激起了新的叛乱。雅典人反应迅速，有效地镇压了叛乱，并采取措施确保叛乱不会再次发生。在一些地方，他们设立了对雅典友好且依赖雅典的民主政权。有时他们驻军，有时他们指派雅典官员监视之前叛乱过的城邦，有时他们会采用两者结合的方式。所有这些都是对雅典属邦自治权的侵犯。

公元前 5 世纪 40 年代，雅典人强化了对帝国的控制。他们强迫帝国里的其他城邦使用雅典的重量单位、长度单位和硬币，关闭了地方铸币厂，从而剥夺了象征着盟邦的主权和自治权的明显标志。他们加强了对征收和交付贡金的管理，要求在雅典审判被指控违令者。反抗或拒绝缴纳贡金的殖民地将受到军事镇压。有时，雅典人会没收那些违令城邦的土地，并将其作为殖民地给予那些对他们忠诚的盟邦或雅典公民。当此类殖民地完全由雅典公民组成时，即称为“军事殖民屯垦区”（cleruchy）。这些定居者并没有建立一个新的独立城邦，而是保留雅典公民身份。雅典人镇压叛乱后，通常会在当地建立一个民主政权，并要求当地人宣誓效忠。以下是他们强加给克罗丰人（Colophon）的誓言：

> 我将尽我所能，做、说、计划一切有利于雅典人及其盟邦的事情。我也不会背叛雅典人，无论是言语上，还是行动上；无论是在我自己独立的时候，还是在臣服于别人的时候。我会一直热爱雅典人，不会抛弃他们。此外，我不会推翻克罗丰的民主制，无论是遵从我自己的意愿，还是服从他人的

> 意愿，无论是前往他邦，还是在那里谋反。以宙斯、阿波罗和德墨忒尔的名义，我会根据誓言认真地履行这些承诺，不会欺骗或造成伤害。如果我违背了誓言，我会断子绝孙；如果我遵守誓言，愿我获得巨大的成功。[1]

随后，一个类似的誓言被强加给了哈尔基斯人，但是在这个誓言中，宣誓效忠的对象不是提洛同盟，而是雅典人。

提洛同盟向雅典帝国转变的关键一步发生在公元前 454/ 前 453 年，是在雅典人将金库从提洛岛迁往雅典卫城的时候。当时雅典人给出的理由是担心波斯人向爱琴海派出舰队。我们不知道这是真的担心，抑或只是一个借口，但雅典人没有浪费这样的机会，迅速利用它为自己谋利。从那一年起，直到伯罗奔尼撒战争晚期，雅典人将提洛同盟每年所缴纳贡金的六十分之一作为献祭女神雅典娜 · 波利亚斯（Athena Polias，Polias 是“城邦守护者”的意思）的贡品，她是雅典城邦的保护者，现在也是重组的提洛同盟的保护神。雅典人可以自由使用献给女神的贡金，不一定用于同盟目的，我们之后将会看到，伯里克利对如何花费这笔钱有着非常明确的想法。

这些重要和激进的改变将一个全凭自愿加入的同盟变成一个由大部分城邦并非自愿加入的、由雅典统治的帝国，即使在古代希腊世界，这样做也需要理由。在大多数情况下，希腊人在对待权力、征服、帝国和这些带来的好处的态度上和其他古代民族相似。他们认为世界是一个竞争激烈的舞台，胜利和统治带来的名声和荣耀是他们的最高目标，而失败和臣服则带来耻辱和羞愧。他们始终尊崇希腊传说中最伟大的英雄阿喀琉斯的信条：“永远要成为所有人中最优秀的和第一流的。”当传说中的贵族英雄时代让位于城邦时代时，竞争的领域也从个人、家庭和部落之间上升到了城邦之间。公元前416年，在伯里克利去世十多年后，代表雅典发言的人向一些米洛斯（Melos）官员解释了他们对国际关系的看法："对于我们信仰的神和我们所了解的人来说，出于其必然的天性，只要他们拥有权力，他们就会统治他人。"（修昔底德5.105）虽然他们的话直白得令人震惊，但与大多数希腊人的观点并无太大出入。

然而，出现在这里的“米洛斯对话”（the Melian Dialogue）戏剧性地展示了雅典帝国在道德上存在的问题。雅典人的刺耳言论源于米洛斯人的挑衅，米洛斯人声称神会站在他们一边，因为雅典人的行为是不正当的。米洛斯人的抱怨可能是指雅典人已采取或计划采取的具体行动，但这在希腊人中引发了更深的共鸣。希腊人并没有现代社会对权力及其可能带来的安全和荣耀的偏见，但他们的历史经验与其他古代民族不同。他们的文明不是由伟大的帝国塑造的，而是由小型的、自主的、独立的城邦塑造的，因此他们认为自由是生活在这种环境中的人的自然状态。公民应该有个人自由，有维护他们的政体、法律和习俗的自由。他们的城邦应该有外交自由，有与其他城邦争夺权力和荣耀的自由。希腊人还认为，城邦生活带来的自由创造了一种更加优秀的公民和一种特别的权力。他们认为自由、自治的城邦的力量比世界上最强大的力量还要大。公元前6世纪的诗人福西利德（Phocylides）将其与伟大的亚述帝国相比："一个在高处井然有序的小城邦，比愚钝臃肿的尼尼微更加伟大。"（《残篇》5）

城邦之间互相争斗时，胜利者通常会夺取一片边境土地，这片土地往往是争端的源头。敌人通常不会被奴役，他们的领土也不会被吞并或占有。在这方面，正如在许多其他方面一样，希腊人采用了双重标准，将他们自己与那些不说希腊语、不受希腊文化影响的外族区分开来。后者被称作蛮族人（barbaroi），因为他们说的话在希腊人听来就像是“bar bar”。由于这些人不是在自由的共同体中以自由人的身份成长，而是臣服于他们的统治者，显然他们本质上是奴隶，所以在现实中统治、奴役他们完全是正当的。相反，希腊人天生就是自由的，他们创建了自由的城邦体制并生活在其中就证明了这一点。统治这样的人、剥夺他们的自由和自治，显然是错误的。

这就是希腊人的想法，但他们并不总是言行一致。在很早的时候，斯巴达人就已经征服居住在拉科尼亚地区及其周边的美塞尼亚地区的希腊人，使他们成为自己的奴隶。公元前6世纪，他们建立了我们所说的伯罗奔尼撒同盟，这给了斯巴达相当大的权力，可以控制盟邦的外交政策。但斯巴达一般不干涉盟邦的内部事务，这些城邦看起来仍旧保有表面的自治。在希波战争后的20年里，阿尔戈斯人似乎已经摧毁了一些阿尔戈里德地区的城邦，吞并了它们的领土。但是，这种偏离模式的行为仍然是不常见的，也没有改变希腊人应该以自由人的身份在自治的城邦中生活，而不是作为帝国的臣民生活这一普遍期望。

希腊人还有另一种共同观念，这种观念令他们难以心安理得地享受大国霸权和帝国统治带来的荣光。他们认为，任何人过度累积美好事物，经过一系列阶段，都会堕入他们所谓的傲慢（hubris）。这样做的人被认为已经超越了为人类设置的界限，从而引起了报应（nemesis），即神的愤怒和报复。这些核心思想源于德尔斐的阿波罗神庙的神谕，在那里可以找到两条对人类的神圣警示，提醒人类避免傲慢："认识你自己"和"万事勿过度"。对希腊人来说，公元前5世纪关于傲慢和报应的典型例子就是波斯大王薛西斯的命运。他的权力让他盲目自大，进而试图将自己的统治扩大到希腊本土，结果给他自己和他的人民带来了灾难。

因此，当雅典人在希波战争结束后担任希腊同盟的领导者，并享受这种领导带来的财富和权力，且实际上这个同盟也转变成了一个公认的帝国时，传统的思维方式并没有提供坚实的指导方针。对雅典人来说，帝国有很多有形和无形的好处。最明显的好处是经济上的。在伯罗奔尼撒战争初期，同盟城邦每年直接缴纳的贡金、赔款及其他未指明的款项高达600塔兰特[①]。而雅典城邦自身每年的财政收入是400塔兰特，其中很大一部分也来自帝国，包括比雷埃夫斯港的进口税和其他关税，以及由盟邦公民支付的在雅典审理的案件的法庭费用。其他类似的项目占了该金额的很大一部分。雅典人也在私人领域通过为众多访客提供服务而受益，这些访客被吸引到比雷埃夫斯和雅典，一方面是因司法事务和其他帝国事务，另一方面则是因为雅典本身的盛世气象，而这种气象是由帝国带来的。

帝国收入有时被认为是维持民主制的必要条件，因为它可以承担为公共事务支付的报酬。但有证据否定了这一说法。毕竟在雅典人开始把六十分之一的贡金据为己有之前，给薪制就已经被引入了。更能说明问题的是，即使在帝国及其带来的

① 我们无法将古代货币的价值与现代货币进行比较。知道1塔兰特可以支付一艘雅典战船上200名船员1个月的工钱可能会有帮助。

收入消失之后，雅典人继续为这些服务支付薪水。而另一方面，给薪制的引入恰逢帝国的成功（以战利品和贸易增长的形式）为雅典带来巨额财富，且正是在雅典娜贡金推行前后那几年，为公共服务支付薪酬的范围扩大到了陪审团之外，这种时间上的关联绝非偶然。无论如何，在伯里克利时代，雅典人似乎把民主制的蓬勃发展与帝国带来的好处联系在一起。

除了直接的经济收益、他们认为的对民主制的财政支持，在现在常说的“生活质量”方面，雅典人也得到了好处。根据“老寡头”的叙述，帝国能让雅典人与许多地方的人交往，所以他们发现了：

> 各种珍馐美味，因为对海洋的控制，西西里岛、意大利、塞浦路斯、埃及、吕底亚、本都（Pontus）、伯罗奔尼撒半岛，以及任何其他地区的特产都被带到雅典。他们听到各地方言，从一个人口中学会一种，从另一个人口中学会另一种，而其他希腊人倾向于坚持自己的方言、生活和着装方式，但雅典人混合了所有希腊人和外国人的元素。（2.7–8）

当时的一位喜剧诗人提供了一份详细列表，上面写了帝国提供给雅典人的异国珍馐和一些有用的物品：

> 来自昔兰尼（Cyrene）的罗盘草（silphium）和牛皮，来自赫勒斯滂（Hellespont）的马鲛鱼和各种咸鱼，来自意大利的盐和牛肋排……来自埃及的帆船和绳索，来自叙利亚的乳香，来自克里特岛的献给神的柏树。利比亚提供了大量象

> 牙以供购买，来自罗得岛的葡萄干和甜无花果，来自优卑亚岛（Euboea）的梨和甜苹果。来自弗里吉亚（Phrygia）的奴隶……来自帕伽塞（Pagasae）的文了身的奴隶，来自帕夫拉戈尼亚（Paphlagonia）的椰枣和油杏仁，来自腓尼基的长枣和精细面粉，来自迦太基的地毯和彩色垫子。（阿特纳奥斯的赫尔米普斯［Hermiteus in Athenaeus］1.27e–28a）

正如“老寡头”认为的那样，这些是“不重要的东西”，但恰恰是这些东西帮助雅典人认识到了帝国及其带来的海上霸权的好处。

或许，这个帝国最大的吸引力比上述任何一点都更加难以捉摸——它触动了千百年来不同文化背景的人共有的某种天性。大多数人更愿意认为自己是领导者而不是追随者，是统治者而不是被统治者。正如即使是最贫穷的伦敦东区人也为“日不落帝国”和“大不列颠统治海洋”的说法而骄傲，每个雅典人也都为自己城邦的伟大而感到自豪。“老寡头”在阐释了雅典人是如何从强迫盟邦公民来雅典的法庭寻求司法公正这件事中获益时，揭示了普通公民如何享受这种自豪感：

> 如果盟邦的公民不来雅典参加审判，他们就只会尊重那些出使海外的雅典人——将军、三列桨战船船长（trierarch）和使节。但现在，提洛同盟中每个城邦的公民都不得不讨好雅典的普通民众，因为他们知道，来到雅典后，他们在法律上受到的惩罚或赔偿完全取决于雅典普通民众。雅典的法律就是这样。因此，他们被迫在法庭上谦恭地恳求，在民众进

入法庭时抓住他们的双手祈求。这种情况增强了盟邦对雅典人的臣服程度。（1.18）

尽管帝国为雅典人带来了诸多利益，但是帝国的总账并非完全失衡，因为同盟城邦通过参与其中同样获益良多。这些好处中最重要的是免于被波斯统治，这也是建立同盟的主要目的，以及雅典人卡里阿斯——希波尼库斯（Hipponicus）之子——与波斯帝国谈判之后达成的和平。爱奥尼亚城邦在过去的一个多世纪里或是一直处于蛮族人统治之下，或是在为了从蛮族统治中解放出来而战，所以这些好处意义非凡。提洛同盟和帝国的成功也带来了前所未有的航海自由，让盟邦船只能够在爱琴海海域畅行。此外，反波斯战争给参与其中的同盟城邦带来了战利品分成，同时，令雅典繁荣富庶的商业热潮也使许多盟邦受惠。简而言之，雅典人将爱琴海附近的所有希腊人从波斯统治中解放出来，给他们带去了自由、和平与繁荣。

对许多盟邦来说，雅典的干涉带来了民主，但这不是它的目的。如果可以的话，伯里克利和雅典人会保持盟邦现有的政制，即使它是寡头制或僭主制。只有当一些盟邦发生叛乱，迫使他们干预时，他们才会在当地建立民主制，但也并不总是如此。伯里克利的帝国政策是谨慎而务实的，而不是由意识形态驱动的。然而，随着时间的推移，雅典人在整个帝国里帮助并支持了许多城邦建立民主制，以对抗寡头制或僭主制。从20世纪的角度来看，这似乎是帝国带来的一种纯粹的好处，但在伯里克利时代，并非每个人都这样想。贵族和上层阶级的成员一般认为，民主制是一种新型的、不自然的、不公正的、无能的和粗俗的管理形式。他

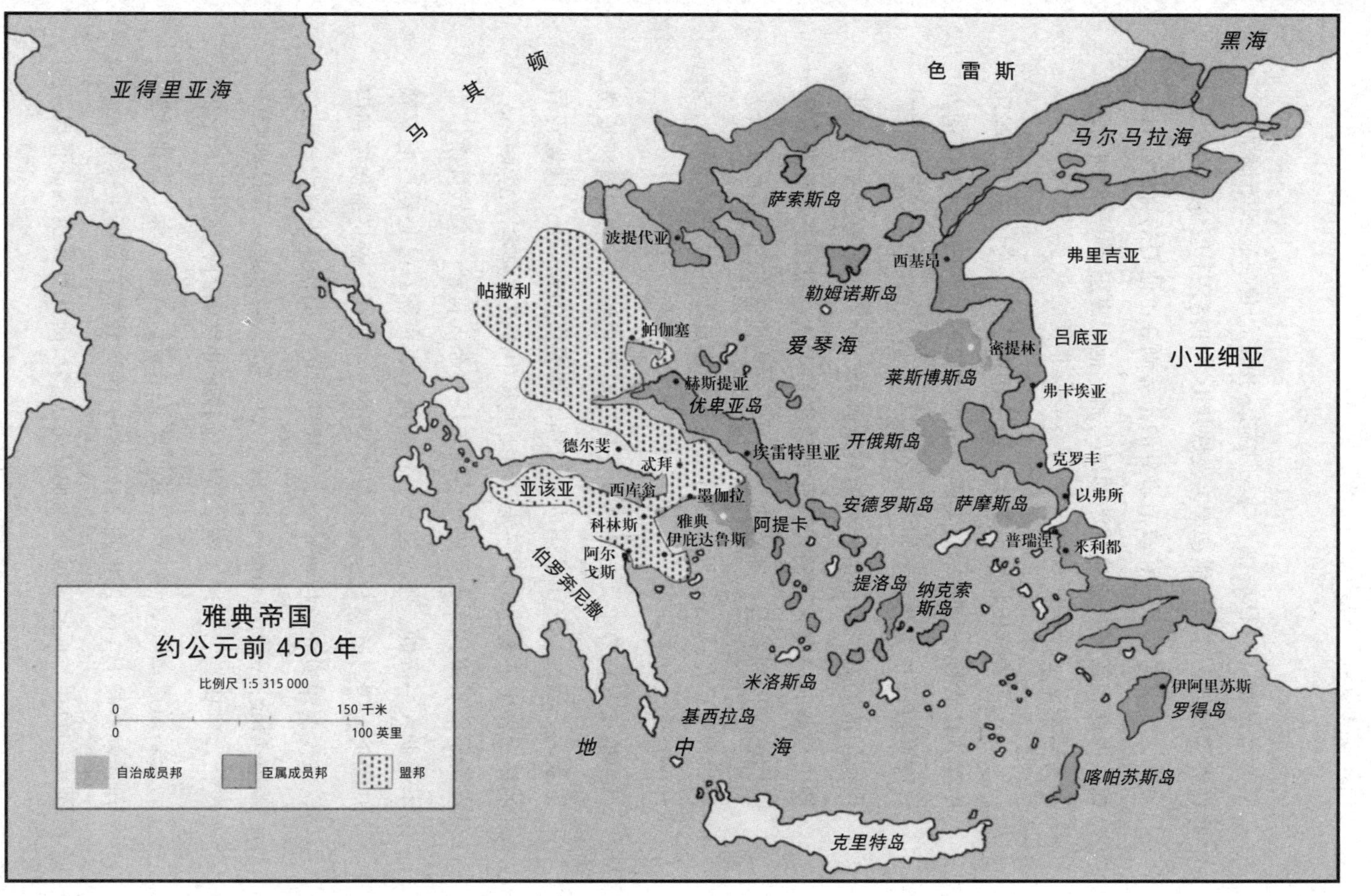

雅典帝国
约公元前 450 年
比例尺 1:5 315 000
0
150 千米
0
100 英里
自治成员邦
臣属成员邦
盟邦
亚得里亚海
马
其
顿
色 雷 斯
黑海
马尔马拉海
萨索斯岛
波提代亚
西基昂
弗里吉亚
勒姆诺斯岛
帖撒利
帕伽塞
爱琴海
密提林
吕底亚
小亚细亚
莱斯博斯岛
赫斯提亚
优卑亚岛
弗卡埃亚
开俄斯岛
德尔斐
埃雷特里亚
克罗丰
忒拜
亚该亚
西库翁
墨伽拉
安德罗斯岛
萨摩斯岛
以弗所
科林斯
雅典
阿提卡
伊庇达鲁斯
普瑞涅
米利都
阿尔
戈斯
伯罗奔尼撒
提洛岛
纳克索
斯岛
米洛斯岛
伊阿里苏斯
罗得岛
基西拉岛
地
中
海
喀帕苏斯岛
克里特岛

们并不是唯一对雅典在支持民主制中扮演的角色感到不满的人。在许多城邦，甚至可能是大多数城邦中，即使是下层阶级的成员，也认为雅典对其政制和政治事务的干涉剥夺了他们的自由和自治权，因此相较于被雅典干涉的民主制，他们更想要一个没有雅典干涉的非民主政制。

现代学者试图论证，雅典对民主制的支持使帝国在同盟城邦中受到广大民众欢迎，而文献中记载的他们表现出的敌意，是古代那些倾向于支持贵族的作家的偏见所造成的扭曲呈现。然而，现在形成的共识仍理由充分地继续强调，除了少数直接从雅典支持中获益的民主派政治家，所有阶级都不欢迎帝国。我们没有理由怀疑古代的观点，即雅典帝国之外，尤其是帝国之内的希腊人都敌视雅典帝国。甚至一部分雅典人也谴责雅典对待盟邦的一些行径有违道义。

伯里克利着手向每个帝国公民证明雅典统治和雅典持续征缴贡金的正当性。对于帝国内的盟邦，他提供的理由是，同盟背后的概念发生了变化。一开始，同盟城邦中不乏雅典建立的殖民地。在希腊人看来，作为殖民地意味着一种令人自豪的家族关系，而不是低人一等的。除此之外，雅典人一直声称自己是爱奥尼亚城邦的创立者。爱奥尼亚人不仅接受了这一说法，而且最初还利用它来说服雅典人承担领导权。金库转移的时间恰逢举行大泛雅典娜节（the Great Panathenaic Festival）那一年。这个节日四年一度，在雅典举行，用来维系殖民地和母邦之间的关系，二者之间的关系通常是融洽的，并且通过此类宗教仪式来庆祝。雅典的盟邦通常会献上一头母牛和全套盔甲，作为效忠的象征。这并不是沉重的负担，而且它使殖民地获得了参与前往雅典卫城的雅典娜神庙的盛大游行队伍的荣誉。此后，雅典的所有盟邦都会分享这一荣誉。

我们不需要相信所有人都会感激这一荣誉，也不需要相信这种殖民地关系的表面粉饰是一个令人满意的理由，能让他们在如此不同于以往的环境下继续缴纳贡金。公元前 449 年卡里阿斯与波斯帝国协商达成的和平条约的内容包括："所有亚细亚的希腊城邦应当自治。波斯总督不能靠近比 3 天航程更近的海域，波斯战船不能在法塞利斯（Phaselis）和库阿尼恩（Cyanean）礁岩之间的海域航行。如果波斯国王和他的将军遵守这些条款，雅典人就不会对国王统治的地区发动远征。"（西西里的狄奥多罗斯 12.4.5–6）[2] 这无疑进一步加剧了他们的疑虑，因为根据这个条款，波斯人放弃了对爱琴海及其沿岸的希腊城邦的主权主张，同时确保了雅典经达达尼尔海峡前往黑海的生命线畅通无阻。希波战争现在真正结束了，雅典人可以声称，他们获得了斯巴达人未能获得的胜利。

这是一个辉煌的时刻，同时也引出了一些严峻的问题。虽然客蒙——不知疲倦地投入反波斯战争的人——已经去世了，但是他的事迹、有关他的记忆和他的朋友们仍在，使得人们对这个与宿敌媾和的决策充满疑虑。此外，如果与波斯已真的实现和平，是否意味着同盟贡金制度的结束、同盟的解散、雅典霸权的瓦解？

针对第一个涉及雅典政治的问题，伯里克利展现出了精妙的手腕。选择卡里阿斯作为雅典的谈判代表本身就意味深长。他是客蒙的妹夫，艾尔佩尼珂的丈夫。他的关键作用就是证明伯里克利和客蒙之间友谊长存，即使后者已经去世。而且，伯里克利一定做了很多工作，以赢得客蒙一派对新政策的支持。通过其他各种关系纽带，伯里克利与客蒙一派保持着密切联系，并在多年中一直这么做。正如一位现代学者所言：“在雅典城邦的公共政治幕后，是豪门望族的家族政治，在这方面，伯里克利是行家。”[3]

如果一位伟大的现代历史学家对事件的重构正确的话，伯里克利似乎也有公共层面的政治运作。在塞浦路斯之战胜利后，雅典人将十分之一的战利品用来献祭，并委托诗人西摩尼得斯（Simonides）撰文纪念波斯战败。诗文“称赞在塞浦路斯的对决是世界上最辉煌的事迹。同时，这是整个希波战争中具有里程碑意义的事件，是客蒙个人成就的体现”。[4] 我们可以认为，伯里克利是这一政治宣传背后的推手，该宣传暗示战争是靠雅典的光荣胜利而不是靠雅典的和平谈判赢的，又把客蒙与伯里克利的新政策联系起来了。此外，对客蒙的纪念也是拉拢和安抚其友人的政治姿态。

伯里克利需要雅典城邦内部的团结与和解。虽然与波斯已经达成和平协议，但是他并不打算放弃已经成为帝国的提洛同盟，也不想放弃与之相伴的荣誉、政治力量、军事力量以及财富。雅典需要这个帝国来保护自己的安全，并支撑伯里克利心目中的伟大民主社会的创建和维持。这个伟大成就的一部分将涉及一个耗资不菲的建筑计划，需要从帝国金库里提取资金，用于非军事的、纯粹服务于雅典的目的。因此，伯里克利和雅典人需要证明盟邦继续缴纳贡金以及将其用于新目的的合理性。

但是帝国内部已经出现了问题。在公元前 454/ 前 453 年，缴纳贡金的名单上有 208 个城邦，经评估应缴纳的金额超过 498 塔兰特。4 年后，只有 163 个城邦了，经评估应缴纳 432 塔兰特，其中有些城邦只付了部分钱款，有些城邦很迟才支付，有些城邦则完全没有支付。犹豫、不确定和抵抗威胁着帝国的存续。与此同时，斯巴达的威胁开始显现。客蒙达成的休战协议将在几年内失效，然而能安抚斯巴达人的恐惧的客蒙已经不在人世了。两个城邦之间仍然存在很大分歧，人们也无法确定能否在不发动战争的情况下克服这些分歧。但是伯里克利的计划需要和平。

卡里阿斯的和平条约达成后不久，伯里克利提出一个极具创意的方法，试图解决他的问题。他提出一个法案：

> 邀请所有希腊城邦，无论是在欧罗巴还是亚细亚，无论是小城邦还是大城邦，都派遣代表到雅典参加大会，讨论被蛮族人毁坏的圣地，以及他们（希腊人）在与蛮族人作战时向神灵承诺的献祭，还有关于海域的问题，以便所有人都可以毫无恐惧地航行，并保持和平。（普鲁塔克《伯里克利传》，17.1）[5]

使节被派往希腊世界的各个角落，传达“商讨事关希腊世界和平与共同利益的计划”的邀请。就像一位学者所说的那样，伯里克利“呼吁希腊世界建立一个新组织，来做公元前 480 年斯巴达领导的希腊同盟应该做但是没能做到的事情，并满足迄今为止都由提洛同盟来满足的和平时期的需求”。[6] 除此之外，这一邀请更以全新的基础伸张雅典对希腊领导权的诉求。最初是战争使希腊人团结在一起，从那时起维持和平与保持安全的需要一直巩固着他们的同盟。现在，宗教虔诚、泛希腊主义和共同福祉则成为希腊人继续保持忠诚和牺牲的理由。

伯里克利是真诚的吗？波斯人烧毁的神庙几乎都在阿提卡，

而维持和平的舰队仍将主要由雅典提供。因此，伯里克利可能预料到斯巴达人及其盟友会拒绝他的提议，从而为他巩固帝国提供一个新理由。但另一方面，伯里克利也可能真诚地希望通过这个措施实现希腊的自由、安全和团结。一些持怀疑态度的观点忽略了伯里克利召回客蒙并与之和解，以及与斯巴达休战的事实，这些显然是在为追求持久和平的新政策做准备。但是，如果把伯里克利理解为一个无私的泛希腊合作倡导者，则又忽略了如果大会顺利召开并通过其提案，雅典将从中获得巨大好处这一点。

伯里克利完全有理由相信斯巴达人会接受这个邀请。斯巴达好战派的政策给斯巴达带来灾难的同时，也把雅典推上了新高峰。公元前 451 年斯巴达同意了“五年和约”，这表明好战派已经失去信誉。伯里克利出人意料地与客蒙结盟，并明显转向新的对外政策，这给和平派留下了深刻印象。期待和平派能借雅典海上帝国之困局协商持久和平，就像客蒙当政时期一样，并非没有道理。这样的发展将实现伯里克利的目标，并代表着他的和平帝国主义新政策在外交上的胜利。

如果斯巴达拒绝，雅典也没有什么损失，反而会获得更多好处。雅典已经表现出泛希腊精神、宗教虔诚以及为了共同利益领导希腊人的意愿，因此会为追求自己的目标赢得不受阻碍和诟病的道德高地。

这与二战后美国所面临的情况类似。欧洲已经明显走向分裂为两大势力范围的轨道。美国的马歇尔计划打算向所有欧洲国家提供援助，包括苏联及其卫星国家，这会使美国获得相当大的影响力，并削弱苏联的影响。美国的主要目标是政治性的，是要增强西欧的力量，或许美国也被欧洲的痛苦遭遇打动了，但总之对美国来说，帮助欧洲减轻痛苦有助于实现其政治目标。当然，苏联人最终拒绝了美国的“援助”。

同样，斯巴达人拒绝参与新的国际合作计划，因此同盟代表大会没有举行。但是，斯巴达的拒绝对雅典来说是一次政治宣传上的重大胜利，因为雅典人现在可以指责他们的竞争对手漠视希腊人的福祉，不愿意履行神圣的誓言和义务。尽管同盟代表大会从未召开，但是这一事件向希腊世界宣布，雅典准备就此带头履行神圣的义务。它还为雅典重建自己的神庙提供了正当理由。现在，伯里克利可以自由地恢复帝国的秩序，以新方式继续收缴贡金，并将收入用于他心中构想的计划了。

现藏于斯特拉斯堡（Strasbourg）的一份残缺的纸草文献为这些计划提供了很好的记录。这份纸草文献明确记录了伯里克利在公元前 449 年夏天，也就是在召开同盟代表大会失败后不久提出的一项法令。这项法令说将一次性从金库中取出 5000 塔兰特，用于在雅典卫城上建造新神庙，另外在接下来的 15 年中，每年会转过来 200 塔兰特，直到完工。然而，该建筑项目不会干扰舰队的维护，而后者是征缴贡金的理由。议事会将确保旧船能得到良好的维修，同时保证每年增加 10 艘新船。[7] 如果之前还有什么问题的话，现在都不会有了：提洛同盟，这个自治城邦组成的同盟（symmachia），已经变成了一个让雅典人自己都愈发坦然地称之为帝国（arche）的组织，这个组织仍然创造共同利益，但由雅典人主导，并给雅典人带来了独特的优势。

这项新的帝国政策由伯里克利一手推动。如果说已经提供的证据还不够充分的话，伯里克利的政敌发动的攻击更能证明这一点。在新政策开始几年后，伯里克利发现自己受到了麦列西阿斯

（Melesias）之子修昔底德领导的一个强大的政治派系的挑战。修昔底德是客蒙的亲戚，很可能是他的妹夫，是一位杰出的演说家和政治组织者。他利用一些惯常的人身攻击赢得支持，他指控伯里克利试图成为僭主。他巧妙地将这个指控与对伯里克利用帝国资金完成建筑计划的指控结合起来。普鲁塔克的记载揭露了这些在公民大会上的指控的核心内容：

> 雅典人已经失去信誉，受到盟邦的唾弃，因为他们把全希腊的公共资金从提洛岛转移到了雅典。反对者的最合适借口是：将公共资金转移到雅典是出于对蛮族人将其夺走的惧怕和对它的保护。但是现在伯里克利的做法让这个借口完全失效。当其他希腊人看见，我们像一个爱慕虚荣的女人一样妆饰自己的城邦，那些为了战争的需要而奉献的财富被用于购买昂贵的石材、制作雕像和装饰神庙，他们当然会因为这种可怕的傲慢而愤怒，而且显然这是对他们的欺压。（《伯里克利传》12.2）

这番指控是精明的、巧妙的，且极具煽动性。它并没有反对帝国本身，或反对帝国从盟邦收缴贡金，因为这种立场可能会让大多数雅典人离心离德。相反，一方面，它控诉了公共资金被滥用于伯里克利的雅典建设项目。这也提醒了如今与伯里克利结盟的客蒙一派，客蒙原有的政策已经被抛弃和歪曲。另一方面，它以高尚的道德基调争取更广泛的民意支持。通过运用传统宗教语言和老式的道德修辞，这番言论精准触动了雅典人对统治希腊同胞这件事的道德上的不安。

修昔底德的攻击迫使伯里克利在雅典人面前为帝国和他的新帝国政策辩护。在回应主要的指控时，他没有申辩。他说，只要雅典人能够保卫那些盟邦免受蛮族的攻击，就不需要为如何使用从盟邦那里获得的资金做出任何交代：

> 他们没有提供战马，没有提供船只，也没有提供重装步兵，仅仅提供了一些金钱，如果接收者完成了协定的任务，这些钱就不属于给予者，而属于接收者。现在城邦已经充分准备好战争所需的物资储备，因此多余的资金应该用在雅典的各项建设中，这是合理的安排。这些工程的完成会给雅典带来不朽的声名。在完成这些工程的同时，它们也能够维持城邦的繁荣，因为各种各样的行业和需求会增加，这将激发每一种技艺，调动每一双手，为几乎整个城邦提供报酬，让雅典得到美化和滋养。（12.3–4）

这个辩护的第一部分回应了道德攻击：伯里克利主张，为了雅典而使用帝国资金不等同于僭主制，而是一个已经签订合同的人自由支配他的工资或利润。如果有任何道德上的违规行为，也必然是那些逃避支付贡金的同盟城邦犯下的，因为雅典仍然在提供保护。第二部分特别针对那些直接受益于帝国的下层阶级，并以最直白的方式提醒他们，这些工程对于他们来说意味着什么。哈里·杜鲁门在 1948 年的总统竞选中也提出了类似的观点。他指责他的对手意图推翻新政，他用了口号——“别让他们夺走这一切”。他发表演说的对象理解了他的意思，并因此投票。

雅典人也同样理解伯里克利的意思。公元前 443 年，当伯里克利对结果有把握时，便呼吁实施陶片放逐法，这既是对其领导能力的信任投票，也是对他的政策进行全民公决。最后，修昔底德被放逐了，而伯里克利的政治影响力则达到了新的高度。人们支持他，尤其是因为他们与帝国利益已深度绑定。

“帝国”（empire）这一概念在当今世界已难获认同，而源自该词的“帝国主义”（imperialism）一词从19世纪出现以来就含有强烈的贬义色彩。这两个词都意味着一种通过对他国人民施加武力或武力威胁才得以建立的统治，形成一个为了统治者的利益而剥削被统治者的体系。尽管一些有倾向性的观点试图将“帝国主义”一词应用于任何能够影响较弱国家的大国，但一个基于历史经验的、更为中性的定义则要求必须存在政治和军事控制的事实才能使用这个词。没有一个国家以被冠上这些术语为傲，相反，更多国家将这种描述视为恶意中伤和侮辱，这正反映了当今世界对这些术语的普遍反感。

然而，自文明出现以来，只有我们这个时代才有持这种观点的人。这个观点的主要来源是基督教的宗教传统，尤其是《新约》，它抨击权力、世俗的荣耀，赞美谦卑。但是认为基督教厌恶权力和帝国就大错特错了，因为基督教在诞生后仅3个世纪的时间里就控制了罗马帝国，并且能够自如地与各种各样的帝国共存，直到我们这个世纪，基督教对帝国的敌意才显露出来。也许在过去的两个世纪中，民主和民族主义的兴起是更为重要的根源，因为它们将人民的自由和主权视为最高价值。也许现代人对于帝国的态度，更多是因为对现代战争的极端恐惧以及历史经验，即帝国竞争往往导致战争。然而，这种态度也有些非同寻常，因为它不仅反对帝国，还反对权力的使用，好像权力本身就是邪恶的。

然而，权力仅仅是“有效行动或执行的能力”，[8]其使用是不可避免的。

但是，如果我们要理解伯里克利时代雅典人统治的帝国以及他们对帝国的态度，就必须注意到他们的观点和我们这个时代的观点之间存在着巨大的鸿沟。帝国扩张曾令雅典人引以为傲、志得意满，但在某些方面也带来难堪，至少部分雅典人为此感到羞愧。我们将看到，伯里克利本人不止一次面对这个问题，并以非凡的诚实和坦率进行回应，虽然他和雅典人都不能消解道德上的不安。

雅典人自己也一再承认他们的统治不得人心，而同时代极具洞察力的历史学家修昔底德直言不讳地表达了自己的观点。战争开始时他就告诉我们：

> 公众的善意很明显给了斯巴达人，特别是当他们宣称是他们解放了希腊的时候。希腊的每个城邦和个人都被深深感动，以言辞、行动尽可能地援助他们……人们普遍对雅典义愤填膺，不论是那些希望脱离雅典帝国统治的人，还是那些担心被雅典帝国统治的人。（2.8.4）

伯里克利完全了解这些感受，也了解这些感受带来的道德问题和实际危险。然而，他在捍卫帝国的问题上从来没有动摇过。

公元前432年，当战争的威胁迫在眉睫时，一支雅典使团抵达斯巴达，表面上是“处理其他事务”，但实际上是向斯巴达人和他们集结的盟邦陈述雅典的立场。他们的观点与伯里克利的论点完全一致。雅典使节们声称，雅典人取得他们的帝国，并非他们主动推动的结果，而是时势使然，也是人性自然运作的产物。他们指出：

> 一方面，我们没有通过武力得到这个帝国，只是在你们（斯巴达人）拒绝抵抗剩下的蛮族人之后，同盟的城邦才来到我们面前，恳求我们成为他们的领袖。事件的发展迫使我们将帝国扩展到现在的规模，最初是出于恐惧，然后是出于荣誉，最后是出于利益。随后，当我们已经被大多数盟邦所厌恶，且其中的一些城邦反叛并被我们镇压，而你们也已经不再像以前那样对我们友好、变得猜疑和对立时，放弃我们的帝国已经不再安全，因为所有的反叛城邦都会投向你们那边。当一个城邦面对最大的危险时，没有人能责怪它变得唯利是图。（1.75.3–5）

他们继续指出，恰恰相反，雅典人只是做了斯巴达人如果继续领导盟邦也必然会去做的事。在这种情况下，斯巴达人一样会变得令人讨厌。“因此，我们接受馈赠给我们的帝国并拒绝放弃它，这既非惊世骇俗之举，也并未违背人性常理，这一切都出于最高的动机：荣誉、恐惧和利益。”（1.76.2）

伯里克利肯定认为，时势使帝国的存在变得不可避免，在普拉提亚战役和米卡列战役之后，雅典人行动的核心动力是对波斯人可能卷土重来的普遍恐惧。随着提洛同盟屡战屡胜而盟邦忠诚度减弱，雅典人担心同盟瓦解和波斯再临。当斯巴达人变得与雅典人敌对时，他们害怕盟友叛逃到新的敌人那边。处理这些问题要面对的压力，造成了一定程度的仇恨，这使得雅典一旦放弃对帝国的控制，就会陷入危险的境地，正如伯里克利随后向雅典人所解释的：

> 不要以为我们只是在争取是自由还是奴役的问题。实际上，我们的帝国也岌岌可危，危险来自帝国里那些憎恨我们的人。放弃帝国已经不再可能，如果说你们中有人因一时的恐慌而想要放弃负责任，并以道德的名义来掩盖这种不负责任，这种想法是不可行的。因为现在你们像僭主一样控制着这个帝国，虽然获取它的方式可能有错，但放弃它可能会更危险。（2.63.1–2）

伯里克利清楚地看到为了应对诸多危险，有必要维护帝国的存续，但荣誉和利益的考量同样影响着他。在公元前 431/ 前 430 年的那场伟大的葬礼演说中，他呼吁人们注意帝国及其收入带来的有形好处：

> 另外，我们安排了种种娱乐活动，以使人们从劳作中得到精神的恢复。我们会在全年之中定期举办各种常规的竞技会和节日。我们的家居装饰优雅且富有品位，享受这些事物驱散了我们的忧虑。因为我们的城邦是如此伟大，全世界的好东西都汇聚于此，我们有机会享受到来自世界各地的产品，丝毫不逊于我们在家乡所收获的。（2.38）

但在伯里克利心中，这些令人愉悦的事物和好处远不如雅典人从帝国获取的荣誉和荣光重要，正是这些使得赌上性命的冒险显得理所当然。他要求他的同胞们“每天凝视你们城邦的力量，直到成为它的爱侣（erastai）。当你们领悟了它的伟大时，你们必然会想到，让它变得伟大的是勇敢和高贵的人们，是深谙何时当行何事的人们”。（2.43.1）在第二年更黑暗的时刻，当可能要面对最终的失败时，伯里克利再次呼吁雅典人关注其帝国伟业的力量和荣光，以及它的永恒价值：

> 可以肯定的是，不喜欢我们行为的人会对此挑剔，而那些像我们一样想要成就某事的人会将其当作目标，那些未能实现这些成就的人将会嫉妒我们。暂时被憎恨和不受欢迎一直是统治他人的人的命运。但是想要追求最伟大目标的人必须接受这种敌意，并且这样做是正确的。因为仇恨终将消散，而此刻的辉煌必将化作永恒记忆中的荣光。因为已经预知了未来的荣光，所以，这个时候你必须行光荣之事，并通过不懈的努力，同时得到二者。（2.64.3–6）

将这些论点仅仅视为修辞是错误的。伯里克利在雅典历史关键时刻的发言，直指那些雅典人所珍视的最深刻、最重要的价值，此外，我们知道的关于他的事迹表明，这些价值也是他所珍视的。他也因为一些其他的理由珍视帝国，但那些理由对普通雅典人来说并不吸引人，同时也不那么重要。他想创造一种新型城邦，一个可以让内在于人类本性的，特别是内在于希腊文明中的美学和理性方面的伟大得以彰显的地方。雅典要成为“全希腊的学堂”，为此必须吸引最伟大的诗人、画家、雕塑家、哲学家、艺术家和各种教师。这一目标的实现需要帝国所带来的权力和财富，同时这些钱也用来支付雅典人创作的伟大诗歌、戏剧的排练和演出所需的费用，也可以为雅典人建造宏伟建筑、创作装饰城邦的美丽画作和雕塑提供资金。

实现这个设想需要一个帝国，一个与以往存在过的任何帝国都不同，甚至与客蒙创造的帝国也不同的新帝国。这个新帝国需要的安全和非军事用途的收入，只有在和平时期才能获得。而雅典帝国和其所有的前身一样，都是通过战争实现的，许多人无法想象不和战争联系在一起的帝国。这个问题因客蒙帝国的特性而变得更加突出，而客蒙帝国已经是一个历史创新：不依靠强大的陆军力量主宰广袤的土地，而是以海军力量称霸海洋。这个不寻常的帝国令同时代拥有洞察力的人惊叹。“老寡头”指出了它的一些特殊优势：

> 在大陆上，小城邦可以团结起来，形成一支军队，但在一个海上帝国中，岛民不可能联合起来，因为海洋分开了他们，而他们的统治者控制着海洋。即使岛民可以秘密聚集在某个小岛上，他们也会饿死。在雅典控制的大陆上的城邦中，大的城邦因为恐惧而臣服，小的城邦纯粹因为需要而顺从；每个城邦都需要进出口商品，但是这只有在它们向控制海洋的人屈服时才能实现。（1.2–3）

此外，海上强权能对敌境实施袭扰战术，既能造成破坏又能避免伤亡。他们能移动的距离是陆军不可能达到的；他们可以安全地航行通过敌人的土地，而陆军军队必须艰难地穿过敌人的防线；他们不需要担心农作物歉收，因为他们可以进口需要的东西。

此外，在希腊世界，雅典所有的敌人都是脆弱的："每个大陆上的城邦都有一个突出的岬角、一个近海岛屿或一个狭窄的海峡，而那些控制海洋的人可以利用这些地形出击，对那里的居民造成伤害。"（2.4–6; 11–13）

修昔底德同样推崇海军力量，并更深刻地描绘了它的重要性。在他对早期希腊历史的重构中，他描述了文明的进步，并把海军力量描述成促使文明进步的最具活力的决定性因素。先有海军，然后海盗被剿灭、商业安全得到维护。由此缔造的安定环境促成了财富积累，财富的积累促成了有城墙的城邦的出现。这又进一步促进了财富的增加和帝国的发展，因为一些弱小的城邦以失去独立为代价换取了安全和繁荣。这样得到的财富和权力使帝国的权力得以扩张。这个范例完美地描述了雅典帝国的崛起。然而，修昔底德将它视为一个自然的发展过程，是海军力量固有特性的体现，并在他那个时代的雅典第一次实现。（1.4–19）

伯里克利本人完全知道这个海上帝国的独特禀赋，这正是铸就雅典伟业的利器。在第二次伯罗奔尼撒战争爆发前夕，他通过分析海权的优势来鼓舞雅典人的士气。凭借储备充足的金钱以及对海洋的控制，他们将会赢得这场战争，这是帝国带给雅典的绝对优势。

> 如果他们从陆上袭击我们，我们就在海上袭击他们。我们对伯罗奔尼撒半岛一部分土地的破坏与他们对整个阿提卡的破坏截然不同。因为他们只能通过战争得到新的领土作为替代，而我们在诸岛屿和大陆上都拥有大量的土地。是的，统治海洋是一件伟大的事情。（1.143.4）

在战争的第二年，伯里克利更加坚定地强调了这一点，在他试图让雅典人的战斗精神恢复的时候：

> 我想向你们解释你们从来没有想过的一点，有关帝国的伟大之处。我在以前的演讲中没有提过，我现在也没有想要提及，因为这听起来很像自夸。如果不是看到你们毫无来由的沮丧，我也不会这么说。你们以为你们只统治了盟邦，但我敢断言，在人类可资利用的两个领域，即陆地和海洋中，你们完全掌控了其中之一，不仅是你们现在所控制的部分，而且只要你们想，你们就可以控制更多。没有人能阻止你们凭借现在拥有的海军力量航行到任何你们想去的地方，不论是波斯大王，还是世界上的其他民族。（2.62.1–2）

然而，这一空前强大的力量可能受到两个弱点掣肘。第一个弱点源于一个难以改变的地理事实：这个伟大的海洋帝国是一个希腊本土的城邦，这让它很容易受到陆军的攻击。雅典人也不是岛民，其地理位置就成为一个防御软肋，因为拥有土地的阶层不愿意看到自己的房屋和田地被毁。

伯里克利提出了同样的观点："统治海洋实在是非常重要的事情，"他说，"想想看，如果我们是岛民，还有谁能比我们更难被征服？"（143.4–5）但是伯里克利不是那种会让固有的问题阻碍目标实现的人。既然作为岛民的雅典人将无懈可击，那么他们必须成为岛民。因此，他要求雅典人放弃他们在乡下的土地和家园，搬到城邦里。他们住在城墙之间的区域内，可以从帝国中得到补给和供应，并避免与敌人在陆上战斗。在一次极具煽动性的演讲中，伯里克利说："我们不要为我们的家园和土地悲伤，而要为人的生命悲伤，因为家园和土地不造就人，而是人造就了它们。如果我认为我能说服你们，我必会敦促你们亲手毁掉自己的财产，以此向伯罗奔尼撒人表明，你们不会为了保全财产而屈服于他们。"（1.143.5）

但是，在公元前 5 世纪中叶，即使是伯里克利也不能说服雅典人这么做。这样一种基于冷静的才智和理性的策略，违背了传统和人类的正常情感，需要一种非凡的领导力才能实施，而且也只有伯里克利才有希望实施。正如我们将看到的，即使在公元前 446/ 前 445 年面对斯巴达人入侵时，伯里克利都无法说服雅典人放弃他们的农场。在公元前 431 年，他勉强推行了这一策略，但也经历了极大的困难。不过那时，他已经足够强大，能够让这一策略成为雅典的指导方针。

第二个主要的弱点虽然无形但同样致命，这个弱点恰恰源于催生海洋帝国的那股蓬勃活力。敏锐的观察家——无论是雅典的还是外邦的——洞悉了这一特质及其蕴含的机遇和危险。在伯里克利去世多年后，他的养子亚西比德在主张帝国远征西西里时描绘了这样一幅图景：唯有自我毁灭方能遏制帝国与生俱来的扩张冲动。他说，雅典应该抓住所有能扩大其影响力的机会，"因为这是我们得到帝国的方式……我们热心地援助所有请求援助的人，无论他们是蛮族人还是希腊人。另外，如果我们止步不前，对援助对象挑三拣四，我们不仅难以壮大现有基业，更将危及帝国存亡"。（6.18.2）像伯里克利一样，亚西比德警告说，雅典此时改变政策为时已晚。既然走上了帝国之路，雅典就不能安然无恙地抽身：要么统治别人，要么被别人统治。但是，亚西比德更进一步，他断言雅典帝国已经形成了一种不容停止扩张的特质——一种内在的、动态的力量，这种力量拒绝任何边界和稳定："一个天性富有活力的城邦如果突然失去活力，这个城邦很快就会灭亡。人们最安全的方式是接受他们现有的特质和政制（尽管这些并不完美），与之尽可能保持一贯。"（6.18.7）

公元前 432 年，当科林斯人试图说服斯巴达人向雅典宣战时，他们从敌对的角度提出了类似的观点，将帝国富有活力的本性同雅典人与之类似的性格特征联系起来。他们在斯巴达人沉稳保守、戒备心强的性格与雅典人危险、具有侵略性的性格之间做出泾渭分明的对比：

> 当他们想到一个计划而未能完全实现时，他们认为这是失去了本该属于自己的东西；当他们达到了自己追求的目标时，他们却认为相比未来他们将要获得的东西而言，这只是一件微不足道的事情。如果一次尝试失败了，就马上又充满新的希望，以弥补失去的东西。因为对他们而言，期望和实现是一样的事，只要他们想出了一个计划，他们就会以极快的速度付诸行动。因此，他们一生都在劳作和危险中度过，在所有人中最少享受自己拥有的东西；他们永远在追逐新的目标，把完成任务当休息，觉得太平日子比辛苦干活还难受。结果就是，人们可以恰当地说，雅典人的本性是不让自己享受和平的生活，也不允许他人享有和平的生活。（修昔底德 1.70）

伯里克利强烈反对这样的分析。他不认为雅典的海上帝国需要无限制地扩张，也不认为民主政制和帝国共同造就了永不安分的雅典公民。这并不是说他对野心膨胀的危险视而不见。他知道有些雅典人想征服新的土地，特别是想征服西地中海地区，比如西西里、意大利，甚至是迦太基。但他坚决反对进一步扩大帝国的版图，他在未来的行动中清楚地证明了这一点。在第二次伯罗奔尼撒战争中，他再三警告雅典人不要试图扩大帝国版图。此外，值得注意的是，直到他去世前一年，他才谈及海上帝国潜藏的巨大力量，因为此时雅典人士气低落，急需特别的鼓舞。他之所以一直避免提及此事，不仅仅是如他自己所说，是为了避免自吹自擂，更重要的是为了避免助长过度的野心。

如果伯里克利曾计划扩大帝国，那么埃及远征的灾难性后果似乎让他改变了主意。那次失败动摇了帝国的根基，甚至威胁到了雅典本身的安全。从那时起，伯里克利就一直在努力抵制那些野心勃勃的扩张主义者的欲望，同时避免不必要的风险。他认为，智慧和理性可以抑制难以控制的欲望，可以维持帝国目前的规模，并将帝国的收入用于追求一种截然不同的、更安全的，甚至可能比希腊人以往所知的更加伟大的荣耀。正如 1871 年德国完成统一后，俾斯麦（Bismarck）相信并宣称德国是一个“饱和的”强国，并称巴尔干半岛的纷争“不值得一个健康的波美拉尼亚（Pomeranian）掷弹兵献出生命”。与此类似，伯里克利认为雅典帝国已足够庞大，进一步扩张既是不必要的，又是危险的。反波斯战争已经结束了，现在，伯里克利的计划和政策成功与否，取决于他与斯巴达人缔造并维持和平的能力。

第六章

和平缔造者

为了巩固雅典帝国，伯里克利给雅典制定的大战略是，将帝国限制在一个可防御的规模内，并与两个强大的对手——斯巴达和波斯——保持和平。海上帝国是安全的，因为雅典舰队强大到足以镇压任何岛屿或沿海城邦的叛乱。实际上，雅典与波斯的条约反映了波斯大王不愿继续与雅典作战的态度。然而，与斯巴达的和平则建立在不稳定的基础上，同时雅典最近在希腊本土上获得的陆上帝国更是脆弱不堪。这片领土是雅典人趁斯巴达人远在伯罗奔尼撒半岛无法回援，在奥诺斐塔取得的一场胜利而获得的，其统治依赖于雅典人强加给通常是寡头制的彼奥提亚诸邦的友好民主政权。这些寡头政权中的一些人被放逐，另一些人留在他们的城邦中，他们并没有接受失败，并密谋复仇。一旦有重新获得斯巴达人支持的希望，或雅典人稍显疲态，就可引发全面叛乱。镇压此类叛乱必须依靠步兵，这恰恰是雅典的软肋。

斯巴达人也一直对雅典日益壮大的势力耿耿于怀。他们尤其对雅典与墨伽拉的同盟感到恼火，因为这个同盟控制着伯罗奔尼撒半岛的出入口，这不仅损害了斯巴达的威望，也威胁了斯巴达同盟。客蒙在雅典恢复权力，曾让斯巴达人看到通过谈判解决这些问题的希望，或者至少也是通过友好和可靠的举措缓和矛盾的希望。但客蒙的死粉碎了这些希望。斯巴达断然拒绝泛希腊大会的邀请，这表明，主张和平的人已经输给了那些想要挑战雅典的人。

福基斯人是雅典人的盟友。公元前457年，在雅典取得奥诺斐塔战役的胜利之后，福基斯人就控制了阿波罗神庙和神谕所。大概在公元前448年春，斯巴达人派了一支军队前往德尔斐，希望福基斯人把神庙的控制权还给祭司。斯巴达人此举虽然没有正式打破五年和约，但他们确实违背了和约精神。此外，雅典与波斯的和平，使斯巴达人在道义上更容易考虑与雅典人发生冲突，因为现在反对雅典人已经不会再被指责是在帮助蛮族人了。雅典放弃支持阿尔戈斯，则为斯巴达人解除了更实际的束缚，因为斯巴达人最近与阿尔戈斯人订立的条约，是为了保卫他们在伯罗奔尼撒半岛上暴露的侧翼。斯巴达人强行恢复德尔斐祭司对神庙的控制权，为他们赢得了询问阿波罗神谕的优先权（promanteia）。此举以雅典的声誉为代价，重振了斯巴达人因雅典屡战屡胜和扩张而严重受损的威望。

斯巴达此举是对雅典的公开挑战，直指雅典在中希腊的权力和影响力。如果雅典不做出回应，就会被视为示弱，还会鼓励雅典的敌人们。伯里克利现在大约45岁，正处于全盛时期。他率领一支军队向德尔斐行进，恢复了福基斯人的控制权，并为雅典人夺回了询问阿波罗神谕的优先权。不管伯里克利对陆上帝国的看法如何，他都需要回应斯巴达人的挑战。

然而，雅典人的回应还不足以阻止彼奥提亚地区正在酝酿的麻烦。受到斯巴达在德尔斐的行动的鼓舞，许多彼奥提亚城邦的寡头发动了大规模叛乱。公元前446年春，被放逐的寡头们占领了彼奥提亚西部的两个城邦。来自邻近地区和来自彼奥提亚地区其他城邦的寡头很快就加入了此次行动，试图推翻雅典留下的民主制傀儡政权，并恢复其城邦的自治和寡头制。鲁莽而好战的雅典将军托尔米德斯想要立刻率领一支军队进攻彼奥提亚，但遭到了伯里克利的阻拦。据普鲁塔克记载，伯里克利“试图在公民大会上劝阻他，并发表了著名言论：若连伯里克利都说服不了你们，那么等待时机成熟总不会错——毕竟时间是最睿智的顾问”。（《伯里克利传》18.2–3）

伯里克利的这次干预被记载得很清楚，为了解当时的情况提供了一条有价值的线索。这表明伯里克利不愿意冒险发动大规模陆战，去维护帝国在中希腊的势力。如果能通过民主制傀儡政权并辅以偶尔的武力威慑（如同恢复德尔斐控制权时做的那样）维持统治，那当然是再好不过的。但是，如果需要在陆地上发起一场耗资巨大且危险的战役，对抗正在崛起且非常团结的彼奥提亚联军，代价就太高了。和其他谨慎的雅典人一样，伯里克利宁愿放弃中希腊，也不愿将阿提卡和帝国置于危险境地。然而，他主张暂缓而非彻底放弃干预的论调，这表明雅典主流民意与之相左。多数人想必认为，叛乱可以被轻松镇压，同时他们支持托尔米德斯镇压的决心。他们投票批准他率领千人步兵出征，还有一支人数不明的盟军随行——很可能大概是这位将军所认为的必要数量。

起初，托尔米德斯的自信似乎不无道理，因为他很快就攻陷了一个叛乱的城邦。但雅典人严重低估了彼奥提亚人的实力。在返回雅典途中，雅典军队进入了敌人的埋伏圈，并被一举击溃。

许多人被俘虏，在众多亡者中，有雅典的杰出人士，如托尔米德斯本人和亚西比德的父亲克雷尼亚斯（Cleinias）。雅典人立即与彼奥提亚人签订了条约，同意撤离彼奥提亚地区以换取被俘的雅典士兵。在彼奥提亚地区的败仗使得雅典与其背后的福基斯和洛克里斯的同盟无法维系，在中希腊的雅典陆上帝国顷刻覆灭。

伯里克利认为中希腊地区不值一战或许不无道理，但不战也有风险。在一个分裂的世界里，一个大国的敌人总会敏锐地察觉它任何疲惫或衰弱的迹象。如果雅典人听从伯里克利的劝告，放弃中希腊地区不战而退，那么他们就不会失去那些战死的人，也不会让那些心怀不满的属邦和盟邦产生叛乱无虞的想法。可以肯定的是，派遣一支实力不足的军队并战败比完全不采取行动更糟糕。但是，如果雅典人所派遣军队的规模是托尔米德斯率领的军队的 5 倍，这完全在他们的能力范围之内，那么结果会如何？这支军队很可能会粉碎叛乱，并且毫发无损地返回，而这种展示力量的行为很可能会阻止未来可能发生的麻烦。如果伯里克利和雅典人届时认为从中希腊撤军是明智之举，那么他们可以从容、体面、安全地撤离。

伯里克利的行为似乎一如既往地理性。他认为陆上帝国难以维持，也没必要存在，因此他接受了雅典被逐出中希腊的结果。毫无疑问，他意识到了撤退的危险，但他知道雅典的新地位实则比以前更强大、更安全。现在，雅典的根基完全建立在一支无敌的舰队上，而不是一支孱弱的陆军军队上，这一事实应该是有目共睹的。随着雅典人的负担减轻、资源不再过度分散，镇压海上盟邦的叛乱将更为容易。但那些被失败激愤的人往往不能清晰地思考。激情常会左右他们的判断，他们更容易被恐惧和强权的表象吓倒，而无法做出精准的评估。

因此，雅典在彼奥提亚的败仗引发了新的麻烦。雅典的许多敌人一直在观望和等待一个打击雅典的机会，而这次败仗证明了雅典并非不可战胜，也给了他们勇气。斯巴达人也因雅典的失败感到振奋，他们似乎已与其他势力联合行动了。公元前 446 年夏，优卑亚岛发生叛乱——对伯里克利来说，这是与失去彼奥提亚截然不同但更加严重的威胁。优卑亚岛位于阿提卡东海岸附近，是海上帝国富裕且重要的一部分，包含几个缴纳可观贡金的城邦。优卑亚岛还正位于通过达达尼尔海峡去往黑海的重要航线上。伯里克利亲自指挥一支军队前往优卑亚岛镇压叛乱。但他刚到那里，就得知了一个更危险的威胁。墨伽拉人也在斯巴达人的协助下叛变了，并在他们的伯罗奔尼撒邻邦科林斯、西库翁和伊庇达鲁斯的帮助下摧毁了雅典的驻军，只有少数残兵逃到了尼塞亚。五年和约已经结束，拱卫阿提卡门户的墨伽拉屏障已被移除，斯巴达人正率领一支伯罗奔尼撒联军向雅典进发。

几乎一夜之间，雅典不再安全。帝国各地发生叛乱，雅典腹地也受到了威胁。伯里克利迅速率军返回，准备保卫城邦。对雅典人来说，入侵的军队实力太强大了，但雅典人仍然坚持与敌人短兵相接。由年轻的斯巴达国王普雷斯托阿纳克斯和他更有经验的顾问克里安得里达斯（Cleandridas）率领的伯罗奔尼撒联军进入阿提卡，并开始蹂躏边境地区。眼看一场决战就要爆发，伯罗奔尼撒军队却莫名其妙转身撤退，返回家乡。

古代作家以一种简单明了的方式解释此次撤军：伯里克利贿赂了斯巴达国王和他的顾问，让他们放弃入侵。据普鲁塔克记载，斯巴达人对此非常愤怒，他们对国王课以高额罚金，但他无法支付，从而被迫流亡。克里安得里达斯也选择流亡以逃避审判，他在缺席审判下被判处死刑。同时，伯里克利在这一年的战争账目中列出了一项 10 塔兰特的支出，标注是“必要开支”。向来多疑的雅典人这次却没有进一步调查就接受了这一账目。（《伯里克利传》22–23）

这些故事的某些方面可能是真的。我们无法断言伯里克利没有贿赂斯巴达的领导者，毕竟对雅典来说，能让伯罗奔尼撒军队离开阿提卡，比 10 塔兰特值当多了。但更可能的是，这些故事被炮制出来是为了给令人费解的事件提供看似合理的解释。那两个斯巴达人知道在没有完成任务的情况下撤军需要提供一个有效的解释，如果不这样做的话，就会受到惩罚。不管伯里克利是否向他们提供了贿金，他肯定还提出了一些优厚的和平条件作为撤军的回报，使得斯巴达人不能拒绝。这些条件和他在同一年的晚些时候与斯巴达人谈判达成的三十年和约很可能大同小异。雅典已经永远失去了中希腊，而墨伽拉有伯罗奔尼撒军队撑腰，并由一个与雅典敌对的政府统治；雅典无法恢复与墨伽拉的同盟关系，他们也没有做出任何尝试，因为优卑亚岛的叛乱仍未平复。接受新的现实对雅典来说有百利而无一害。

然而，斯巴达人也有充分的理由避免战斗。即使雅典军队奋起而战且伯罗奔尼撒军队赢得胜利，塔纳格拉战役也已经表明，雅典人可以对胜利者造成重大伤亡。战败的军队可以逃到雅典的城墙内，留下敌人掠夺乡村。这样的话，雅典的城邦、港口、舰队和储备资金仍然完好无损，因此雅典人可以随时重建爱琴海帝国的统治秩序。对斯巴达人而言，通过战斗获取的，不过是伯里克利本就愿意放弃的东西。任何一个理性的斯巴达人都不会奢求更多。实际上，在普雷斯托阿纳克斯的一生中，他更倾向于与雅典保持友谊，显然克里安得里达斯也持有同样的观点。

当然，并非所有的斯巴达人都如此理性。他们中的主战派憎恨雅典，这可以追溯到公元前 478 年雅典对斯巴达领导权的挑战。他们想要的不仅仅是战胜雅典，还有摧毁雅典帝国，他们认为这次绝佳的机会已经白白溜走了。他们拒绝考虑战争能够带来的好处有限，并认为只有腐败和叛国才能解释避战的决定。他们成功地促使将领们获罪，这表明这个派系当时在斯巴达占据上风。然而，当激情退却后，斯巴达人并没有撤销被他们流放的官员谈成的和约条款。恢复理智的他们看到了和约带来的好处，因此没有重新发动战争。

斯巴达的撤退和持续的克制，给了伯里克利需要的喘息机会。他率领 50 艘战船和 5000 名步兵重返优卑亚岛，轻松恢复了当地的秩序。赫斯提亚（Hestiaea）人被指控犯有暴行，全部被驱逐出境，他们的土地被雅典人接管。雅典人也在其他反叛城邦的疆土上建立了军事殖民屯垦区，派出驻军，扣押了人质，并强行让那些被击败的反叛者发了苛刻的誓。伯里克利的雷厉风行彻底掐灭了其他附属城邦的叛离念头。

公元前 446 年的下半年，斯巴达人和雅典人正式进行了谈判，最终达成和约。公元前 446/ 前 445 年冬，双方批准了该和约，并宣誓遵守。我们没有关于这个和约的完整记录，只能对零散的资料进行整理来拼凑出它的条款，但它的核心内容是明确的。在唯一关于领土的条款中，雅典人同意放弃他们在伯罗奔尼撒半岛上拥有的一切，放弃他们曾经短暂拥有的陆上帝国。科林斯湾北岸的瑙帕克图斯港没有被提及，所以雅典人被允许保留这个非常珍贵的口岸。作为交换，斯巴达人实质上承认了雅典帝国剩余部分的合法性，因为斯巴达和雅典都代表各自的盟邦宣誓。该和约的其他条款规定希腊分裂为两个阵营，每个同盟的成员不得改变阵营。虽然稍显直白，这是一次防止战争重演的重要尝试，因为之前那场战争的爆发就是因为墨伽拉从一个同盟转向另一个同盟。一个更有前瞻性的条款允许中立者加入任何一个同盟，这个看似无害而合理的条款后来引发了意想不到的麻烦。此外，该和约还给自公元前 451 年便与斯巴达结盟的阿尔戈斯做了特殊安排。这个安排是：阿尔戈斯被排除在三十年和约之外，并被允许与雅典结盟，但由此产生的同盟不能针对斯巴达，直到阿尔戈斯和斯巴达的条约于公元前 421 年到期。不管怎样，阿尔戈斯并没有利用过这一许可。

和约中的一个最为新颖和有趣的条款要求双方将未来的任何争端都提交强制性仲裁。这似乎是历史上第一次出现的现象，试图通过这样一种机制维持永久和平。我们不知道是谁提出了这个想法，但很容易把它归于伯里克利，因为他有许多政治和外交上的创新发明。

和约的性质各有不同。有些和约虽然结束了战争，但其中一方已经彻底被摧毁了，就像罗马和迦太基之间的最后一场战争后签订的条约。这种与其说是一个和平条约，不如说是一份关于如何处理尸体的声明。第二种和约是在战争结束后，胜利方强加给战败但未被彻底摧毁的一方的苛刻条约。例如第二次布匿战争之后罗马强加给迦太基的和平条约，或是普鲁士在 1870 年强加于法国的条约，还有通常观点下凡尔赛会议强加于德国的条约，都属于这种性质。这样的条约往往埋下了另一场战争的种子，因为它羞辱了失败者，但没有破坏其复仇的能力。第三种和约是在双方都意识到战争的危险与和平的好处时达成的，它结束了冲突，无论在战场上是否有明确的赢家。1648 年的《威斯特伐利亚和约》、结束了拿破仑战争的维也纳会议所订立的条约，都是很好的例子。这类条约的目的不是破坏或惩罚，而是维护稳定，确保战争不会死灰复燃。此类和约成功的关键，在于其中的条款必须准确反映军事和政治局势，并建立在各方真心希望它起作用的基础上。所有相关方都必须认为它能带来的是持久的和平，而不仅仅是战争之间的休战期。

公元前 446/ 前 445 年的三十年和约最接近第三种条约。在多年的战争中，双方都遭受了重创、遇到了危险，也都没有赢得明显的决定性胜利，两个城邦在对方擅长的领域都不太成功。双方都有理由怀疑自己能赢得战争并把自己的意志强加给对方。因此，三十年和约是一种妥协，其中蕴含着使条约奏效的基本要素。最重要的是它的现实性，真实地反映了两大同盟之间的势均力敌。通过承认斯巴达在大陆上的霸权和雅典人对爱琴海的控制，这项和约在消除自希波战争以来造成希腊世界动荡的主要原因方面迈出了重要一步。

公元前 479 年至公元前 477 年发生的一系列事件撕裂了希腊的领导权格局。在斯巴达领导下，虽然压力和困难不断增加，同盟统一的假象一直得以维系，直到公元前 462 年客蒙被驱逐出伯罗奔尼撒半岛。第一次伯罗奔尼撒战争是一个恢复统一的机会，不管是谁领导下的统一。由于双方都没有在自己的优势领域击败对方，因此，一种承认希腊世界这种二元格局的和平局面就有望为未来带来稳定。

但是同任何和约一样，这一和约也暗藏隐患。雅典和斯巴达的互不信任并未消失。一些雅典人并没有放弃他们进一步扩张的梦想，而一些斯巴达人反对与雅典分享霸权。斯巴达的盟邦和雅典的一些盟邦都担心雅典野心太大。一些人认为，正是强大的雅典海上帝国的存在威胁到了其他希腊城邦的安全和独立。雅典人并非不知道这些猜疑和敌意，他们中有些人担心斯巴达人及其盟邦只是在等待一个有利的时机。肯定有一些斯巴达人因普雷斯托阿纳克斯从阿提卡撤军而感到沮丧，他们确信如果发动战争，斯巴达会获得彻底的胜利，并渴望在机会来临时与雅典恢复敌对状态。科林斯人感到不满，因为雅典人被允许保有瑙帕克图斯港，刚屠杀过雅典驻军的墨伽拉当局更如芒刺在背。彼奥提亚地区的城邦（特别是忒拜）有着相似的政制和相似的情感。雅典帝国中的一些城邦与斯巴达有相互友好的声明，像埃伊纳，还有一些城邦与科林斯交好，如波提代亚（Potidaea），这会带来潜在的麻烦。在某些情况下，中立城邦可以选择加入任何一方的权利可能会引发冲突。

所有这些都可能成为危险和不稳定的来源。但我们不需要怀疑那些缔结合约的人是想遵守它的。那个非同寻常且容易被否决的仲裁条款正是双方渴求和平的明证，说明他们愿意寻求任何手段以避免未来的战争。重要的问题在于：双方能否各自采取行动，以减轻对方的猜疑，从而建立相互信任？双方城邦中的主和派能否一直掌权，不被更好战的反对派取代？双方领导者能否控制其盟邦，以避免它们制造不稳定因素？当伯里克利在公元前 446/ 前 445 年签订三十年和约时，他有充分的理由相信，这些问题的答案是肯定的。

和平的第一个考验来自一个出人意料的地方：接近希腊世界边界的遥远的意大利南部。在那里发生的一切对这些强大的城邦来说都不重要，但伯里克利利用这些事件向斯巴达及其盟邦传达了他维护和平的诚意。

塔兰托湾（Gulf of Taranto）有一个希腊城邦叫锡巴里斯（Sybaris），因为其公民生活奢靡，“锡巴里斯”成了酒色之徒的代名词。据说，他们用金冠奖励那些烹饪出美味佳肴的厨师，并给予获奖悲剧的合唱队资助人同样的荣誉。锡巴里斯人还教自己的马跳舞，甚至在一次战斗中，他们因敌人用吹奏长笛的方式引诱他们的骑兵离开而被击败。他们晚上去参加宴会，白天睡觉，为此颁布了史上首部禁噪声法，因此公鸡也被禁止进城。

锡巴里斯大约建立于公元前720年，它在与邻邦的战争中屡遭毁灭。在公元前445年的三十年和约达成后不久，锡巴里斯再次受到攻击，该地公民无家可归，试图重建他们的城邦。这次他们寻求希腊各主要城邦的援助，邀请斯巴达人和雅典人加入城邦的新建计划中。大多数希腊殖民地是由缺乏良田的母邦派人建立的，以此来缓解本土的人口压力。有些殖民地则是着眼于建立有利可图的贸易据点而选址的。当然，斯巴达没有过剩的人口，对贸易也没有兴趣，所以它拒绝了。而雅典人则长期以来一直在派出拓殖者和屯垦兵，并且在那一年特别频繁。这些定居点大多位于爱琴海的战略要地，特别是那些最近发生过叛乱的城邦，旨在确保雅典帝国更加安全。这些定居点还表明，雅典城邦的人口仍然过剩，许多人愿意放弃在城邦里勉强糊口的生活，去换取一份海外的优质耕地。

被派到意大利建立新定居点的拓殖者们，前往的是希腊人居住的土地最肥沃的地区之一，他们此行的主要目的一定是寻找土地，因为他们不是为了建成一个雅典殖民地而来的，而是作为个体定居者来的，并要成为新锡巴里斯的公民。然而，之前一直与邻邦摩擦不断的锡巴里斯人，如今又与他们的新同胞发生了争执。锡巴里斯人觉得自己高人一等，并不断挑衅新来的定居者，导致了内战。最终，令人厌恶和孤僻的锡巴里斯人激怒了其他人，他们“被雅典人和其他希腊人打败，这些希腊人原本是来与锡巴里斯人共同生活的，却对锡巴里斯人如此厌恶，以至于这些人不仅杀了锡巴里斯人，而且把这个城邦搬到了另一个地方，并将它命名为图里伊（Thurii）”。（斯特拉波 6.1.13）

剩下的公民群体向希腊本土请求更多的定居者，雅典人以非常不同的方式再次做出了回应。公元前 444/ 前 443 年，他们组织了一次拓殖远征，希望能在新的基础上重建图里伊。这次，图里伊不再是雅典的殖民地，而是一个泛希腊的定居点，雅典人派使节到希腊各地招募拓殖者。最主要的建城者是兰蓬（Lampon），移居者包括历史学家希罗多德和演说家吕西亚斯（Lysias），他们全是伯里克利的朋友。在希腊殖民地的历史上，这种泛希腊主义的想法是前所未有的，但这与伯里克利几年前提出的同盟代表大会法令观念一致。为什么伯里克利会提出这样一个新奇的想法呢？

一些现代学者认为，伯里克利是一个扩张主义者，他甚至没想过要抑制雅典帝国的野心。他们认为，尽管图里伊的建立打着泛希腊的旗号，但实际上是雅典帝国持续扩张的一部分，这种向西的扩张与其向东的扩张并无二致。如果他们的想法是对的，那么伯里克利的目标和政策必然与我们此前描述的截然不同。但证

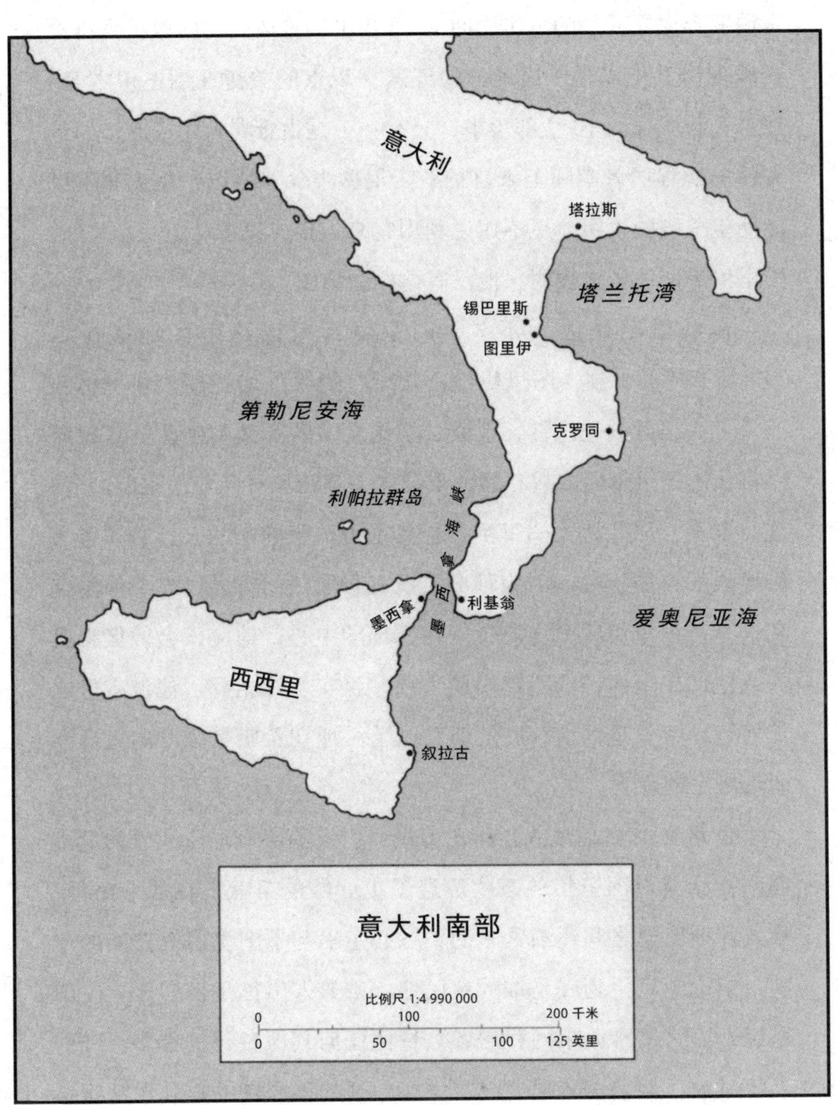

意大利
塔拉斯
塔兰托湾
锡巴里斯
图里伊
第勒尼安海
克罗同
利帕拉群岛
墨西拿海峡
利基翁
墨西拿
爱奥尼亚海
西西里
叙拉古
意大利南部
比例尺 1:4 990 000
0
100
200 千米
0
50
100
125 英里

据并不足以支持这个观点。实际上，在三十年和约签订到最终引发伯罗奔尼撒战争的危机之间的10年中，雅典人对向西扩张再没有表现出其他兴趣。因此，验证这一观点的关键在图里伊本身。在这个新城邦的10个部落中，只有一个是由雅典人组成的，而最大的一群移居者实际上来自伯罗奔尼撒半岛，所以伯里克利不可能期望控制图里伊，更不用说利用它来为雅典谋求利益了。此外，图里伊的殖民历史表明，他没有这样的意图。

在图里伊建成后不久，图里伊与斯巴达殖民地塔拉斯（Taras）打了一仗，图里伊被击败了。得胜的塔拉斯人在奥林匹亚立了一根胜利纪念柱，上面刻上铭文，供所有人观看："塔拉斯人将从图里伊带回的战利品的十分之一献给奥林匹亚的宙斯。"在这一点上，那些认为图里伊是雅典帝国扩张前哨的人，必须思考雅典人的古怪行径，因为雅典人没有采取任何行动。如果伯里克利打算让图里伊成为雅典帝国在西部的中心，他应该会敦促雅典人或他们位于西部的盟邦出面干预。事实正好相反，他没有采取任何行动，只是任由获胜的斯巴达殖民地在希腊最公开的集会场所炫耀它的胜利。

公元前434/前433年，正值最终引发伯罗奔尼撒战争的危机期间，雅典对图里伊的态度遭遇了更严峻的考验。在那一年里，雅典和斯巴达之间逐渐紧张的关系必定引起了图里伊人之间的争吵，争论图里伊到底是谁的殖民地。雅典人声称是他们建立了图里伊，因为从雅典来的移居者数量比任何其他城邦的都多。其他人争辩说，从伯罗奔尼撒同盟城邦中来的移居者的总和比从雅典来的多，因此图里伊是伯罗奔尼撒同盟的殖民地。这一争论本身就表明，图里伊从未被视为雅典的殖民地，而是一个泛希腊的城邦。然而，新出现的紧张的国际局势使人们渴望对图里伊的归属有一个新的定义。由于无法解决这个问题，图里伊人派人到德尔斐询问神谕："谁可以被称为这个城邦的创建者？"阿波罗回答说自己应该被认为是图里伊的创建者。于是，争执平息。这个殖民地的泛希腊特征得到了重申，同时它与雅典的关联被坚决否定了。

这一次雅典人又什么也没做，但这次他们的不作为更令人费解。因为与伯罗奔尼撒人的战争可能成为现实，所以图里伊的重要性显著提升。若图里伊掌握在雅典手中，它可以作为一个前哨基地和粮食供给地发挥作用；若图里伊掌握在伯罗奔尼撒同盟手中，它也能以同样的方式为雅典的敌人服务。然而，伯里克利仍然并不打算干预，即使德尔斐的阿波罗神谕向来偏袒斯巴达，[1]且阿波罗作为图里伊建立者的身份让这个城邦在战时更有可能站在斯巴达一方。但显然，伯里克利将图里伊视作一个泛希腊定居点，并始终以这样的方式看待它。

为什么伯里克利奉行这样的政策？他看起来好像只是抓住了机会，做出了积极的表态。雅典人若拒绝神谕的裁决，虽然可以避免挑衅，但这一举动很快就会被世人忘记。创造一个泛希腊定居点的概念，并将其运用在雅典势力范围之外的地区，是伯里克利发出的外交信号。图里伊将作为一个醒目的证据，证明雅典拒绝了建立自己的殖民地的机会，所以它在西部没有帝国扩张的野心，并彰显了推行和平的泛希腊主义政策的决心。我们将会看到，伯里克利传递的信息被各方接收并理解。

图里伊建城计划对伯里克利来说除了外交上的考量还另有吸引力。公元前 444/ 前 443 年，他正面临着来自麦列西阿斯之子修昔底德的异常强劲的政治挑战。修昔底德反对因非军事目的使用帝国资金，他利用结合了反帝国扩张和泛希腊主义思想的修辞术来获取支持。因此，相应地，伯里克利似乎将图里伊人的请求化作了这场城邦内部的政治斗争中的武器。在那一年的某个时间节点，但肯定在决定修昔底德被陶片放逐的紧要关头之前，伯里克利宣布了建设新图里伊定居点的计划。这一举措一下就瓦解了对手的攻势，同时也表明了他的节制，以及他恪守三十年和约的精神，并且彰显了他自己的泛希腊主义观点。

在政治和外交方面之外，伯里克利对这个定居点的兴趣可能还另有缘由。他成年后的生活一直致力于按照他宏伟的、独创的计划，发展、颂扬和捍卫一个伟大的城邦及其美好的公民生活。他出身的城邦是他的“工作坊”，雅典帝国的民主制是他的杰作，但他的成就是在其他人世代创造的框架内实现的。受邀在图里伊建立一个全新城邦是一个无法抗拒的机会，他可以汇聚当时最杰出的智慧，从头设计一个新的定居点，打造一个完全不同的城邦，不像那些从反复试验和错误中产生的城邦，也不像那些未经才智绝伦的领袖主导规划而生的城邦。

选择兰蓬作为首席建城者可能乍看之下出人意料，他是伯里克利的朋友和支持者，但他也是践行雅典传统宗教生活的重要人物，而这种生活方式不太受理性和世俗的雅典政治家青睐。普鲁塔克讲述了一个故事：在兰蓬和自然哲学家阿那克萨戈拉的陪同下，一只独角兽被带到伯里克利面前。兰蓬是一个预言者，也是神迹和神谕的释义者，他将这个异象理解为宇宙给出的信息，指伯里克利和修昔底德之间的明争暗斗，并预测伯里克利会获得胜利、城邦会重新团结统一。另一边，阿那克萨戈拉解剖了独角兽的头骨，从理性和自然角度出发，认为这个现象是颅腔畸形的结果。毫无疑问，伯里克利更倾向于阿那克萨戈拉的解释，然而，派往新定居点的雅典队伍的领导者必须是一位雅典人。由于大多数雅典人，特别是那些准备前往新定居点的贫穷雅典人，对超自然的迹象和征兆深信不疑，因此选择兰蓬作为他们的领导者是一个谨慎的做法。对这些人来说，兰蓬不仅是一个受人尊敬的公众人物，而且是神明庇佑的象征。

新定居点也是以传统方式选址的，即按照德尔斐神谕的建议。但是，新城邦是由希腊城邦规划的先驱、米利都的希波达摩斯以最时兴的方式设计的，他在不久之前才设计了雅典治下的繁华港口比雷埃夫斯。

古代城市通常是没有设计规划的，只是随着需求的增加而自然发展。它们的街道常常由牛道演变而来，蜿蜒曲折，毫无章法。现代游客只需走在现在的雅典卫城北面的老旧城区普拉卡（Plaka）就能直观感受到这些特征。虽然希波达摩斯没有发明城市的网格布局（即按照平行街道的样式将城市划分成街区），但他至少是公认的城市规划大师。（一个世纪后，亚里士多德还会建议将理想的城市按照希波达摩斯的“现代”风格进行布置。）希波达摩斯认为自己是自然哲学家群体中的一员，他的家乡米利都是希腊“启蒙运动”的中心。根据亚里士多德的说法，他是“第一个不参与政治事务，但试图讨论什么是最好的政制的人”。（《政治学》1267b）

被任命安排新城邦政制的人是阿布德拉（Abdera）的普罗塔戈拉，他是当时最主要的政治理论家。我们知道图里伊是民主制城邦，而且它和雅典一样，公民被划分成10个部落。但这就是我们知道的全部内容了。另外一个著名的参与建城的移居者是哈利卡纳苏斯（Halicarnassus）的希罗多德，他开创了一种新的散文体裁——历史探究。也许当时的人期望他会记录这段非同寻常的建城史。人们很容易联想到，伯里克利在对传统做出了必要的低头、任命兰蓬为首席建城者之后，还敦促了他那些善于创新、立于各领域前沿的朋友发挥各自的才能，按照理性原则建设一个新城邦。如果是这样，伯里克利一定会对结果失望，因为图里伊首战即败，随后陷入了内乱，并在伯罗奔尼撒战争的最后阶段加入了敌方阵营。虽然在罗马帝国统治时期它还存在，但它似乎再未有过瞩目成就。

然而，就伯里克利的外交政策而言，图里伊的建立似乎实现了他的目标，接下来的一场重大危机的结果揭示了这一点。公元前 440 年夏，萨摩斯和米利都之间爆发了一场战争，起因是争夺两地之间一个小城邦的控制权。萨摩斯是雅典完全自治的盟邦，是提洛同盟的创始成员邦之一，还是仅存的 3 个不缴纳贡金并拥有自己的海战船队的城邦之一。米利都一开始也是提洛同盟的成员，但它曾两次叛乱，并因此受到惩处。米利都是一个顺从的盟邦，没有舰队、缴纳贡金，并且实行强加于它的民主制。由于雅典已经剥夺了米利都的自卫手段，因此雅典人不能袖手旁观，看着它被强大的邻邦萨摩斯摧毁。因此，当米利都的代表团要求雅典人出手干预时，他们无法拒绝。

雅典人要求萨摩斯人将争端提交仲裁，但他们的要求被驳回了。这对伯里克利来说是头等的危机。这个回绝不容忽视，是对雅典权威的公开挑衅，因为如果雅典不能保护同盟中弱小的成员邦免受强者压迫，那么它的领导权就是一个骗局。因此，伯里克利亲自负责此事，并迅速果断地采取行动。他率领 40 艘战船前往萨摩斯，镇压了叛乱。他用民主政权取代了执政的寡头政权，判罚了一笔数额相当大的赔款，将50个男人和50个男孩作为人质带到勒姆诺斯岛（Lemnos），并像来时一样迅速地撤离，只留下了一支驻军。

伯里克利的迅速反应显然使萨摩斯人措手不及。当萨摩斯人恢复了镇静，同时雅典舰队也离开了时，他们开始策划更有效的叛乱。此前他们与米利都人的争端、对雅典的反抗，目标是有限的。在伯里克利袭击萨摩斯之后，叛乱的领导者十分愤怒，并把他们的叛乱升级成一场重大革命，他们要与雅典“争夺海上霸权”。（普鲁塔克《伯里克利传》25.3）一些人逃往波斯总督皮苏特尼斯（Pissuthnes）的领地，他允许他们在他的领地招募雇佣兵。皮苏特尼斯还从勒姆诺斯岛上偷走了雅典扣押的人质，从而为叛军解除了后顾之忧。趁着夜色，叛乱分子和他们的雇佣军回到萨摩斯，突袭了毫无防备的民主派和雅典驻军。他们监禁了一些民主派人士，并将其他人流放。获胜的萨摩斯寡头派把被俘的雅典驻军和帝国官员送给了波斯在小亚细亚的总督，以这种挑衅之举为叛乱收尾。

萨摩斯叛乱的消息迅速传遍了整个雅典帝国，引发了许多地方的效仿，其中最危险的当属拜占庭，因为它横跨雅典穿过博斯普鲁斯海峡的重要粮道。密提林是莱斯博斯岛上的主要城邦，拥有自己的海军，一旦获得斯巴达的支持，就会加入叛乱。能最终击败雅典同盟的两个要素现在已经齐备：帝国内部的叛乱和波斯的援军。一切取决于斯巴达的决定，因为如果斯巴达人置身于这场纷争之外，叛乱将得到平息，波斯人也就撤退了。而斯巴达的决定又深受科林斯的影响，因为在伯罗奔尼撒诸城邦中，只有科林斯人能够提供挑战雅典所需的舰队。

伯里克利奉行的与伯罗奔尼撒的和平共处政策正面临考验。如果斯巴达人及其盟邦，特别是科林斯，把图里伊建城视为雅典帝国向西扩张的前奏，他们很可能会利用爱琴海叛乱所提供的绝佳战略机会。

斯巴达人召开了伯罗奔尼撒同盟会议，回应萨摩斯的请求。会议上的意见分歧较大，但一位科林斯人的介入最终决定了这个问题的走向。正如这位科林斯发言人后来在雅典公民大会上所说："当其他伯罗奔尼撒人就他们是否应该援助萨摩斯人产生分歧、进行投票时，我们没有投票反对你们。"他直截了当地宣称科林斯阻止了斯巴达援助萨摩斯。（修昔底德 1.40.5–6; 41.2）会议在没有采取任何行动的情况下结束了，由此决定了萨摩斯的命运，结束了全面叛乱和波斯进一步干预的可能。

科林斯人对雅典人的敌意可以追溯到 20 年前，而在仅仅几年后最终的危机中，他们将成为主张对雅典发动战争的主要力量。那他们为什么会在公元前 440 年扮演了调停者的角色呢？最合理的解释是，他们当时相信伯里克利声明的诚意，即雅典没有试图向西扩张其帝国，同时，他们认为雅典在图里伊的定居点建设是无害之举。伯里克利坚持将图里伊打造成一个泛希腊定居点，这一主张显然就是被世人这么理解的。我们可以认为这件事帮助雅典化解了一场危机，避免了战争。

现在伯里克利可以腾出手自由地镇压萨摩斯叛乱了。尽管伯罗奔尼撒人拒绝干预，但这场叛乱对他来说仍然是一个严重的挑战。萨摩斯的舰队强大到足以"与雅典争夺海上霸权"；在战争即将结束时，他们"几乎就要从雅典手中夺走海上控制权了"。（普鲁塔克《伯里克利传》25.3；修昔底德 8.76.4）伯里克利再一次亲自指挥舰队，航行到萨摩斯。雅典面临着非常严峻的军事威胁，因为萨摩斯海军表现出色。在两周的时间内，萨摩斯人将该岛屿附近海域的雅典舰队尽数击退。直到从雅典赶来的增援舰队加入，萨摩斯人的海军才被打败。即便如此，顽强的萨摩斯人仍然拒绝投降，在被围困的情况下坚守了 9 个月。伯里克利指挥着这次围困，但是他的处境因一个谣言变得复杂起来：波斯海军中的一支腓尼基分队正在赶来帮助萨摩斯人。虽然腓尼基人没有出现，但是他们可能前来援助的谣言以及萨摩斯抵抗的决心使叛乱存在蔓延的风险，即使斯巴达并不愿意提供帮助。

在雅典帝国内部，无论是在寡头制城邦还是在民主制城邦，叛乱的危险往往来自富人和贵族。伯里克利没有单纯依靠舰队威慑来确保他们的忠诚，而是利用了一个意外的机会。那一年悲剧诗人索福克勒斯是十将军中的一位。与他同时代的开俄斯岛诗人伊翁正确地指出他没有任何担任这一职务的相关资质，说他“只是雅典上层阶级中的普通一员”。（阿特纳奥斯［Athenaeus］603d）索福克勒斯似乎是在客蒙流放归来后与伯里克利派达成和解并在那之后一直与伯里克利保持友好的客蒙圈子中的一员。他富有、高贵、杰出，是作为使节拜访雅典帝国中那些贵族的理想人选，伯里克利在此刻迫切地需要争取这些贵族的忠诚。

当伯里克利等待增援以击溃萨摩斯的时候，他派出索福克勒斯去开俄斯和莱斯博斯，它们是仅剩的保持自治和拥有舰队的雅典盟邦。毫无疑问，两地岛民依然忠于雅典的理由不止一个，但伯里克利还是对这位诗人兼外交家的成果感到满意。索福克勒斯的出使大获成功，这两个关键岛屿不仅没有发生叛乱，还都派出舰队来帮助雅典人围困萨摩斯。

公元前 439 年，坚持了 9 个月后，萨摩斯投降了，随后拜占庭也很快屈服。萨摩斯人被要求推倒他们的城墙，解散他们的舰队，接受民主制，并支付 1300 塔兰特的战争赔款，分 26 年偿还，每年 50 塔兰特，这对他们来说是相当大的负担。不过另一方面，他们不需要缴纳贡金，也没有被迫接纳驻军或屯垦兵。拜占庭的抵抗相对温和，因此雅典允许它按照之前的条件，回到帝国的统治之下，没有处以流放、处决或没收土地的重罚。

萨摩斯人的反抗、他们抵抗的激烈程度、他们与波斯人的勾结、他们引发的帝国内部普遍叛乱的危险以及他们试图挑起雅典与伯罗奔尼撒同盟之间的战争的行为，必定令雅典人感到恐惧和愤怒。有一些雅典人肯定希望更严厉地处罚他们，[2] 但是伯里克利成功说服雅典人克制了他们的愤怒。在伯罗奔尼撒战争前的几年里，这种克制是伯里克利管理帝国的典型做法。以当时的标准来看，再与伯里克利去世后雅典的做法对比来看，他的政策是稳健而合理的。通过这种方式，伯里克利既力图确保帝国的安全，又避免将财力虚耗在镇压叛乱上。

一场险些引发大战并导致雅典帝国分崩离析的叛乱就此落下了帷幕。伯里克利的个人声望由此达到巅峰。他赢得了一场可以与客蒙的成就相媲美的军事胜利。伯罗奔尼撒人对他的外交支持（科林斯人的主动斡旋和斯巴达人的默许中立）也彻底印证了他对他们的政策的正确性。伯里克利宽容处理叛乱分子，并且敢于任用索福克勒斯和兰蓬这样的受人尊敬的正统派，这些行为在很大程度上会消解麦列西阿斯之子修昔底德刻意塑造的“不道德、极端激进形象”。

民众选择伯里克利为在萨摩斯叛乱中丧生的士兵做葬礼演说，他的演说广受赞誉。普鲁塔克说，当伯里克利走下演讲台的时候，“在场的妇女们紧握他的手，并且为他佩戴花冠和饰带，好像他是一位在竞技比赛中获胜的运动员”。（《伯里克利传》28.4）但不是每个人都已经折服。一些人散布谣言，诋毁伯里克利，说他是在情妇阿斯帕西娅（Aspasia）的怂恿下才发动了对萨摩斯人的战争，因为米利都是她的家乡。普鲁塔克还提到了一位更有趣的批评者的责难。当其他妇女在伯里克利演讲后为他装饰时，客蒙的妹妹艾尔佩尼珂走上前去，对他说：“伯里克利，你的所作所为很勇敢。你让我们失去了很多优秀的公民，他们不像我的哥哥客蒙那样，死于与腓尼基人和波斯人的战争，而是在征服一个与我们有相同血缘的盟邦的过程中死去。”（《伯里克利传》28.4）此类言论在被放逐的领袖修昔底德的强硬派追随者中想必流传甚广。然而，伯里克利只是温和地回应，因为没有多少雅典人赞同这些强硬派的观点，也没有出现足以挑战他的政治对手。因此，到了公元前 439 年，伯里克利不仅再无劲敌，还成功地在雅典建立了一种多年未见的共识。

萨摩斯事件也巩固了雅典帝国，因为它展示了雅典镇压叛乱的能力，并表明依赖斯巴达或波斯支持存在巨大风险。伯罗奔尼撒同盟的克制证实了在公元前 446/ 前 445 年斯巴达人和他们的盟邦已经接受既定格局。因此，有充分的理由相信，在萨摩斯发生叛乱之后，和平比之前更有可能实现，伯里克利此时也拥有了足够的财政和政治资源，让他可以追求荣耀他的家乡雅典的愿景。

第七章

远见卓识者

伯里克利的执政生涯很长，这让他能够追求更长远的目标，不局限于占据着大多数政治家和政客的全部精力的眼前利益。他的语言和行为都表明，这位罕见的政治家从不满足于被动接受自己所处世界的现状，还试图按照自己心中的愿景塑造它。有充分证据显示，伯里克利为雅典构想过这样的愿景，并试图将这种愿景变成现实。他看到了一个可以创造有史以来世界上最伟大的政治共同体的机会，而这样的共同体将满足人类最强烈和最深切的情感——荣耀和不朽。虽然这些情感的满足通常意味着惊人的不平等，但是伯里克利认为，基于法律和政治平等的民主制下的公民可以克服它。与此同时，他打算开创一种以前从未有过的生活品质，这种生活品质允许人们追求个人利益，同时又能使他们将自己的利益服务于一个以理性为伟大之源并依赖理性的城市，去追求最高目标。

为了实现这一愿景，为了告诉他人它的好处，伯里克利需要战胜先前的两个颇具吸引力的观点，它们是对“什么是最好的生活”的经典论断。一个较早的观点源于荷马史诗中出现的贵族形象，几百年来它一直影响着希腊社会，并始终散发着强烈的吸引力。另一个较近的观点是由斯巴达人提供的，虽然它形成的时间不早于公元前 7 世纪，但是它一出现，就立即启发了很多人的想象力，并且在随后的几个世纪中，一直吸引着希腊的思想家。这两个观点都对伯里克利提出的新观念构成了严峻挑战。他采取以下措施应对它们：改造前者为自己所用，断然摒弃逊色于他为雅典建设的新型社会模式的后者。

伯里克利的愿景是一个漫长进程的顶峰。在这个进程中，城邦试图将其共同体的、公民的价值观加给一个由家族、氏族和部落组成的社会。旧的伦理传统主要来自荷马史诗，推崇英雄个体的价值。阿喀琉斯在特洛伊战争中战斗不是为任何民族、胞族或共同体，而是为了自己：从被攻占的城邦中得到战利品，并展示荷马称之为 arete（德性）的英雄品格。通过这样的展示，他希望赢得名声，靠这种名声获得不朽，因为在像荷马这样的吟游诗人的歌颂和美化下，他的伟业会世世代代传诵下去。在《伊利亚特》的开篇场景中，阿伽门农（Agamemnon）的傲慢使阿喀琉斯的荣誉和名声受损，因此阿喀琉斯从战场上退下，在帐篷里生闷气，而希腊人因此遭受了一系列惨痛的失败。在这种情况下，阿喀琉斯甚至要求众神帮助敌人，这样他就可以报复阿伽门农，正如阿喀琉斯自己所说："因为他让最优秀的亚该亚人蒙羞。"

从一开始，希腊人就直面人类终将死去的残酷真相。他们没有依赖其他文明用来逃避这一可怕事实的两大工具。希腊人不相信人类是微不足道的存在，不相信人类只是浩瀚宇宙秩序中的一粒尘埃，不相信人类的消逝是一件无关紧要的事。相反，他们认为，人类与神同源，都能取得非凡成就。他们也不相信死后永生的观点，即认为死亡是让人从痛苦和悲惨的生活中解脱并进入极乐世界的恩赐。相反，希腊人认为，死亡是终结，死亡之后是寂静和黑暗。因此，荷马式的美德和价值观是世俗的、个人的。勇气、力量、军事才能、说服力、灵巧、美貌、财富，这些都是德性的体现，是优秀、幸运、幸福的人的品质。它们有些是靠努力得来的，有些是与生俱来的。这些德性的奖赏是不朽的声名（kleos），即永久流传的声望与荣耀，只有它能为人们提供战胜死亡的希望。

在公元前 8 世纪，当城邦出现时，其需要立刻与古老的英雄伦理发生冲突。城邦是一个政治共同体和主权实体，必须在同类共同体的竞争中求存。战事频繁，为了生存和繁荣，城邦需要公民的奉献和牺牲。它获得所需要的奉献的一种方式是，在历史上第一次创造了真正意义上的政治生活，这种生活允许积极的公民发挥以往只有极少数人能够发挥的人类能力。

虽然多数城邦是贵族或寡头统治的，但是他们受法律制约，而这些法律是由拥有最高权力的公民大会讨论形成的，形成的法律由公民从自身内部选出的议事会和行政官员执行。公民组成的法庭根据这些法律条款做出相应判决。在早期雅典和多数希腊城市，参与政治生活逐渐成为区分自由人和绅士与奴隶或粗鄙之徒的关键标志。被剥夺政治生活的希腊人对此感受尤为深切。当密提林诗人阿尔凯乌斯（Alcaeus）被放逐时，他抱怨的不是失去了他的房子和土地，而是失去了政治生活：“我渴望，阿格西莱达斯（Agesilaidas），我渴望听到传令官宣布召开公民大会和议事会的声音。”（阿尔凯乌斯《残篇》130）在公民大会上发表慷慨激昂的演说并得到响应，是只有城邦才能提供的通过演说艺术赢得不朽声名的方式。

除了这些益处，早期的城邦拥护者竭力证明，对文明生活来说，城邦是必要的，因此值得为之做出最高程度的牺牲。公元前6世纪早期的雅典立法者梭伦更进一步，他认为一个治理良好的城邦是对抗不公、派系斗争和动荡的最佳屏障："它使得人类世界中的所有事情都变得明智和完美。"

然而，尽管上面这些益处很重要，但是它们并未满足人类最基本的精神需要，即对不朽声名的追求。富有的贵族在体育竞技会中赢得胜利时，可以雇佣品达这样的诗人，用诗歌传颂其成绩。他们可以赞助伟大的建筑师、雕塑家，建造公共纪念建筑。他们中最富有的人甚至可以以个人的名义修建供奉神祇的庙宇。但大多数公民，即使是在非民主制的城邦，也没有这样的机会。

普通人怎么能获得不朽的声名？希罗多德讲述了一个在象征意义上或许是真的，但历史真实性存疑的故事，在这个故事中梭伦提供了一些答案。吕底亚国王克洛伊索斯是世界上最富有的人，在询问雅典贤者梭伦"谁是最幸福的人"时，他希望听到自己的名字。但是梭伦的回答是"雅典的泰洛斯（Tellus）"，一个不仅克洛伊索斯没听过，而且雅典人以外的其他人也没听说过的名字。克洛伊索斯问为什么，以下是梭伦的回答：

> 泰洛斯的城邦繁荣昌盛，他有高贵的子嗣，他还看到他的孩子又有了孩子，并且都长大成人。在度过了安逸的大半生后，他又极其光荣地死去。雅典人和他们的邻邦在厄琉西斯（Eleusis）附近作战时，他前来援助他的同胞们，把敌人击溃，并极其英勇地死去。雅典人在他阵亡的地方给他举行了公葬（只有那些在马拉松战役中死去的人才能获得同样的

非凡荣誉），给了他极大的荣誉。（1.30）

这个故事告诉了我们希腊人的价值观。幸福在哪里？在适度的物质享受、健康、长寿、出色的后代以及获得不朽声名的机会里——最后两项寄托着希腊人对不朽的渴望，希望自己的名声保存在家族和城邦的记忆中。但在希罗多德的故事中，这样的荣耀也是为那些有能力、有机会做出非凡功绩的少数人准备的。普通公民甚至无法指望从自己的城邦中获得最崇高精神需要的满足。每个人仍然可以追求自己利益和家庭利益的满足，在必要时，甚至可以牺牲城邦的利益。

斯巴达人面临着城邦最尖锐的根本问题。他们统治了伯罗奔尼撒半岛的拉科尼亚和美塞尼亚，在当地总人口中只占极少数。在早期，他们放弃了男人养家糊口的常规手段，包括所有的经济活动：耕作、放牧、贸易、手工业和制造业。对于他们所需东西的交易和生产，斯巴达人依赖于庇里阿西人（Perioikoi）——生活在拉科尼亚的自由共同体中的居民。庇里阿西人将外交权让渡给了斯巴达人，并在作战时接受斯巴达人的指挥。至于食物，斯巴达人依靠黑劳士——斯巴达城邦的奴隶，虽然他们的人数至少是斯巴达人的7倍。黑劳士极其憎恨他们的主人，用公元前4世纪的作家色诺芬（Xenophon）的话来说，他们“恨不得生吃他们（斯巴达人）”。（《希腊史》3.3.6）黑劳士不时会爆发起义，威胁着斯巴达的存亡。

为了应对这种威胁，斯巴达人把他们的城邦变成了军事学校和武装营地，放弃了正常的生活乐趣，完全献身于城邦。对他们来说，没有什么能干扰他们对城邦的忠诚和奉献，因此他们摒弃了隐私，在斯巴达公民内部实现绝对的经济平等，削弱了家庭的独立性及其对后代的控制，并使个人目标完全服从于城邦目标。他们排斥金钱、艺术、科学、哲学、审美乐趣以及一般的精神生活，因为这些都可能助长个人主义、削弱对城邦的奉献。斯巴达诗人提尔泰奥斯（Tyrtaeus）特别反对荷马的价值观，用另一个对于“德性”的定义取而代之：在重装步兵方阵中为斯巴达奋勇杀敌的勇气。

斯巴达人的生活方式得到其他许多希腊人的赞赏，但没有一个城邦能够真正采用斯巴达的制度。客蒙一生中多次称赞斯巴达，并尽可能地想在雅典推行其可取之处。当厄菲阿尔特和伯里克利推动扩大雅典民主引发争议时，客蒙的支持者必定经常以斯巴达的生活方式贬斥新的民主政制。斯巴达的政制特别吸引贵族，比如那些与苏格拉底在体育场内交谈的“耳朵残缺的”年轻贵族子弟。当柏拉图这样的哲学家以斯巴达为模型构建他们的理想政制时，实际上，他们都基于将斯巴达的政制视为对雅典民主制的持久有力的抨击这一传统。

然而，在现实世界中，除了在斯巴达那种特殊的环境里，没有人会采用这种苛刻、悖逆人性的生活方式。它尤其不适合当时的雅典社会，在伯里克利出生时，这个社会就已经是开放、民主的了。对雅典人来说，荷马歌颂的个人和家庭价值仍然至关重要且富有吸引力。然而，他们的城邦需要斯巴达式的忠诚和奉献精神，来应对波斯入侵、帝国扩张、斯巴达及其盟邦的猜忌。但是，对于不用时刻担心愤怒的黑牢士发起致命叛乱的自由而民主的民众，不可能简单地训诫他们要永久地将自己的个人追求置于社会需求之下。为了赢得必要的奉献，这个城邦必须证明，或者说城邦的领导者、诗人和教育家必须证明，城邦的要求与公民的需要是兼容的，如果能证明唯有通过城邦才能实现个人目标则更好。也许，伯里克利最引人注目的伟大之处就在于，他能够解释城邦利益和公民利益如何相互成就。

一个身处自由社会的公民有权利询问：为什么我要为我的城邦冒生命危险？为祖国服兵役是最基本且最艰巨的公民义务。然而，一位在荷马传统中长大的雅典人也可以问：我怎样才能得到声名，从而有机会永垂不朽？伯里克利对这些问题的回答基本都可以在他于公元前 431/ 前 430 年冬发表的葬礼演说中找到，此时是伯罗奔尼撒战争第一年的年末，离他去世还剩不到两年时间。这种庄严的纪念仪式似乎是雅典民主独有的，具有政治意涵，因为演说者是“城邦公认的睿智卓识、德高望重之人”。（修昔底德 2.34.6）伯里克利曾在萨摩斯叛乱期间发表过葬礼演说，他也指挥了那场战争。然而，在伯罗奔尼撒战争的第一年，他没有参加任何战斗。因此，选他发表公共演说，是对他的地位、声望和政治权力的褒奖。

伯里克利的葬礼演说是在一场显然还将持续很久的战争中发表的。因此，这次葬礼演说的主要目的不仅是为了赞美死者，更重要的是阵亡战士为何值得以命相搏而生者又为何应当前赴后继。在这方面，这场演说非常像 1863 年亚伯拉罕 · 林肯在葛底斯堡发表的演说。林肯简明扼要地回答了一些问题，指出了问题的核心、这一事业的伟大之处：美国是一个“新的国家，它孕育于自由之中，奉行一切人生来平等的原则”。它的胜利意味着“自由的新生”，并将确保“民有、民治、民享的政府永不消亡”。那些阵亡士兵的目标是捍卫一种独特的、值得为之牺牲的生活方式和政治体制。伯里克利以更加详尽的方式传达了类似的理念。在他的演说中，他提出了对雅典的美好愿景，以及由这种独特的政治体制和生活方式培育的公民的形象。演说处处包含着与斯巴达生活方式的鲜明对比，尽管这种对比是含蓄的。虽然斯巴达的生活方式受到众多希腊人的推崇，但伯里克利认为，斯巴达不如他所描绘的雅典。

“首先，”伯里克利说，“我会讲清楚我们通过什么样的实践到达现在的地位，以及用什么样的政制和生活方式让我们的城邦变得伟大。”他所指的政制起源于雅典，并被其他城邦效仿。当然，效仿雅典的都是民主制城邦，但伯里克利对“民主意味着什么”的解释，是对民主的敌人所发动的攻击的驳斥。批评者强调它过度要求平等，抱怨通过抽签分配公职的荒谬，以及为公共服务支付报酬的弊端，但更主要的是攻击民主原则本身的缺陷。

柏拉图断言，民主制不公正地“把某种平等性同等地分配给平等者和不平等者”。(《理想国》558C）亚里士多德后来也声称，在民主政制中，正义“不主张按照功勋为准的平等而要求数学（数量）平等”。(《政治学》1317b）民主制的批评者还指出了一种被称作“自由”但实际上是放纵和目无法纪的扭曲的个人主义。他们还抱怨说，公民品性各有参差，兴趣多变却无一精通，这对他们的军事能力产生了负面影响。批评者认为雅典政制的一个特殊的失败之处在于，它没有像斯巴达政制那样，给所有的公民打上共同的烙印，而许多希腊人认为这是正确的。柏拉图意识到，雅典民主所提供的自由对许多人来说似乎是愉悦的，但他自己的判断却不那么友善：民主是“一种令人愉快的统治形式，但实际上城邦处于无政府的混乱状态，充满了多样性。它把所有人都当作平等的，不管他们是否真的平等”。(《理想国》558C）这种政制培养出来的人反映了它的不足之处：

> 他日复一日地沉溺于当下的欲望，今天酗酒，听长笛奏鸣，明天又只喝水，努力变瘦。有时热衷于锻炼身体，有时无所事事、忽略一切，有时又会过哲学家的生活。他经常忙于政治事务，会突然站起来，随意说出和做出他脑中冒出的任何事情。如果打仗激起他的兴趣，他就去从军；如果赚钱引起他的兴趣，他就去经商。他的生活既没有法律也没有秩序，但他认为他的生活方式是快乐、自由和幸福的，所以他继续过着这样的人生。(《理想国》561C）

柏拉图和亚里士多德的写作时间在伯里克利去世很久之后，而且我们也不清楚这些描述是否符合任何时期的雅典民主的真实状况。但它们肯定反映了同时代人的批评。伯里克利利用葬礼演说的机会做出具体回应，并描述了他心目中足以应对这些批评的城邦图景。伯里克利在葬礼演说中描绘的雅典人形象是理想化的，事态的发展很快就会显示出雅典社会中较为黑暗、不那么令人钦佩的一面。但是，葬礼演说意在用一个辉煌的愿景激励雅典人，以证明他们当前的奋勇牺牲是正当的。这篇演说的实际目的是在伯里克利的作战决定及其选择的战略决策遭到严重的政治攻击时，为战争辩护。

演说的一部分应对了强调竞争、卓越、功绩以及作为回报的不朽荣耀的英雄传统所提出的挑战。这些贵族价值观对所有希腊人仍有巨大吸引力，于是伯里克利声称雅典实行民主制是为了实现它们。他反对民主抛弃了对卓越的追求、将所有人拉低至平庸的平等的说法。相反，民主打破了其他政制和社会强加的非必然性壁垒，向所有人敞开了追求卓越和荣誉的竞技场。

伯里克利没有直接提到抽签选举和为公共服务支付报酬这两点，它们是同时代批评者的主要攻击目标。这些只不过是为了解放所有人的才智，是让所有人参与政治生活、为城邦服务的手段。

> 我们的城邦之所以被称为民主制城邦，是因为它由大多数人而不是由极少数人管理。在私人争端领域，所有的人在法律面前都是平等的；在公共生活领域，每个人的优先权不是基于他的社会地位，而是基于他的声誉和德性。此外，任何人，只要有能力为城邦做些好事，就绝对不会因为贫穷或出身低微而被拒之门外。（修昔底德 2.37.1）

贵族认为穷人不是自由人，因为贫穷剥夺了他们的闲暇，因此，也剥夺了他们参与公共生活的机会。然而，在伯里克利时代的雅典，普遍的繁荣和为公共服务支付的报酬，让普通人有了一定的闲暇，这是其他城邦难以企及的。因此，伯里克利说："我们以自由人（eleutheroi）的方式践行公共生活。"（2.37.2）无论是富人还是穷人，都不会因为追求自己的经济利益而被排除在政治参与之外：

> 一个人既可以关心私人事务，也可以关心政治事务。即使那些把注意力主要放在自己的事情上的人，也不缺乏对政治的判断力。只有在我们这里，不关心公共事务的人不

会被视为一个只关心自己事务的人，而会被当作无用的人。我们自己裁决公共事务，或者至少对它们有正确的理解。（2.40.2）

因此，伯里克利宣称，雅典民主制通过要求全体公民参与政治生活从而掌控自身命运，将每个人都提升到了贵族的水平。

伯里克利还为雅典人赋予了一种可以称为“位高则任重”（noblesse oblige）的贵族特质：“在德性方面，我们也不同于大多数人，因为我们凭借施惠而非受惠赢得朋友……”最后，伯里克利盛赞雅典公民生活享有的多样性——这正是柏拉图所蔑视的，但是我们必须记住这是另一种通常与贵族相连的品质。希腊贵族的理想是成为多才多艺的业余爱好者：擅长各种技能，比如音乐、竞技、战争等，但是并不专攻某项。他们会对柏拉图认为每个人都应该只做最适合自己的事情的观点感到震惊，伯里克利描绘的雅典人也会如此。

这些贵族美德带来的奖赏正是那些史诗英雄所追求的：伟大、权力、荣誉、名望。对于伯里克利来说，雅典本身就是与过去和现在的城邦角逐这些奖赏的参赛者。但这些荣誉将由民主雅典的全体公民共同赢得，并为全体公民共享。因此，伯里克利毫不讳言这种集体成就的优越性，甚至不需要史诗诗人来传颂其美名：

我们已用丰功佳绩印证了自身实力，这些所有人都能见证。今人视我们为奇迹，后人也会如此。我们不需要一位荷马来赞美我们，也不需要其他任何人的赞颂，因为他们的歌颂只能使我们暂时陶醉，而他们对于事实的描述不足以反映

> 事实真相。相反，我们勇敢无畏地攻入每一片海洋、每一块陆地，到处都竖立着我们对敌人造成伤害、对朋友施以善行的不朽纪念碑。（2.41.4）

最高的奖赏就是曾经只属于史诗英雄的不朽声名，但现在它们已经归于为雅典捐躯的将士，而且伯里克利敦促活着的人也去赢取同样的声名：

> 为了公共利益，他们奉献了自己的生命，这使他们每个人都获得了长青的赞美和最光辉灿烂的坟墓，不是安葬他们遗骸的坟墓，而是他们的光荣永存人们心中的地方，也是在适当的时候能激励人们的言语或行动的地方。因为对于那些名人来说，整个世界都是他们的葬身之地，不仅仅有他们母邦的纪念碑上铭刻的墓志铭纪念他们，甚至在远离家乡的土地上也以不成文的记忆继续活在人们的心中，这种记忆更多地承载了他们的精神而不仅仅是他们的事迹。现在轮到你们效仿他们了，你们应当知道，幸福是自由的成果，而自由是勇敢的成果，不要畏惧战争的危险。（2.43.2–4）

伯里克利展示了民主将给雅典所有公民带来的以前专属于贵族的益处，以此回应了来自英雄传统的挑战。雅典的民主将鼓励传统意义上的德性的实现，并以胜利、光荣和不朽之名来奖励它。

对民主愿景更直接的挑战来自斯巴达。斯巴达的军事力量和在希腊人中的传统领导地位，以及斯巴达公民展现的严明纪律和对集体的奉献，已经创造了一种美德和卓越的光环，现代学者称

伯里克利成年后的大部分时间都担任民选将军职务，因此以上图所示的典型姿态描绘他是最为恰当的。古代喜剧诗人常以他偏长的头部形状开玩笑，这使得普鲁塔克推测伯里克利更喜欢戴头盔的肖像以掩饰这一点。此大理石胸像是伯里克利同时代人克莱西拉斯（Cresilas）所制青铜铸像的复制品。

左侧展示的古代斯巴达的想象式复原图包含了公元前5世纪之后建造的建筑。在伯里克利的时代，这座城邦远不如图中这般壮观。修昔底德曾指出，如果后世仅能看到斯巴达残存的神庙和地基，没人会相信它曾与雅典一样强大。从东侧的这一视角中，可以看到前景中的欧罗塔斯（Eurotas）河以及背景中陡峭的泰格特斯（Taygetus）山脉。地处内陆的斯巴达依靠其强大的军队防御外敌，拒绝与外界接触，摒弃商业甚至货币，以维持其保守的风俗。左侧还展示了一幅从比雷埃夫斯港（雅典的港口与海军基地）眺望古代雅典的复原图。这个设防的港口使雅典成为海上帝国的主宰，而连接港口与城市的长墙则使其免受陆上攻击。海军的重要性及其主要由下层阶级桨手组成的特点，部分解释了雅典为何实行民主制。雅典通过收缴贡金和商业获得的财富，支撑了伯里克利时代的辉煌。

雅典的市政广场，如上方复原图所示，是这座城市的中央市场。在雅典帝国权势巅峰时期，整个爱琴海东部及更远地区的财富和各种商品源源不断涌入，为人们提供了前所未有的选择。然而，市政广场不仅仅是一个出售香料、蜂蜜、橄榄、橄榄油以及来自世界各地奴隶的市场，它也是雅典公民生活的中心，拥有神庙、法庭、议事厅以及其他公共建筑。市政广场在雅典的重要性也解释了为何柏拉图经常描述苏格拉底在此与公民们展开哲学对话，探讨理想生活方式及政治秩序的可能性。

狄俄尼索斯剧场位于雅典卫城南坡，由岩石雕凿而成，左图是经过相当程度润色的复原图。在这里，索福克勒斯、埃斯库罗斯、欧里庇得斯和阿里斯托芬将他们的剧作公之于众。在城邦宗教节日期间，来自各个阶层的大批雅典人都会观看这些演出，而戏剧作品常常探讨严肃的政治问题。这里也是伯里克利首次以资助人的身份支持埃斯库罗斯的悲剧《波斯人》的地方。下方是一幅来自帕埃斯图姆（Paestum，意大利南部的古希腊殖民地波塞冬尼亚［Poseidonia］）的壁画，描绘了典型的宴饮（symposium）场景，这种聚会通常是贵族社交生活的核心，且只有男性参加。晚宴后，宾客们饮酒、唱歌、玩游戏、朗诵诗歌，或欣赏吹笛女的音乐。在壁画右侧的画面中，两名面向左的男子正在玩科塔博斯（kottabos）游戏，玩法是将酒从一个杯子弹入另一个杯子。严谨克己的伯里克利避免参加这类聚会。

这些图（按顺时针顺序）展示的是伯里克利时代希腊“启蒙运动”的一些重要人物。奥洛鲁斯（Olorus）之子修昔底德（约公元前460—前400年）是记录伯罗奔尼撒战争的历史学家，被誉为现代史学之父。柏拉图（约公元前429—前347年）可能出生于伯里克利去世的那一年，他的哲学对话记录了许多伯里克利的朋友和同时代人的思想。埃斯库罗斯（公元前525—前456年）是第一批伟大的悲剧作家之一，伯里克利曾担任其剧作《波斯人》的资助人，该剧描述了雅典在萨拉米海战中的胜利。苏格拉底（公元前469—前399年）是其时代最重要的思想家，他对柏拉图以及包括亚西比德在内的许多人产生了深远影响，最终却被雅典民主制判处死刑。亚里士多德（公元前384—前322年）来自希腊北部的斯塔吉拉（Stagira），他曾到柏拉图学园学习，后来在雅典创立了自己的学园——吕克昂（Lyceum）。

阿斯帕西娅是来自米利都的一位职业高级妓女，大约在公元前5世纪40年代成为伯里克利的亲密伴侣。当时伯里克利已步入中年，他将她接入家中，并在余生中将她视为挚爱的妻子。阿斯帕西娅拥有非凡的智慧和广泛的兴趣，她能够与伯里克利圈内的重要人物对话，这是普通雅典妇女不被允许的。阿斯帕西娅因伯里克利政敌的攻击而备受诽谤，并成为喜剧诗人讽刺的对象，但伯里克利始终对她忠贞不渝。

“acropolis”一词的意思是“高处的城邦”，几乎所有希腊城邦最初都是建在易于防御的山丘上或其附近的设防定居点。随着时间的推移，雅典人在其卫城上建造了最重要的神庙，并在后来将庞大的帝国财富储藏于其中。伯里克利最为持久的成就之一就是他为卫城增添的那些宏伟建筑，它们在卫城上绽放光芒。下方展示的是卫城的现状，上方的绘图则描绘了伯里克利时代卫城的样貌。

帕特农神庙（左图）是伯里克利宏伟建筑计划中的皇冠之珠。这座神庙奉献给雅典的守护女神，并将建筑艺术推向了精细的新高度。建筑师菲迪亚斯（同时也是伯里克利的朋友）巧妙地运用比例和变化，以独特的方式创造出和谐的视觉效果，并为外部的排档间饰和三角楣饰、内部的浮雕饰带，甚至内部的女神雕像设计了复杂的雕刻方案，以传达象征性的寓意。下方的图画展示了埃伊纳岛稍早时期阿菲亚女神（Aphaia）神庙的三角楣饰，其更为传统的设计特点让我们能够更好地体会伯里克利时代帕特农神庙的创新之处及修建者投入的精力和财力。在雅典，排档间饰上的花卉图案被一系列叙事性雕刻所取代。此外，与大多数希腊神庙一样，埃伊纳三角楣饰上的雕像背面未被完成，而帕特农神庙的雕像则被完全雕刻成形。

帕特农神庙内殿周围的装饰性浮雕饰带（现仅剩部分残片）是这座独特建筑中最具革命性的元素。人类历史上首次，神庙中不再描绘神祇和英雄，而是以人类形象为主题。浮雕饰带上雕刻的场景呈现的是雅典一年一度的泛雅典娜节日游行，整个雅典帝国的代表都会参与其中。在这场游行中，雅典人将一群年轻女孩为雅典娜织造的新衣送至神庙，为女神的雕像披上新衣。这种以人类场景为主题的呈现，传递了一种大胆的骄傲和爱国主义的声明，可能会令虔诚的传统主义者感到震惊。

帕特农神庙主殿中的雅典娜大雕像高达40多英尺，比左图所示的罗马大理石复制品要大得多，雕像的表面覆盖着金箔和象牙，代表女神的衣物和皮肤。根据伯里克利的指示，菲迪亚斯将这些金箔附着在雕像的核心部分，并设计为可拆卸的板块，以便在紧急情况下取下并熔化成金币。后来，菲迪亚斯被伯里克利的政敌指控盗窃和欺诈，他将这些金箔取下并称重，以证明没有任何配给的黄金丢失。

帕特农神庙基本保持完好，直到17世纪，当时一名在威尼斯军队服役的炮手炮击神庙，导致庙顶被炸掉。土耳其人曾将神庙用作弹药库，而当炮弹击中神庙时，储存的弹药发生爆炸。对一些人来说，这种由爆炸造成的废墟比未受损的原始建筑更具浪漫和唤起情感的力量。在下一页的图中，帕特农神庙在废墟中的山门柱子间呈现出来。

之为“斯巴达幻象”（the Spartan mirage）。伯里克利需要面对这一挑战，因此葬礼演说的大半篇幅都在与斯巴达做直接的比较。雅典被称为民主政体是因为它由大多数人统治，而不是少数人。但是，每个人都知道，在斯巴达，一个少数群体统治着绝大多数人。虽然斯巴达全权公民（Spartiate）阶级中的所有人都被称为“平等者”，但是国王是有特权的，贵族阶级亦凌驾他人，而在雅典，所有公民在法律面前一律平等。斯巴达还对参与公共生活设置了财产资格限制，而在雅典，任何公民都可以参加陪审团和议事会，在公民大会上发言并投票。

雅典人重视思考、商议和讨论，而斯巴达人则因言简意赅和不信任诡辩而闻名。伯里克利在演说中赞扬了雅典民主制对辩论和讨论的喜爱。扩展到每一个公民的言论自由是雅典民主的标志，这种自由却成了贵族嘲笑的对象，他们认为只有那些出身于政治世家或受过正式教育的人才可以发言，不仅如此，它还遭到了斯巴达崇拜者的讥讽，因为斯巴达人通过欢呼做出决定，而不是辩论。斯巴达人相信行动胜于言论。伯里克利的观点则截然相反。他说：

> 我们认为，言论不是行动的绊脚石，最坏的是没有适当地讨论其后果，就冒失开始行动。我们在这一点上也占据优势：我们敢于冒险，同时又能够对于这个冒险事先深思熟虑，而其他人的勇敢是出于无知，还会因思考而犹豫。真正勇敢的人无疑是那些清楚认识到快乐和恐惧，却不因危险而退缩的人。（2.40.3）

在这里，伯里克利已经提示了其雅典愿景的核心要素：对理性和智慧的坚守。深思熟虑不是实现英雄伟业的障碍。实际上，它是实现目标的先决条件。按照伯里克利的定义，在暴怒之下不计后果做出的英勇事迹并不是真正的勇敢。只有直面能够被理性理解的危险，才能被称为勇敢，而这正是他期待中雅典公民应该具备的品质。

当然，斯巴达的巨大声誉仰赖其非凡的军事成就，这些成就反过来又被归因于斯巴达公民虔诚的信仰、严苛单一的军事训练体系、渗透生活各个方面的严格纪律和斯巴达艰苦朴素的习俗。色诺芬提供了一个斯巴达社会毫无隐私可言的很好的例子：

> 在其他城邦，当一个人表现出懦弱时，对他唯一的惩罚就是他被称为懦夫……但在斯巴达，任何人都耻于与懦夫吃饭、搏斗……在街上他必须让路……他必须养活家里未婚的姐妹，并向她们解释为什么她们仍是单身，他不能有妻子陪伴着生活……他也不能自在地四处走动，假装自己有着清白的名声，否则他会被那些比他强的人殴打。我毫不怀疑，在这样的耻辱重压下，懦弱地死去比耻辱地生活要好。（《斯巴达政制》9.4–6）

作为对比，伯里克利指出了雅典政制的管辖权范围有限，这为个人主义和隐私留下了相当大的空间，不受公众监督。“我们在政治生活中享有自由，我们在日常生活中也不互相猜疑。当我们的街坊邻居做他们喜欢的事的时候，我们不会因此而生气，也不会对他们投去不满的目光，尽管这种目光不会对人造成实际的伤

害，但也会让人感到受伤。”（2.37.2）

然而，这种宽容、随和的生活方式并不意味着对法律的轻慢或鼓励放荡的行为。斯巴达人以虔诚和对法律的敬畏闻名，他们对此的盲目顺从，被认为是他们强大军事实力的源泉。面对斯巴达的这一声誉，以及民主制批评者的指责——认为民主制特别缺乏纪律、无法无天时，伯里克利宣称雅典人比斯巴达人更服从法律。斯巴达人遵循的是完全符合统治阶级利益的成文法，而雅典人尊重一个更广泛和更公平的法律概念，且敬畏的程度毫不逊色：

> 虽然我们在私人生活中是宽容的，但在公共事务中，我们不违反法律，主要是因为我们尊重它。我们服从那些担任公职的人和法律本身，特别是那些为保护受压迫者而颁布的法律，以及那些虽未成文，但违反它们会被公认可耻的法律。（2.37.3）

伯里克利也不认为，斯巴达严苛的训练纪律和封闭的社会形态，就能比民主制的雅典城邦培育出更好的士兵。

> 在对于军事安全的态度方面，我们和我们的对手有很大不同：我们的城邦对每个人都是开放的，我们不因害怕有人学到或看到可能对敌人有用的东西而放逐任何人。相反，我们信赖的不是秘密武器，而是当需要行动时我们自己的勇气。我们受到的教育也不同。斯巴达人从幼年起就通过极其严酷的训练来获得勇气，但我们在不受限制的生活中，也可以像他们一样，准备好迎接同样的危险……因此，我们宁愿以轻

> 松的心情而不是以艰苦的训练来应对危险，我们的勇气是从我们的风俗习惯中自然产生的，而不是法律强制的，那么优势在我们这边。我们不会因为未来的麻烦而提前疲惫不堪，当它们来临时，我们表现得与那些常年训练的人一样勇敢。正因如此，我们的城邦值得被赞美。（2.39）

伯里克利在演讲中设想的许多品质和特征都与军事上的卓越有关，这在战时发表的旨在激励战士为胜利而战的演说中实属自然。但是伯里克利的雅典愿景里最独到的设想是希望雅典保持长久和平。随后，他做出的战略判断是，现在的帝国已经足够强大，可以满足雅典的所有需要。因此，扩张不仅是不必要的，而且会危及已经得到的利益。公元前430年，他做了最后一次演说。虽然这次演说的意图是鼓励雅典人继续战斗，但是他也说了："对于那些富有、有自由选择权的人来说，选择战争是最愚蠢的。"（2.61.1）

我们没有理由怀疑他的诚意，因为他的举措与这一观点完全一致。与波斯缔结合约、与斯巴达签订含仲裁条款的和平协议、在意大利建立泛希腊定居点，以及坚定但温和的帝国治理政策，都指向这个方向。伯里克利即将启动的雄心勃勃的建筑计划——旨在以实体建筑彰显雅典的伟大成就——更提供了有力佐证。然而，当战争最终到来的时候，这项计划远未完成，建设工作也因此停滞不前。毫无疑问，伯里克利的愿景是一个处于和平状态的作为帝国之都的民主制城邦。

这一构想与希腊的历史经验背道而驰，因为希腊总是充满动荡和战争。为什么伯里克利会认为历经连年征战的雅典能享有和平？答案在于雅典的强国地位，但关键不在于疆域大小，而在于国力的性质上。凭借一支统治海洋的舰队、一份可以支持海军发展并能在任何围困战中提供补给的稳定收入，以及由坚不可摧的城墙保卫的城邦和港口，雅典建立了一套空前完善的安全保障体系。屡次的失败告诉波斯人，他们不能挑战雅典的海军力量，而雅典坚持避免大规模陆战的正确战略，则剥夺了斯巴达及其盟邦任何获胜的希望。这些事实是有目共睹的，本应有效遏制外敌的侵略野心。这是历史上第一次，一个希腊城邦能够在持久和平的预期下，为未来做出规划。

尽管这一和平前景令人欣喜，但它同时也带来了一个问题。从荷马时代起，希腊人对荣耀的渴求始终与战场上的英勇事迹紧密相连：在一个和平的世界里，什么会取而代之呢？部分答案在于雅典独有的生活方式，这里丰富多彩的活动，既能满足物质享受的欲望，又能滋养精神的愉悦与惊奇，既能激发智识的思考，又能带来灵魂的自豪。而另一个取代战争荣耀的途径，则在于雅典人履行政治职责的过程。这些职责都是他们的自由和重要地位的证明，也是他们自豪的来源。即使是最贫穷的雅典人，也可以在陪审团中任职、在公民大会中投票、通过抽签担任公职，能够为城邦贡献智慧和经验。通过承担公共责任，他们能够发展自己各方面的能力，比独善其身实现更完整的人性发展。

不论是在战争中还是在和平时期，雅典人都表现出热切地愿意承担那些让他们能够分享城邦荣耀的责任。这就是为什么当大战来临的时候，伯里克利可以对他们提出非同寻常的要求：

> 你们必须每天凝视你们城邦的力量，直到成为它的爱侣。当你们领悟了它的伟大时，你们必然会想到，让它变得

> 伟大的是勇敢和高贵的人们，是深谙何时当行何事的人们。如果他们在一项事业中失败了，他们会下定决心，绝不能让他们的城邦发现他们缺乏勇气，并且他们会尽可能把自己最好的东西贡献给城邦。他们为了公共利益献出了自己的生命……（2.43.1–2）

在战争期间，即使是在最黑暗的时刻，当伯里克利提醒人们，他们深爱城邦乃至为之献身的选择无比正确时，他总能得到强烈的回应。因为雅典的伟大独一无二，更因为唯有守护并光大这份伟业，普通人才能分享它的荣耀，从而达到一定程度的名声和不朽。

在保存下来的不多的演说辞中，伯里克利主要谈到了帝国和军事荣耀，这些对他和雅典人来说无疑是重要的。但这些演说辞之所以为人所知，是因为修昔底德记载了它们，而他写作的主题就是战争。如果我们能窥见伯里克利的内在思想，聆听他在漫长的职业生涯中发表的其他演说辞，我们可能会发现，他对雅典人在思想和精神层面的和平成就同样感到自豪。他的政治计划允许所有雅典公民参与政治，如自由人理应做的那样，共同指引个人与城邦的命运。他认为，只有参与以理性辩解为基础、以智慧为引导的共同体生活，人的才能和抱负才能臻于至善。2500 年后的今天，我们仍然记得他和他的雅典同胞，正是因为他们投身于这项伟大的公民事业。

第八章

教育家

一个伟大的民主制领袖必须是一名教育家。因为无论他的构想多么伟大、目标多么崇高，除非人民真正认同他并被激励着去实现这些目标，否则这些都不可能在一个自由社会里实现。

雅典的法律和风俗为这种必要的教育奠定了基础，但伯里克利有着特殊的才能，能够以崇高而清晰的方式阐述民主理想，让每个雅典人都将其铭记在心，并在其激励下实现这一理想。虽然他的演说是强有力的教育媒介，但最引人注目、最能具象化体现其对雅典的愿景的是从公元前 5 世纪中叶开始的宏伟建筑计划。

在伯罗奔尼撒战争爆发前的几年里，雅典经历了一次空前的艺术创作高潮，其质量甚至比数量更惊人。这些杰作完成的速度也同样令人惊叹。普鲁塔克见证了它们在建成 500 年后依然完好无损：

> 由此看来，伯里克利的这项伟大工程更加令人惊叹，它们不仅在短时间内被创造出来，而且永垂不朽。每一件作品都极其雅致，在当时已经有古董的感觉。即使到今天，它们依然充满新鲜活力，就像刚刚建好一样。这些作品仿佛焕发

着一种永恒的青春活力，让它们看上去未曾受过时间侵蚀，仿佛被注入了永恒灵魂的不朽气息。（《伯里克利传》13.3）

这些工程遍布阿提卡所有地区，其范围之广令人印象深刻。波塞冬（Poseidon）的神庙建在阿提卡半岛最南端的苏尼昂（Sunium），阿瑞斯（Ares）的神庙建在西北部的阿卡奈，涅墨西斯（Nemesis）的神庙建在东北部的拉姆努斯（Rhamnous）。但大多数都建在雅典，尤其在卫城上，比如一座祭祀赫淮斯托斯（Hephaestus）和雅典娜的神庙就建在科洛诺斯（Colonus），科洛诺斯是一座山丘，从上面可以俯瞰雅典的市政广场。伯里克利在卫城的南部斜坡上建造了音乐厅（Odeum），在巨大的岩石顶上建造了帕特农神庙和通往卫城的山门（Propylaea）。伯里克利还计划在雅典卫城的西南角为雅典娜·尼刻（Athena Nike，Nike 的意思是“胜利”）建造一座神庙，在帕特农神庙的北面为雅典娜·波利亚斯建造一座神庙，但这些神庙都是在他去世后才建成的。

鉴于自希波战争以来的 30 年中，几乎没有任何公共建筑得以建成，伯里克利这一计划的雄心就更加引人注目。公元前 479 年，波斯军队从雅典撤退了，但是雅典城邦满目疮痍，大多数房屋被摧毁了，只有极少数幸免。雅典卫城上的神庙、纪念碑和雕像都被捣毁了。波斯人来的时候，雅典娜神庙正在建造中。他们将其推倒，只留下柱子和建筑石块，散落在周围。当雅典人从逃亡中赶回时，他们赶紧加固卫城附近的墙，并重建城邦的城墙，以防蛮族人再次入侵。他们就地取材做地基，并胡乱地把它们堆砌成粗糙的城垛，除了一个明显的例外：

从市政广场向上看，面朝雅典卫城北侧，会发现一堵由各种各样的石块无序地堆砌在一起的墙。但在这种无序下，眼睛会不由自主地看向其中一段有意排列的部分。在靠近顶端的位置，墙体中镶嵌着一排醒目的柱鼓石。这些石料不是随意地放在一起的，而是被故意安排成这样的，达到吸引眼球的目的。雅典人知道，这些本该是他们新建的雅典娜神庙的立柱构件。这是他们的战争纪念碑，而在更高处，神庙的废墟依然保持着战后的残破状态。[1]

在伯里克利启动他的建筑计划之前，这座神庙以及阿提卡其他倾颓的神庙和圣所一直保持废墟状态长达 30 年。为什么会出现这种情况？

据公元前 4 世纪的雅典演说家吕库古（Lycurgus）的记载，公元前 479 年希腊人在普拉提亚与波斯人决战前曾宣誓：

我不会把生命置于自由之上，也不会放弃我的领导者，不管他们是死是活，但我会埋葬所有在战争中死去的盟友。战胜蛮族人之后，我将不会摧毁任何为希腊而战的城邦，但我会向那些已然站在蛮族人一方的城邦索取贡金。我不会重建那些被蛮族人烧毁或推倒的神庙，而是让它们一直这样下去，因为我将它们作为蛮族人亵渎神明的证据以警醒后世。（《反列奥克拉底辞》81）

尽管一些古代和现代的批评家怀疑这份材料的真实性，但考古发掘证实，在希波战争结束和公元前 5 世纪中叶之间，阿提卡的宗教遗址仍然是一片废墟。根据财政状况，雅典完全有能力在10年内重建至少部分神庙，普拉提亚誓言为这段空白期提供了最合理的理由。

因此，对于公元前5世纪40年代重启的建筑计划，最简单的解释是“雅典人已经与波斯订立卡里阿斯和约，而且雅典人认为，这个和约解除了他们之前的誓言束缚”。[2]当然，和平仅是启动这项耗资巨大的建筑计划的必要条件，但远非全部保障。在更宏观的背景下，卡里阿斯谈判的成功，可以被认为只是实现该计划诸多步骤中的一环。随后召开泛希腊大会的计划为其提供了道德基础，以及提供了使之成为可能的帝国财政收入。《纸草法令》（Papyrus Decree）的颁布允许将帝国储备金用于雅典的建设。最后和斯巴达签订的三十年和约为雅典提供了安全保障，并防止了因战争造成的金库消耗。

其中一些步骤出于其他原因也是必要的，但是唯有这些步骤加在一起才能推动建筑计划落地。这项工程是伯里克利各项政策的核心。如果不是全部，他也亲自参与了大部分建筑的规划和监督。当需要专业人士协助时，他直接或间接地遴选了相应专家。在战争爆发前，这项计划给他的领导权带来了最危险的政治挑战，但他为了捍卫这一计划，宁愿冒着被放逐的风险。在他辉煌的职业生涯中，没有什么比这项工程更重要，因为它为政治、经济、帝国、教育和宗教等领域的重要成就开辟了道路，并让雅典的伟大通过有形的方式展现在世人面前。

这项建筑计划最明显的目的是庆祝对抗波斯的战争胜利终结。特别是帕特农神庙，其雕塑群描绘了雅典人和阿玛宗（Amazon）人、人类和野兽、希腊人和特洛伊人的战斗场景，象征着雅典人战胜敌人、文明人战胜野蛮人、希腊人战胜亚细亚人。这种宣传对伯里克利有相当大的政治价值，因为他与波斯达成的和平未赢得普遍认同。一些老派的客蒙支持者对雅典放弃远征波斯感到不快，他们认为这些战争可以给雅典带来财富和泛希腊世界的荣耀。然而，正是这场战争的结束，让这些伟大的建筑得以兴建，同时，和约让同盟的贡金有了新的用处，因此这些批评黯然失色。这些建筑宣告并庆祝了胜利：谁还能要求更多呢？

这个建筑计划还巩固了伯里克利的政治影响力，因为它给民众提供了获取财富的机会。在将近20年的时间里，这项工程催生了对材料和劳动力（包括技术工人和非技术工人）的持续需求，给各个阶层的民众带来了经济的繁荣和获得报酬的机会。这些公共工程为许多公民创造了就业机会、带来了利润，伯里克利因此获得了更多的政治支持。在关于是否应该将帝国收入用于建筑计划的辩论中，伯里克利诉诸这一惠及全民的持续繁荣景象，赢得了支持。

但是，赢得雅典人的支持和热忱的，远非仅是物质利益，他们也为亲手建造的宏伟建筑而心潮澎湃："这些建筑拔地而起，它们不仅雄伟壮观，而且富丽堂皇、无与伦比，工匠们竞相超越自我，力求在工艺的美感上更进一步。"（《伯里克利传》13.1）他们知道，这些建筑将是他们的民主制和帝国的永恒丰碑，这一美好的愿景令他们心驰神往。在雅典卫城宏伟的建筑群完工后，雅典人发现"每天凝视你们城邦的力量，直到成为它的爱侣"是很容易的。这项建筑计划的成功赋予了雅典人不朽声名。一个多世纪之后，雅典演说家德摩斯梯尼证实了这项建筑工程的作用极其成功。他说，伯里克利时代的雅典民主

> 相较于其他任何东西最热衷荣耀，以下就是证据：在雅典人获得了比其他希腊人更多的财富之后，他们为了荣誉花光了它们……结果，他们留下了不朽的财富，即关于他们事迹的记忆以及为纪念他们的荣誉而建造的壮美的纪念建筑——耸立在那里的山门、帕特农神庙、柱廊、码头……通过创建和谐统一的城邦，他们征服了他们的敌人，回答了每一位头脑健全的人的恳求，并留下了他们的不朽声名作为遗产。(《反安德罗提翁辞》76)

除了上述功能，雅典卫城及周围的建筑群，尤其是帕特农神庙，也起到了教化公民的作用，它们与雅典的法律和政制一起，将共同构筑伯里克利设想的民主城邦。公元前 461 年的革命性事件夺取了战神山议事会的权力，并把它分给五百人议事会、公民大会和民众法庭，这是第一步。公元前 5 世纪 50 年代的民主立法是第二步。从公元前 5 世纪 40 年代开始的艺术和教育工程是伯里克利计划的最后一步，也是最辉煌的一步。

雅典卫城是雅典的守护女神雅典娜的最神圣之地。和希腊其他神一样，雅典娜以多种形象被崇拜和赞美。最古老、最受尊崇的形象是雅典娜·波利亚斯，她是守护城邦的女神。她的雕像由橄榄木制成，相传这座雕像是从天上掉下来的，甚至在阿提卡的德莫被统一成一个城邦之前，这座雕像就已经被奉为“万物中最神圣的东西”。(帕萨尼亚斯 1.26.6) 她住在“旧神庙”中，这可能是在雅典卫城上建造的第一座神庙，在公元前 480 年被波斯人摧毁。这个木雕像不是非常大，展示了女神（可能是）坐着的形象，她头戴金冠，身上佩戴了一些饰物，手持奠酒碗。她身着佩普洛斯（peplos），一种颜色鲜艳的羊毛长袍，上面织有奥林匹亚众神打败巨人的场景。每年，在普林特里亚（Plynteria）节期间，雅典娜的雕像和她的长袍会被运到海边清洗。在四年一度的大泛雅典娜节上，雅典娜女神会得到由神侍（Arrhephoroi）编就的新长袍。这些神侍是从贵族家庭选出的年轻女孩，年龄在 7 岁至 11 岁间，由民众投票确认后参加神秘的、在夜间举行的丰产祭祀仪式（fertility rites）。这位雅典娜是主丰收、农业和家庭的女神，其专属女祭祀团队主持着供奉她的大祭坛。

雅典娜女神还以另一种形象出现，即雅典娜·帕特农（Athena Parthenos，Parthenos 意为“处女”）。与其他未婚女性如好斗的阿玛宗人一样，她也是一名战士。与在和平时期带来丰产和繁荣的雅典娜·波利亚斯不同，雅典娜·帕特农在战争时期带来保护和胜利。虽然雅典娜·波利亚斯仍然是城邦最主要的崇拜对象，但因为雅典已经变得越来越不依靠农业，而是更多地参与到对外贸易和战争中，雅典娜·帕特农在公众心中变得越来越重要。从公元前 6 世纪开始，更加好战的雅典娜·普罗玛科斯（Athena Promachos，Promachos 意为“在前线作战的战士”或“冠军”）的形象出现在大型陶瓶上。这些装着圣油的大型陶瓶是泛希腊体育竞技会优胜者的奖品。此外，雅典娜·普罗玛科斯戴着头盔的形象还出现在雅典的银币上。

当波斯人入侵的时候，雅典人正在雅典卫城南侧建造一座供奉雅典娜·普罗玛科斯的神庙，与北侧供奉雅典娜·波利亚斯的旧神庙呼应。波斯人把它们都夷为平地。大概在公元前 5 世纪 50 年代，菲迪亚斯为雅典娜·普罗玛科斯制作了一个巨大的青铜像，只要一进入雅典卫城，人们就可以看到它。帕萨尼亚斯说，它非

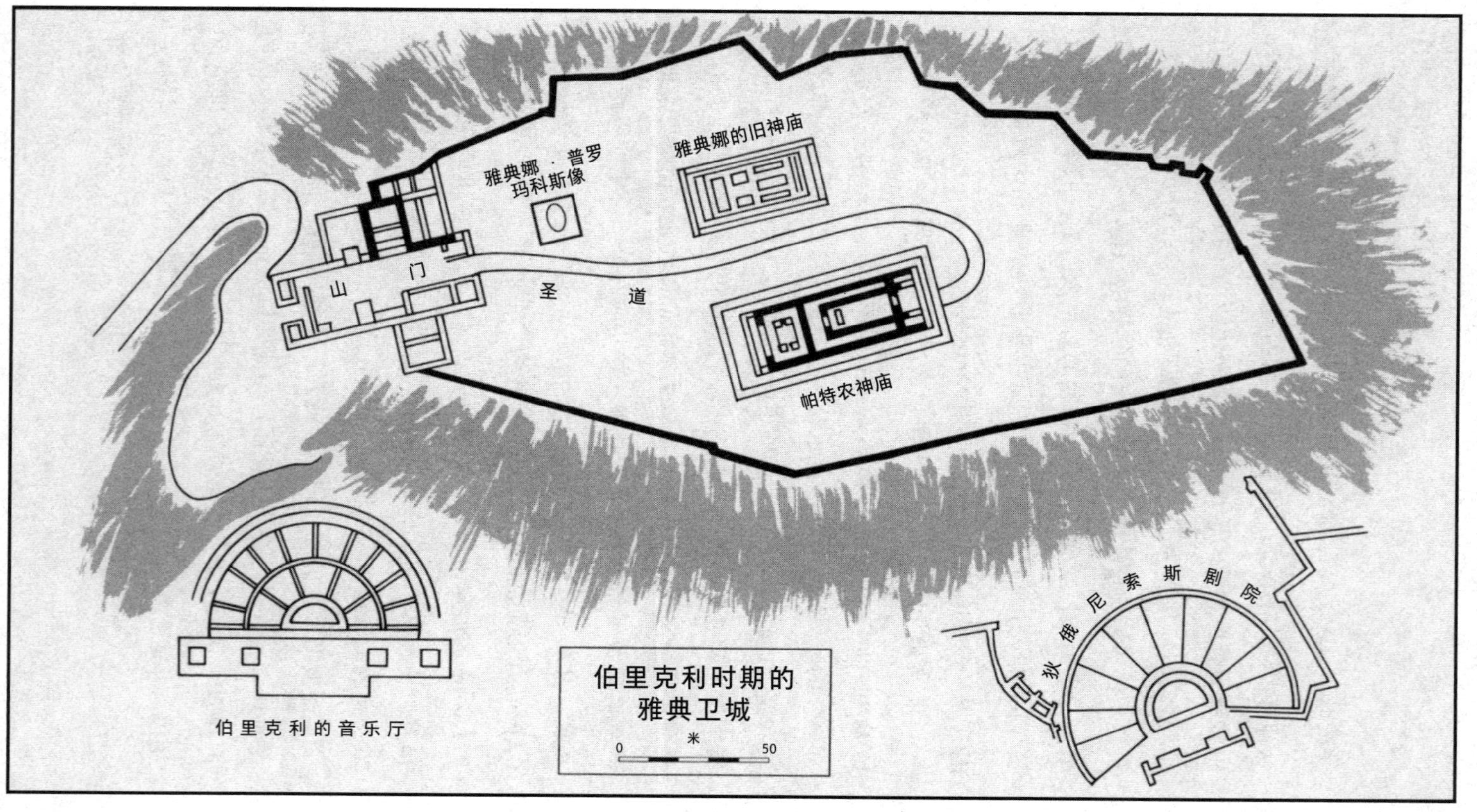
伯里克利时期的
雅典卫城
米
0
50
雅典娜·普罗
玛科斯像
雅典娜的旧神庙
山门
圣道
帕特农神庙
伯里克利的音乐厅
狄俄尼索斯剧院

常高大，以至于从驶过阿提卡南端苏尼昂角的船只上能看到它的长矛尖端和头盔顶部。值得注意的是，伯里克利在着手重建雅典卫城上的神圣建筑时，并不是一上来就修复雅典传统崇拜的中心波利亚斯神庙，而是先建造了供奉帕特农的神庙。

帕特农神庙的修建始于公元前 447 年。由菲迪亚斯设计，由黄金和象牙制成的雅典娜巨型雕像在公元前 438 年完工，整座建筑完工于公元前 432 年。伯里克利自己是监工委员会（epistatai）的一员，他与菲迪亚斯商讨每个细节。菲迪亚斯是整个建筑计划的总负责人，也是帕特农神庙雕塑群的设计者，还是神庙东殿供奉的巨大雕像的雕刻者。伊克提努斯（Ictinus）是首席建筑师，卡利克拉底（Callicrates）等人作为助手协助完成了该工程。

与爱琴海以西建造的其他神庙一样，帕特农神庙是一座多利安柱式（Doric）神庙。然而，它的复杂性体现在创新地引入了一些爱奥尼亚柱式（Ionic）建筑的元素和一些新特点，此外，它的设计方案也很复杂。菲迪亚斯雕刻的巨大雕像的尺寸要求这座建筑比常规神庙要更大，尤其是要更宽。早期一些重要的神庙正面通常立着 6 根石柱，侧面立着 12 或 13 根石柱，但伊克提努斯增加了帕特农神庙石柱的数量，正面有 8 根石柱，侧面有 17 根，确立了约 4∶9 的比例关系，这一比例贯穿建筑的整体空间结构，成就了其无与伦比的和谐美感。

建造者将大量非常精妙的改进手法运用到帕特农神庙的结构中。这些改进在其他的多利安柱式神庙中也有体现，但它们在伊克提努斯和他同事的设计中被运用到极致。在非专业人士眼中，神庙的线条看起来笔直方正，但是它们还是略微偏离了直线、地面并非如表面看起来那么平坦，而是整体呈拱形，其中心点比两侧转角处高出 4 英寸[①]，比东西两端转角处高出 2 英寸，这种弧度延续至地面上方立柱的柱顶。此外，神庙四侧的石柱也向内倾斜超过 2 英寸，转角的石柱更呈对角线式内倾。角落的柱子比其他立柱更为粗壮，与相邻立柱的间距也较其他柱距小。这些改动的细节增加了工程所需的时间和费用。

神庙内部的东侧有一个带柱门廊，从该前廊可以进入放置着巨大的雅典娜雕像的主殿。主殿后面是一个较小的房间，可以从西侧穿过后带柱门廊进入。实际上，后面这个房间才是被称为帕特农的地方，但是，公元前 4 世纪之前，这个名字就已经被用于称呼整座建筑。这个房间是用来储藏供奉给雅典娜的财产的金库。这些房间的外围和外侧柱廊的里面，有一条狭窄的走道，走道两端是前面提到的前后带柱门廊，两个门廊各立 6 根约 33 英尺高的高大多利安式石柱。“（这些石柱）必定看起来横贯神庙的宽边，形成如小亚细亚爱奥尼亚柱式神庙般密集的柱林意象。”[3] 4 根高大的爱奥尼亚式石柱支撑着西侧金库的天花板，这一点加强了爱奥尼亚风格影响了这座多利安柱式神庙的印象，更不要说环绕着内部建筑顶部绵延不断的浮雕饰带（frieze）也完全是纯粹的爱奥尼亚风格。实际上，这座基本属于多利安柱式的神庙对爱奥尼亚元素的运用并不限于内部。在外表面，“外围柱廊的修长柱子……似乎把爱奥尼亚式纤细的优雅融入了多利安式。与大多数多利安柱式神庙简洁紧凑的 6 柱式正立面相比，8 柱式正立面的外观会让人们立马想到爱奥尼亚地区神庙的宽阔门廊”。[4]

雕塑作品是帕特农神庙整个设计中不可或缺的部分。大多数

---

① 1 英寸等于 2.54 厘米。——编者注

雕塑作品于 1687 年的一次大爆炸中严重损毁，当时一名为威尼斯效力的德意志炮手击中了被土耳其人用作火药库的帕特农神庙。不过，从保留下来的古代遗迹、古代文献中的描述，以及爆炸前不久的画作中，我们仍然可以重构这些雕塑的主题内容，并详细了解它们的艺术处理手法。

希腊神庙里的雕塑虽然常援引所供奉神祇的事迹或地方传说，但多数主题仍取材于传统神话母题库，如英雄事迹、奥林匹亚众神与巨人之间的战争、拉庇泰人（Lapiths）对抗半人马（Centaurs）、希腊人与特洛伊人之间的战争。帕特农神庙使用了大部分这些传统主题，但它的独特之处在于将大部分的装饰性雕塑都献给了雅典的守护神雅典娜。即使在处理传统主题时，也要选取与神庙主殿中雅典娜巨像身上所描绘的主题相呼应的场景。

外部柱廊有 92 块排档间饰（metope），上面描绘了更为传统的主题：东面是众神对抗巨人，西面是希腊人对抗阿玛宗人，北面是希腊人对抗特洛伊人，南面是拉庇泰人对抗半人马。南面中央的排档间饰刻画的场景似乎源于雅典早期传说，其中可能包括传说中的国王厄瑞克透斯（Erechtheus）坚立一尊古老的雅典娜雕像的场景。三角楣饰（pediment）则展示了雅典娜神话中的两个奇迹时刻：东面的三角楣饰描绘了雅典娜的诞生，她从宙斯的头颅出来时已经完全长大且全副武装；西面的三角楣饰勾勒了雅典娜和海神波塞冬争夺雅典守护神名号，雅典娜神奇地变出一棵橄榄树帮她赢得了胜利。菲迪亚斯雕刻完成的雅典娜站立巨像约 40 英尺高，供奉在主殿中。这尊木芯雕像外覆代表皮肤的象牙薄片，衣饰则以可拆卸的金箔打造。这样的做法使雕像造价极其高昂，但是效果也极其壮观。雅典娜头戴三翎（triple-crested）战盔，左手搭在盾牌上并握着一只长矛。她的右手上站着有翼的胜利女神尼刻。这无疑展现了雅典娜作为战争女神的形象。盾牌图案延续了神庙排档间饰中的主题，朝外的一面刻画了雅典人与阿玛宗人战斗的场景，朝里的一面则是众神与巨人战斗的场景，她的凉鞋上也重复地刻画了拉庇泰人和半人马战斗的场景。

帕特农神庙的雕塑中最具原创性、最令人惊奇的元素是环绕内殿的浮雕饰带。和排档间饰描绘的分隔的独立场景不同，浮雕饰带上刻画的是连续的场景，这是典型的爱奥尼亚风格。同时，没有确凿的证据表明，此前在希腊大陆上，有别的多利安柱式神庙运用过这种风格。更令人震惊的是其浮雕饰带的主题：这是希腊历史上第一次雕刻了凡人的形象。

那么，为什么帕特农神庙是伯里克利重建雅典卫城的首要工程？这座宏伟、创新性强、耗资巨大的新建筑的本质特点是什么？它打算传达什么信息？这些信息又是向谁传达的呢？

首先，毫无疑问，这项工程耗资极为巨大。单是建筑上的精雕细琢就大大增加了时间和金钱成本。雕塑的数量远超寻常，除了多利安风格的排档间饰和三角楣饰，还增加了爱奥尼亚式的内殿浮雕饰带，每个细节都精益求精。在其他神庙里，因为人们不能看到三角楣饰背面，所以通常会粗略完成这个部分。但帕特农神庙的雕刻家们将它们打造得完美无瑕，仿佛这些浮雕需要独立展示、供人全方位观赏一般，但这无疑进一步推高了成本。雅典娜巨像上的黄金和象牙当然更是价值连城。伯里克利在葬礼演说上表示“我们热爱高贵典雅之物的同时，也爱节俭”，但是帕特农神庙无法佐证这一点，它是极尽奢华、不计成本的，因此，它给麦列西阿斯之子修昔底德和其他反对建筑计划的人提供了天然的靶子。然而，伯里克利还是成功说服了在集会上慎重商议的雅典民众投票支持在这项工程中花费的每一个德拉克马和奥博尔（obol），并且在15年内没有中断过。

更令人瞩目的是，雅典民众同意为建造雅典卫城南部的建筑拨款，而不是重建北部的神庙，明明北部的这座神庙是圣地所在，也是城邦崇拜的中心。直到公元前421年伯里克利逝世多年之后，雅典人才着手重建供奉雅典娜·波利亚斯的神庙（后来称为厄瑞克透翁［Erechtheum］神庙）。不仅如此，伯里克利没有打算重建它，而是转向修建通往雅典卫城的宏伟山门，它根本就不是宗教建筑。

有些学者认为，尽管帕特农神庙是献给雅典娜的，但它与宗教没有什么关系，也不是真正的神庙。一个学者将它比喻成“壁炉台架上的一件精美装饰品”。另一些学者认为它仅仅是个金库。这些解释太简单、太苛刻，不过也确实没有证据表明这座建筑或者其中的雕像与崇拜或仪式有关。同样值得关注的是，神庙内殿的浮雕饰带精心雕刻的大泛雅典娜节游行的场景，展示了为雅典娜更换长袍的仪式，但这个仪式并非在帕特农神庙举行，而是在一座“旧神庙”中举行的，且更换长袍的对象不是菲迪亚斯制作的由黄金和象牙装饰的巨型雅典娜雕像，而是那尊小巧的由橄榄木制成的“古老雕像”。

可以肯定的是，帕特农神庙确实是一座神庙，其建造本身即是一种展现宗教虔诚的行为。但正如伯里克利的许多事业一样，它也具备划时代的创新特征。也许将它视为“一件在礼拜场所献给神的祭品”[5]是最合适的，它并非献给主管和平的丰收女神雅典娜——阿提卡土地上的雅典农业守护神，而是献给战争女神雅典娜，她已经成为新雅典——一个手工业、商业发达的海上帝国——的标志。这位雅典娜也是艺术、科学、智慧、理性、智力和人性的象征。这些都是伯里克利希望雅典及其公民具备的素质和特征。帕特农神庙不仅仅是为了庆祝雅典人打败波斯人而献给雅典娜的祭品，也是对受雅典娜保护的民众的致敬，以及对他们创造的伟大城邦和帝国的纪念。除此之外，像伯里克利经常做的那样，他还有一个教育目的。帕特农神庙的建成，意味着伯里克利在葬礼演说上口头陈述的目标在视觉上的实现：展现、阐释和颂扬雅典帝国的民主。菲迪亚斯和他的同事们通过建筑设计和装饰建筑的雕塑，以各种方式表达了这些关切。

对于现代读者来说，或许很难相信视觉艺术在没有文字解释的情况下，能够把信息有效地传达给大部分没有受过教育的雅典人。但我们有理由相信确实达到了这样的效果。我们需要从我们自己的世界中脱离出来，因为自印刷术发明以来，口头和书面表达形式一直占据主导地位，直到电影和电视的出现。我们必须想象这样一个世界，那里的视觉图像还没有多到让人厌烦以至于我们的感官为了自我保护而变得迟钝。在伯里克利时代，大多数雅典人都有一定程度的阅读能力，但是没有太多可以阅读的东西，所以他们的阅读量也不大。大多数的学习是通过听有诗歌韵律的演说或者看能看到的东西来完成的。雅典人还会听吟游诗人吟唱荷马的史诗、听合唱团或个人演唱的抒情诗歌和挽歌，他们观看、倾听悲剧和喜剧，悲喜剧中包含演说、歌曲和舞蹈。除此之外还有很多可以看的东西：诗人创作的神话场景被画在陶器上；敬奉神明的雕像，这些雕像有时候演绎的是相同的神话；敬奉英雄的雕像，如雅典僭主刺杀者（tyrannicide）的雕像，人们认为是他们结束了庇西特拉图家族的统治，给雅典带来了自由。

然而，这些交流和教导的形式相对较少。诗歌和音乐表演通常在一年一度的宗教节日上才有，其内容仅仅是整个希腊神话中很少的一部分，且是观众熟知的故事，或是最近发生的历史事件。因而，大量公民观众以敏锐的感知力、专注的注意力以及一种欣赏精妙艺术细微差别的能力，来参加每一场活动。他们显然对可视艺术的感受力也十分敏锐，甚至可能会更敏锐。公共雕像和雕刻纪念碑数量很少，甚至在公元前 480 年到公元前 450 年左右，整个阿提卡地区几乎没有神庙。因此，可以肯定的是，当一座新的神庙出现在卫城，特别是它比以往任何神庙都要宏伟和奢华时，将会引起民众极大的兴趣和炽热的观赏热潮。每个雅典人都将凝望它几千次，而且，由于神庙的监督委员会必须由公民选出，建筑计划和建筑师的选择必须被公民认可，而且在为期 15 年的建设中，资金也必须得到公民大会批准，因此，关于神庙的公开讨论从未间断，这些讨论无疑也会在私下里继续进行。

帕特农神庙运用的不同元素承载了特定的关切。将爱奥尼亚建筑元素引入多利安柱式神庙，部分考量是美学上的，这些元素提供了一种在典型的多利安柱式神庙中找不到的轻盈感、空间感和多样性。与此同时，它们还传递了一个同时代人不易忽视的信息。在帕特农神庙建成之前，希腊本土的神庙，包括整个阿提卡的神庙，都被修建成多利安柱式风格。然而，雅典自视并被认为是爱琴海群岛及其沿岸的爱奥尼亚城邦的母邦，这些爱奥尼亚城邦是帝国的重要组成部分。因此，在重整帝国的时候，伯里克利强调了这种亲缘关系，要求同盟城邦像雅典的殖民地一样，在大泛雅典娜节上带来一头奶牛和全套盔甲。因此，当爱奥尼亚人捧着献给雅典娜·波利亚斯的长袍游行，行进到帕特农神庙时，他们肯定会注意到已被融入这一献给女神的重大祭品中的爱奥尼亚元素，就像他们自己融入敬拜者的游行队伍中、他们的城邦融入雅典统治下的同盟中一样。不那么明显，但足以让敏锐的观察者理解的是，这反映了伯里克利的葬礼演说中的另一个主题。正如一位富有洞察力的学者所说："爱奥尼亚风格会让人想到爱奥尼亚的奢华、精致和智慧；多利安风格会让人想到伯罗奔尼撒半岛上的赫拉克勒斯后裔的肃穆和质朴。在一座代表雅典的神庙里，伯里克利自然会希望两者能够协调一致。"[6]这种和谐正是伯里克利在谈到"我们热爱美，却节制；我们崇尚智慧，却不软弱"（2.40.1）时宣称雅典所具有的。

帕特农神庙的精妙设计还有可能传达了一个更加深邃的信息。它们当然可以从多个角度来阐释：其雏形在当时的多利安柱式神庙里也是常见的；从功能角度看，穹隆状的地面如同体育场中央的隆起部分一样，具有极佳的排水功能；从美学角度来看，这种设计符合人类视觉感知的特点。一种古老的理论认为这些精妙处理是为了矫正视觉错觉，这种错觉使得长水平线看起来在中间下垂，端柱看起来比实际更细，等等；设计上的微调能让所有线条看起来笔直，所有柱子看起来大小一致。另一种解释恰恰相反，认为从下方看水平线时，会觉得它向上弯曲，而非下垂。因此，这种弯曲设计故意强化了天然的视觉失真，使建筑看上去更高、更大。还有一种观点认为，设计者有意背离视觉习惯，在预期与实景间制造张力。观看者的思维因而被迫去应对这种差异并加以调和，这使观看者的注意力更加集中，并使建筑更显生动、充满活力和耐人寻味。这些观点都颇具道理，但一位学者针对最后一种观点提出了一个有趣的看法，他认为这种设计“似乎最自然地反映了那个时代的智识体验”。

> 这表明，在帕特农神庙中，视觉表象与抽象认知达成了和谐统一。aletheia，即通过抽象（例如数学比例）来认识的“真实”，作为 phantasia（即通过我们的感官和大脑获得的经验）的基础被呈现出来。普罗塔戈拉的新世界与毕达哥拉斯的旧世界在这里取得平衡。这是诸多对立统一中最关键的一例，正因如此，帕特农神庙才成为古典时代希腊的思想和经验在视觉艺术中最为生动、最为全面的实例。[7]

只有少数雅典人能够理解这些高深精妙的想法。然而，装饰帕特农神庙的众多雕塑以一种更加清晰、更加生动的方式向更广泛的群众传达了信息。排档间饰、三角楣饰以及女神的雕像无不承载着雅典和希腊神话中的传统主题：庆祝欧罗巴人战胜亚细亚人（明显指的是希波战争）、智慧战胜蛮力、理性战胜傲慢。奥林匹亚众神战胜巨人、希腊人战胜特洛伊人、拉庇泰人战胜半人马、雅典人战胜阿玛宗人——在每个事例中，我们看到的都是更智慧、更理性、更文明的力量取得胜利。但这些胜利需要勇气、力量、战斗能力以及智慧。这一思想与伯里克利在葬礼演说中表达的如出一辙：“我们在这一点上也占据优势：我们敢于冒险，同时又能够对于这个冒险事先深思熟虑，而其他人的勇敢是出于无知，还会因思考而犹豫。”（2.40.3）

在神庙东侧的三角楣饰上，也就是正对入口的上方的显要的位置上，雕刻着雅典娜诞生的场面。她从宙斯的头颅中出生，这象征着她的特殊地位，因此也象征着受她保护的城邦的特殊地位，即作为智慧的典范和正义的来源（因为最接近宙斯）。东侧的排档间饰上描绘的是众神与巨人之战，在雅典娜的长袍上反复出现而具有特殊意义，因为雅典娜在这场战斗中扮演了英雄角色。除此之外，这个神话还意味着巨人所代表的傲慢的毁灭。傲慢应该受到惩罚的道德法则是公元前 5 世纪的悲剧、历史和宗教的思想基础。实际上，所有的排档间饰都可以被视为傲慢被更高贵的力量所压制的图解。正如一个敏锐的观察者所说："贯穿始终的隐含之意是，雅典娜是普世道德法则的捍卫者，她站在节制（sophrosyne）的一边，反对傲慢。"[8] 这里的想法再次和葬礼演说中伯里克利的话暗合，他说雅典人尤其遵守那些"为保护受压迫者而颁布的法律，以及那些虽未成文，但违反它们会被公认可耻的法律"。（2.37.3）

帕特农神庙内连绵不断的饰带上的浮雕描绘了一个那个时代的场景——雅典公民在大泛雅典娜节的游行中向前行进的盛况。东侧的饰带上描绘的是，在奥林匹亚众神和 10 位传说中的英雄的见证下，民众为雅典娜呈上新长袍的仪式，而雅典 10 个部落的名字正是得自这 10 位英雄。帕特农神庙中的浮雕把凡人与不朽的神和英雄们联系在一起，这让凡人的地位得以提升。结合西侧三角楣饰描绘的两位神明争夺雅典保护神之荣誉的场景，以及排档间饰上雅典人打败阿玛宗人的场景，整组雕塑构成了一种爱国主义宣言，昭示了雅典公民与他们的守护女神和英雄祖先之间的联系，使他们自然而然地"凝视你们城邦的力量，直到成为它的爱侣"。（2.43.1）这一点还以另一种方式呼应了葬礼演说，为伯里克利的主张提供了有形的依据："我们已用丰功伟绩印证了自身实力，这

些所有人都能见证。今人视我们为奇迹，后人也会如此。我们不需要一位荷马来赞美我们……”（2.41）

杰罗姆·波利特认为，浮雕饰带上的雅典凡人被赋予了更为崇高的地位：

> 伯里克利的葬礼演说描绘的雅典社会有与神相似的品质，帕特农神庙浮雕饰带上的浮雕也许是为了传达同样的愿景，即人类和神在视觉上和精神上的界限已然消弭。也许我们在这里看到的是伯里克利时代被神化的雅典公民。[9]

也许情况是这样的，但另一种可以是，浮雕饰带上的雅典人形象体现了一种哲学视角，这种视角认为神化没有什么益处，它消解了神明的存在，认为人类本身就足够崇高。这似乎是伯里克利的朋友和伙伴——智者普罗塔戈拉的观点。他的两句最著名的话似乎就支持了这种可能性。作为第一个留下明确文字记载的不可知论者，他有一句名言：“关于神，我既不知道他们存不存在，也不知道他们具有何种形态；有许多东西阻碍我的认识，如主题本身晦涩难明而人生又短暂无常。”由于无法考虑神性，普罗塔戈拉的另一个著名论断便顺理成章：“人是万物的尺度，是存在事物存在的尺度，也是不存在事物不存在的尺度。”如果认为普罗塔戈拉的思想影响了帕特农神庙的浮雕饰带设计的话，那么这些话则意在强调画中人物的人性而不是他们的准神性。

实际上，对人性的强调可能是雕塑传递的信息的最主要部分。浮雕饰带东端刻画的是大泛雅典娜节游行的高潮部分，“众神在形体上和心理上都显得疏离”。[10] 神明处于活动的边缘，对仪式没有兴趣，互相交谈，专注于自身或彼此，背对着人类和结束整个游行和节日的仪式。这是艺术家们表达的普罗塔戈拉思想的关键之处："它表明，神明只是仪式表面上的对象，但并非仪式的真正对象。这一视觉上的变化契合了这位智者的基本思想，即宗教的中心不是神明本身，而是人类对神的虔敬行为。"[11] 这样的解释，即使是正确的，也只有少数人能够理解。浮雕饰带上的雅典人远离而不是接近神明，而众神和英雄心不在焉的疏离姿态强调了雅典人的人性。从这个角度来看，人神并置的构图可被视为神庙主导性爱国象征体系的一部分，它把雅典民主制下的所有民众与他们的英雄祖先以及象征聪明才智的城邦守护者胜利女神雅典娜联系起来。

帕特农神庙各种元素的复杂性和精心设计的象征意义，与伯里克利和他的朋友普罗塔戈拉的思想十分契合。他们二人都知道，要想实现民主，公民教育必不可少。被称为"第一个民主政治理论家"[12] 的普罗塔戈拉认为，在一个民主制城邦中，公民的美德教育至关重要。在《柏拉图对话录》中，有一篇以普罗塔戈拉的名字命名的对话，在里面他强调，教育对任何文明社会来说都是重中之重。为了论证民主实践要相信的是普通公民而非行家和专家，他援引了一个阐发民主根本原则的神话：从前只有神存在，他们在地底下创造了凡间生物的形体。在这些生物被带到日光下之前，厄庇墨透斯（Epimetheus）按照均等原则，给每个物种分配了独特的能力，使其能抵御其他物种和自然之力。然而，人类却未获庇护，所以普罗米修斯为他们窃取了火和其他技艺，因此只有他们发展了宗教、演说和物质享受。但他们散居，没有城邦，无法有效抵御野兽的伤害。为此他们建立了城邦。但他们没有政治技艺，因此他们相互争吵，无法生活在一起，并很快又四分五裂。宙斯担心人类会因此灭绝，于是派遣赫尔墨斯来到人间，把敬畏（aidos）和正义（dike）这两种政治美德带给人类，使群居生活成为可能。给人类分配手艺和技术的方式与给动物分配各自本领的方式一样，不同的手艺被分配给了不同的人。但赫尔墨斯向宙斯提出了一个问题："在分配正义和敬畏时我也应当用这样的方式，还是我应该把它们分给所有人？"宙斯回答："分给所有人，让他们每人都有一份。如果就像分配技艺一样只有少数人拥有这些美德，那么城邦绝不可能存在。此外，我下达命令，必须制定一项法律，凡无敬畏之心、不谙正义之道者皆应被处死，因为这种人是城邦的祸害。"（《普罗塔戈拉篇》322C–D）

然而，普罗塔戈拉认为，尽管每个普通人都具备一定程度的政治美德，但这种能力分配不均。有些人比别人更有能力，能够以教育的方式提升其同胞的美德。普罗塔戈拉不仅认为这种美德教育是可能的，还认为这是一个健康的政治社会必不可少的。在他与苏格拉底的讨论中，他问道："要使一个城邦存在，有没有什么东西是所有公民必须都有的？"他的结论是，确实有这样的东西，就是"正义、节制、敬畏和德性"。（325A）这正是他自己作为年轻人的教师的立身之本：他声称要教给他们政治技艺，让他们成为良好的公民，提高他们处理私事的判断力以及参政议政的言行能力。（《普罗塔戈拉篇》318E–319A）但他明白，民主制下的民众可能会以其他方式获得公民教育，而不仅仅从像他一样的智者那里得到。这种教育从婴儿时期便已开始，贯穿公民的一生。

每个雅典婴儿都先由他的父母教导，一旦成长到有一定理解力的年龄，便由导师继续教导。他们都会教导他"什么是正义的、什么是不正义的，什么是光荣的、什么是可耻的，什么是神圣的、什么是亵渎的，什么是该做的、什么是不该做的”。（325D）当他准备就绪，他会被送到其他老师那里学习阅读和音乐，但他们更重视的是教导他良好的行为举止。下一阶段是阅读史诗诗人的作品，从中学习作为个人和公民的崇高行为的典范。随后，他会学习弹奏里拉琴和演唱诗人的诗歌，这样做能使他变得“更加温和、和谐、有节奏感，从而更适合演说和行动”。接下来，年轻人会被送往体育场，“从而让身体能够更好地服务于他们的健全心智，这样他们就不会因为身体虚弱而在战争或其他严峻考验中变得怯懦”。（326B–C）最后，他们受城邦法律的教育，这些法律要求他们按照法律规定的模式生活，而不是以他们喜欢的方式生活。

诚然，并非所有的雅典人都能达到这种从摇篮到坟墓的全方位教育所规定的高标准，但是如果没有这种教育，他们肯定会更糟，文明生活亦将无从维系。普罗塔戈拉告诉苏格拉底：“在法律和人文环境教养下长大的人，即使是其中你认为的最不义的人，如果你将他们与那些未受教化（paideia）、没有法庭和法律约束的人进行比较，你会发现他们更像个正义之士，且精通正义。”（327D）

伯里克利还认识到，需要用尽可能多的方式进行公共教育。因此，相应地，在普罗塔戈拉列举的手段之外，还将雅典卫城和其他地方的建筑和雕塑提供的视觉教育纳入进来。正如他称雅典为“全希腊的老师”一样，这些纪念建筑也是雅典公民教育的一部分。

在雅典卫城的南坡上，矗立着最有伯里克利个人印记的建筑——音乐厅。建造这座音乐厅有几个目的，其中之一是纪念雅典人战胜波斯人。该建筑有一个倾斜的圆形屋顶，据说精确模仿了波斯大王的王帐。此外，伯里克利还用缴获的波斯战船的桅杆装饰了音乐厅的内部。新设立的音乐竞赛为雅典人带来了娱乐和消遣，但音乐厅还有教育功能。伯里克利作为达蒙的学生，对音乐如此感兴趣也不足为奇，因为他的老师就曾教导他“当音乐的调式发生变化时，城邦的基本习俗（nomoi）总是随着它们的变化而变化”。任何经历过二战前浪漫主义民谣到现代流行音乐的变化，并意识到相应的风俗发生变化的人，都不难理解达蒙的观点。在新的音乐厅里举办的音乐竞赛成了泛雅典娜节节庆的一部分。这项活动是伯里克利亲自提案的，而且他也参与其中。他本人被选为音乐竞赛的管理者，并为长笛、声乐和西塔拉琴（cithara）竞赛制定规则。

因此，伯里克利在艺术方面的所有努力，必须被视为他宏大的教育计划的一部分，旨在激发雅典人对其城邦的热爱，这正是伯里克利所要求的。此外，这些工程还可以把公民们必备的美德教授给他们。因为伯里克利知道，任何一个成功的社会都必须同时是一个教育机构。无论这个社会如何推崇个人自由和多样性，若它缺乏一套公民美德的准则和对公共事务的普遍热忱，终将难以蓬勃发展或存续。它必须向它的公民，特别是年轻公民，传递社会对善与恶的理解，以及对它的制度和价值观的自豪、钦佩和热爱。凡是能留下历史印记的领导者，无论自觉与否、造福抑或为祸，都是一个教育者。民众对其言行的关注远胜他人，而他也塑造着他们对世界、对自己国家和他们自身的认知图景，以及对它们之间关系的理解。

领导者的愿景可能是令人困惑的、混乱的，也可能是有机统一的、清晰的、有条理的。它可以鼓励民众，也可以让他们气馁；它可能会使民众堕落，也可能提升他们。作为希腊“启蒙运动”

的领袖，伯里克利致力于理性和劝说的力量。他也许比历史上其他的领导者都更清楚自己肩负着更大的监护职责，并在演说和行动中有意识地、深思熟虑地、积极地履行这一职责。他试图成为引导他的同胞摆脱自私情感的束缚以及由此产生的混乱，走向公民美德以及这种美德带来的秩序和卓越的“奴斯”。由于他的愿景是民主的而不是专制的，因此，他不是通过强制的手段灌输，而是通过他的才能和灵感来进行教化。他并没有迎合民众中那些低级的欲望追求，比如恐惧和贪婪，而是呼吁他们追求更高尚的品质，比如光荣和伟大。

承载这一教育目的的建筑群虽然具有创新性和独特性，但依然具有宗教性质或与宗教仪式有关。然而，它们也引发了一些带有宗教色彩的反对意见。当帕特农神庙在雅典卫城拔地而起时，麦列西阿斯之子修昔底德和他的保守派同僚把他们的反对意见重点集中在这项建筑工程上。当然，他们主要抱怨其成本高昂，并谴责帝国资金的滥用。但他们的攻击也涉及宗教方面：“我们像一个爱慕虚荣的女人一样妆饰自己的城邦……被用于购买昂贵的石材、制作雕像和装饰神庙。”（普鲁塔克《伯里克利传》12.2）这一指控暗指此类行为有失体统，近乎亵渎。一些现代学者认为，伯里克利没有宗教信仰，甚至是无神论者，他的建筑群，包括神庙，纯粹是世俗的工程。

伯里克利确实承袭了师友们的世俗观念，摆脱了当时盛行的迷信思想，并且为从周围的世界中观察到的现象寻求自然的、理性的解释。此外，他在公元前 440 年为萨摩斯叛乱中阵亡的将士发表的葬礼演说中说的一段话，暗合普罗塔戈拉的不可知论观点。伯里克利说：“他们像神一样变得不朽。虽然我们无法看到众神，但是从他们所受的尊崇以及他们赐给我们的恩惠中，我们可以推测他们是不朽的。那些为城邦战死的人亦是如此。”（普鲁塔克《伯里克利传》8.6）

然而，我们需要对伯里克利的宗教观进行更加细致入微的探究。古代的宗教信仰与现代的基督教和犹太教等宗教信仰截然不同。在古希腊，宗教没有核心教义，没有经典，也没有管控人类生活的一套宗教律令，它的核心是崇拜和仪式，而不是教义或信仰。对雅典的强烈爱国情怀与对其守护女神的真诚奉献并不一定相互排斥。①因此，伯里克利的建筑工程依旧服务于传统需求，虽然是以一种新的形式。

帕特农神庙显然甚至考验了古代人对宗教崇拜的宽泛认知："这是一种自负的虔敬——胜利的民众通过半个世纪民主制度锤炼出的自我崇高化表达。"[14] 但这种新型的虔敬令包括众多平民在内的较为传统的雅典人感到不安。

伯里克利及其朋友带来的理性主义和思想启蒙的新风潮，不仅让他的贵族政敌困扰，而且也让迷信的雅典民众感到不安，而受到影响的还不止这二者。悲剧作家索福克勒斯并非伯里克利的政敌，虽然在宗教事务上是虔敬的传统人士，但他对这种新思想的态度是矛盾的。他的悲剧《安提戈涅》（*Antigone*）于公元前441年在雅典卫城的南坡上演，从那里可以望见仍在建造中的帕

① 一位敏锐的学者道破真谛："对于伯里克利时代的人来说……雅典娜就是雅典，是雅典代表的一切崇高价值的化身。雅典娜的特质——战无不胜的勇武、卓越的智慧、对艺术的热爱——正是伯里克利在葬礼演说中描述的雅典公民的特质。从这个意义上来说，每一个被伯里克利理想所激励的有思想的雅典人都'信仰'雅典娜。"[13]

特农神庙。在这部悲剧中，我们可以看到索福克勒斯的疑虑。这部悲剧的情节围绕城邦的实际利益和非理性的、传统的宗教需求之间的冲突展开，前者的代表是一个老谋深算的、爱国的领导者，他只对理性和力量感兴趣。后者的代表是一位少女，她坚持要为背叛城邦的哥哥举行正式葬礼。虽然索福克勒斯理解并呈现了城邦统治者克瑞翁（Creon）的立场，但显然他更倾向于支持安提戈涅。传统宗教不容亵渎，也不应被抛弃。

接下来发生的事情很快就会表明，伯里克利的理性主义和智识主义、他那披着宗教外衣的大胆创新的举措，以及围绕在他身边的非传统、很大程度上带有外来色彩的“智囊团”，深深触动了许多可能给他带来麻烦的雅典人。修昔底德隐晦地指责伯里克利不敬神的攻击虽然以失败收场，但在接下来的 10 年里，伯里克利的新旧敌人将借宗教问题和这项建筑计划的不同方面，对伯里克利以及他的同事、朋友和爱人展开攻击。

第九章

伯里克利的私人生活

到公元前 440 年，伯里克利已经成为领导雅典的政治家长达 20 年了，这比客蒙执政的时间还长。公元前 443 年，他摆脱了他的主要对手麦列西阿斯之子修昔底德，并获得了前所未有、无人能及的权力和影响力。一些恶毒的人开始私下议论伯里克利，认为他长得和令人憎恶的僭主庇西特拉图很像。一些喜剧诗人甚至大胆地称呼他和他的同伴为“新庇西特拉图家族”，并要求他“宣誓不成为僭主，理由是他独揽大权的统治与民主制不相称，又过于专横暴虐”。（普鲁塔克《伯里克利传》16.1）

麦列西阿斯之子和他的派系对伯里克利的权势膨胀感到震惊，并公开反对他，声称雅典“不应该彻底沦为君主制城邦”。（普鲁塔克《伯里克利传》11.1）许多雅典人肯定都有过这种猜疑，而且，很明显伯里克利的反对者认为从这个角度发动攻势可能奏效。但显然大多数雅典人对他们的城邦和帝国的状态感到满意，并且乐于让伯里克利继续执掌政务。即便如此，还是出现了一批新的反对者挑战他的领导地位。由于伯里克利威望卓著且深得民心，反对者们不能直接抨击他和他的政策。政治上的攻击必须以其他借口掩饰，因此他们把火力集中在他的个人品性、生活方式及交际圈。

不同政体下的领导权呈现出迥异形态。在君主制、独裁统治或任何形式的专制统治下，领导者往往努力表现得比普通人更伟大、更超凡。据说亚历山大大帝曾要求民众称他为神。在罗马共和国最后的日子里，恺撒被指控企图称王，这在罗马人眼中几乎是离谱的事情。恺撒及其后许多继承帝国皇位的人在去世之后被神化。朴实的韦斯帕芗（Vespasian）用他的遗言嘲弄了这个传统："哦，天哪，我要变成神了。"但他的继任者却更加认真地对待这个问题，认识到在君主制中，必须让臣民将君王奉若神明，方能维系敬畏之心。

在民主制下，情况则有所不同。虽然人们偶尔会选择像乔治·华盛顿这样德高望重的非凡人物来领导他们，但是通常他们会更愿意选择一个平易近人的领导者。在一个小木屋中出生、长大后以劈柴为生的经历，对亚伯拉罕·林肯来说是一种优势。如果领导者碰巧出生在富裕家庭，或者出身良好，他依然需要展现出亲民的态度。在公元前 5 世纪，雅典的大多数政治领袖都是贵族，在伯里克利之前最成功的就是客蒙，客蒙不仅与平民打成一片，谈吐更是就像普通人一样。而伯里克利却截然不同。

相传有一个粗鄙无礼的混混整天尾随伯里克利，在伯里克利执行公务时咒骂并侮辱他。这一切都发生在雅典最拥挤的开放集市上。但是伯里克利对此毫不在意，没有理会一句。夜幕降临时，伯里克利转身回家，没有表现出任何烦躁的迹象，而男子依旧跟着他，一直骂着下流的话。当他到家时，天已经黑了，于是他命令仆人点燃火把，送那位男子回家。（普鲁塔克《伯里克利传》5.2–3）这是他贵族式的自我克制和良好举止的最好展示，也体现了哲学家的超然气度。他的仰慕者可能会称赞这种行为，认为这是他德性崇高的证据，但另一些人有更负面的看法。他们认为伯里克利目中无人、冷漠和傲慢。他的疏离感被认为是对普通人的蔑视，他的节制克己被称为自负和沽名钓誉的手段。而他的当选和立法层面的成功表明，除了少数人，大多数雅典人对他持更友善的看法，但在世人眼中，他仍然是一个冷漠、疏离和孤独的人物。

伯里克利的公众形象是强大而孤独，与普通人相比，他说话有力、善于雄辩，却刻意疏离于同阶层的社交生活。这种超然独立的姿态，使他当之无愧地获得了"奥林匹亚众神式的"这个喜剧诗人给他的绰号。显然，他们给他起的这个绰号主要是因为他的演说才能："声如雷鸣"，"舌绽闪电"，甚至言辞中"挟带骇人的霹雳"。（普鲁塔克《伯里克利传》8.3）但是，塑造了他的这种节制克己公众形象的不仅是他的权势和崇高辞令，更是他的生活方式。

贵族所推崇的克制、伯里克利童年经历的可怕事件以及他受到的哲学教育，共同造就了伯里克利与世疏离的天然倾向。但是，伯里克利选择了一种行为模式，强化而不是淡化了他的这种高高在上。除了执行公务，他很少在公众场合露面，而且只限在公共事务场所之间往来。他避开了宴会和酒会，这是上层男性主要的社交活动。我们只知道有一次他去参加了这样一个聚会，那是伯里克利一个亲戚的婚礼，但他在酒宴一开始便翩然离去。

实际上，伯里克利有很多朋友和同事，我们甚至知道其中不少人的名字。但他和他们的交往不同于他同时代人的普遍做法。他不是在体育场、餐桌旁或在酒杯之间与他们一起度过闲暇时光，而是与一些人在工作时间因共同的活动，如政治或建筑和艺术项目而见面，还有一些人则与他谈论哲学，这是他最喜欢的消遣方式。

伯里克利政治上的朋友和同僚很多，毕竟没有人能在没有大量帮助的情况下连续 30 多年担任民主城邦的领导者。这些朋友中有一位叫作皮里兰佩（Pyrilampes），他曾作为使节，几次被派往波斯。公元前 449 年，他陪同卡里阿斯前往波斯，并收到了波斯国王的礼物——一只孔雀，此后便以培育、展示这种珍禽而闻名。[1] 梅尼普斯（Menippus）是伯里克利的另外一位密友，曾与伯里克利并肩担任将军要职。格劳孔（Glaucon）与伯里克利来自同一个部落，曾多次与他并列十将军委员会，哈格农（Hagnon）也是如此，此人还主持建立了安菲波利斯（Amphipolis）殖民地。克雷尼亚斯也是一位将军，他曾推动一项法令，加强对贡金的控制。他与伯里克利的关系非常亲密，因此在他死后，伯里克利成了他儿子的共同监护人之一。有一部喜剧的片段描述了伯里克利的另一位朋友，这个人就像吉尔伯特（W. S. Gilbert）和沙利文（A. S. Sullivan）的歌剧《日本天皇》（*The Mikado*）中的人物 Pooh-Bah，充当着“万事大臣”（Lord High Everything Else）的角色：

> 麦提奥库斯（Metiochus）是将军，麦提奥库斯扫大街；
> 麦提奥库斯烤面包，麦提奥库斯做麦饼；
> 麦提奥库斯无所不能；麦提奥库斯迟早要遭殃。

这些人，以及众多与伯里克利的关系没有被记录下来的人，他们和伯里克利一起，在军事、外交和政治方面为雅典服务。他们与伯里克利的关系非常亲密，足以被公众视为他的挚友。另一群体则囊括了公元前 5 世纪大半思想文化精英，包括他的老师和哲学伙伴达蒙、阿那克萨戈拉和普罗塔戈拉。他还与哲学家埃利亚的芝诺有过从。芝诺可能是辩证法的创立者，以否定运动、变化可能性的悖论闻名于世。伯里克利还至少与三大悲剧家中的两位有私交：埃斯库罗斯和索福克勒斯。记录希波战争的历史学家希罗多德也与他相识，据说希罗多德曾在雅典公开朗读伯里克利的作品，并参与了伯里克利在图里伊建立理想城邦的计划。他在《历史》中有对阿尔克迈翁家族的同情性描述，表明他与伯里克利关系亲密。

雅典著名的预言者兰蓬是伯里克利非常倚重的朋友，不仅受托参与图里伊建设等政治任务，更被普鲁塔克列为“信得过的人”。（《道德论丛》812）他是神谕的释义者，是不成文的神圣律法的释典官（exegete）——实际上，释典官是由德尔斐的阿波罗神庙里的祭司们选出来的。一位学者称他为“实质上的宗教部长”。[2] 在《修辞学》中，亚里士多德描述了伯里克利与这位相当浮夸的宗教人士的对话。“伯里克利问兰蓬能否透露救世女神秘仪的内容。兰蓬回答说，没有入会者不被允许知晓仪式内容。伯里克利接着问，兰蓬自己是否知道这些内容，兰蓬回答自己确实知道。‘怎么可能呢？’伯里克利问，‘既然你自己没有入会。’”（1419a）亚里士多德引用这段对话是为了说明辩论中诱使对手自相矛盾的技巧，但这个故事也说明了他们之间轻松戏谑的关系，伯里克利可以调侃这位德高望重的宗教专家。

伯里克利也和索福克勒斯保持着亲密而轻松的友谊，这源于他们在公元前 441 年共同担任将军的经历。关于他们的故事众多，其中一则是两位将军随舰队出征时，索福克勒斯称赞一个引起他注意的男孩的美貌。伯里克利斥责了他，暗示贪污不是公职人员唯一的腐败形式："一个将军不仅手要干净，索福克勒斯，眼睛也要干净。"（普鲁塔克《伯里克利传》8.5）

索福克勒斯和许多雅典上层阶级的人一样，对男女情人来者不拒，这位伟大的悲剧诗人据说因他的性欲而臭名昭著。然而，伯里克利似乎像他的前辈客蒙一样，唯以异性为情爱对象。这两位都是多年来喜剧诗人无情讽刺的受害者，是他们攻击的对象，而同性恋行为是他们最喜欢攻击的目标之一。和客蒙一样，伯里克利也经常被指控性行为不端，但总是和女人有关。现存古代证据难以判定，究竟是索福克勒斯还是客蒙与伯里克利更能代表雅典贵族的情爱取向，至于普通公民是否亦复如是，则更难以考证。

伯里克利与普罗塔戈拉的对话似乎更为严肃。其中一次对话是由伯里克利的儿子克桑提普斯复述的，让人觉得非常真实。这个年轻人讨厌他的父亲，想让他的父亲出丑，因此他满城宣扬这个故事。在一次体育竞技会中，一名投掷标枪的运动员掷出去的标枪误杀了一个观看者。按照克桑提普斯的说法，伯里克利和普罗塔戈拉花了一整天时间讨论，"基于最严格的理性"，谁应该对此负责：标枪，投掷者，还是竞赛组织者？（普鲁塔克《伯里克利传》36.2–3）我们认为这是在伦理道德和逻辑分析方面受过高度训练的两位朋友才会展开的那种哲学讨论。他们对这些问题的深层意义产生浓厚的兴趣，同时也能从谈话过程的智慧交锋中获得最大的乐趣。当然，对普通人来说，他们会显得无情而荒谬。

我们从有限的证据中得到的伯里克利形象，远非我们预想的疏远、冷漠、孤独、阴郁，而是一个有着广泛的朋友和熟人圈子的人。他和一些人亲近到可以开玩笑，而从另一些人那里获得了最深的智识愉悦，同时善于运用所有朋友的才智和友谊。在这方面，伯里克利不区分雅典人与外邦人。实际上，他的一些最知名的同伴，如阿那克萨戈拉、希波达摩斯、希罗多德、毕托克莱德斯（Pythocleides）和普罗塔戈拉都不是雅典人。然而，在一个日益强调雅典人与外邦人的区别的城邦里，这不一定是好事。

雅典人的婚姻，尤其是上层社会的婚姻，通常既不浪漫，也难以带来情感满足。婚姻通常是为了提高家庭地位或获得财产而安排的，新娘的父亲准备嫁妆，将女儿送入夫家。近亲结婚也很常见。男人一般都是 30 岁之后才结婚，而他们的妻子通常只有 15 岁。因此，这不是平等的结合。如此悬殊的年龄差意味着少女只是从生活在一个成年男人（她的父亲）的权威之下，转到另一个成年男人（她的丈夫）的控制之下。用现代眼光来看，这种婚姻不可能带来情感或性方面的满足，对那些被关在家里、贞操受到严密监视的女性来说更是如此。男性可以在家庭以外的地方寻欢作乐。正如德摩斯梯尼坦言的那样："我们可以找艺妓（hetairai）取乐，可以找妓女（pornai）满足日常身体需要。我们还有妻子，她们为我们生育合法子嗣，也是一个值得信赖的看管房子的人。"（《反奈拉辞》[*Against Neaira*] 118–22）

如果按照这个标准，而不是按现代标准来看的话，伯里克利的婚姻堪称巨大的成功。在公元前 463 年左右，[3] 他娶了一个和他身处同一阶层的女人，他们大概有某种亲属关系。他们育有两个健康的儿子，克桑提普斯和帕拉鲁斯（Paralus），可能都出生于公元前 460 年之前。然而，在其他方面，这场婚姻不算成功。他们的夫妻关系并不融洽。在雅典，离婚很容易，只要双方同意或任何一方提议就可以。大约在公元前 455 年，他们的婚姻关系结束了。从伯里克利依照妻子的意愿，亲自安排她改嫁雅典巨富卡里阿斯的儿子希波尼库斯来看，离婚似乎出于双方自愿。

他们的儿子似乎也未能成才。在回答苏格拉底的一个尖锐问题——伯里克利是否有能力把他的儿子培养成智慧之人时，柏拉图笔下的亚西比德说："好吧，就算伯里克利的两个儿子都是傻瓜，那又怎样？"（柏拉图《亚西比德篇 I》118E）关于伯里克利的小儿子帕拉鲁斯，我们什么都不知道。但他的大儿子克桑提普斯，显然与父亲关系不好。克桑提普斯本身就是个挥金如土的人，还因为娶了一个血统高贵而挥霍成性的女人更使情况雪上加霜。伯里克利控制了家庭财产，克桑提普斯靠他给的补贴度日，在克桑提普斯看来这远远不够。实际上，伯里克利给他儿子的钱的确不多，而且是定期发放。伯里克利举世闻名的清廉似乎与他对金钱根本上的淡漠有关。正如我们所看到的，他的社交生活极为简朴，也没有传出过关于他个人的任何巨额开支记录。他既没有像地米斯托克利那样建造神庙来纪念他自己的成就，也没有像客蒙那样向他的朋友和支持者们赠送礼物。唯一的例外是他资助埃斯库罗斯的《波斯人》合唱队的开支，而这应被视为他对未来政治生涯的一笔投资。

雅典的普通地主都会在一年中的某个时段居住在他们乡间的农庄里，用农庄出产的一些产品来供养家室，并卖掉多余的。一旦伯里克利开始了他的政治领袖生涯，城邦事务就会占据他所有的时间和精力，因此他没空管理自己的农庄。伯里克利没有像其他活跃的政治家那样亲自打理，相反，他把它交到一名出众的管家埃万格鲁斯（Evangelus）手上，后者会用最具经济效益的方式来管理它。长期居住在城中的伯里克利嘱咐他的管家适时出售农庄的所有农产，再以所得购置所需物资。他把他的农庄看成一笔由代理人经营的商业投资，由此他可以自由地专注于城邦事务和精神生活。

伯里克利的儿子和儿媳们不认可这个安排，认为伯里克利很吝啬。克桑提普斯处理这个问题的方法是去找伯里克利的一个朋友，并以他父亲的名义借钱。当朋友要求伯里克利偿还借款时，他不仅拒绝了，而且还对儿子提起了诉讼。但是，父子反目似乎不太可能只是因为金钱上的分歧。他的儿子们可能因为父母离婚而感到难过，并认为这是伯里克利的责任。但无论如何，这场家庭纷争人尽皆知，因为克桑提普斯到处散布对他父亲不利的流言。父子之间的裂痕从来没有愈合过。

批评家们注意到，伯里克利没有将他的儿子们培养成有杰出的美德和成就之人。柏拉图借苏格拉底之口，把这一失败作为证据，证明美德是无法传授的，对此，普罗塔戈拉回应说，如果学生缺乏天赋，教师也不能成功。（《普罗塔戈拉篇》327B）对于一位伟大的雅典教育家和指导者来说，承认自己没有把儿子们培养好一定是非常苦恼的。如果他能预见到在自己去世 20 余年后，他与他的情人阿斯帕西娅的爱情结晶（也叫伯里克利）将当选将军，或许能稍稍感到宽慰。

或许是为了弥补对儿子的失望或亲子关系破裂的遗憾，伯里克利接受了监护亚西比德和小克雷尼亚斯的责任，这两个孤儿是其挚友克雷尼亚斯的遗孤。公元前 447/ 前 446 年，老克雷尼亚斯死于克罗尼亚（Coronea）战役，当时亚西比德只有 5 岁，他的弟弟更小。通常情况下，他们的监护权会落到与父亲血缘关系最近的成年男性亲属身上，但是孩子们的母亲来自阿尔克迈翁家族，他们的父亲显然对其母亲的亲戚、他的朋友、雅典最重要的人——伯里克利更加信任。

伯里克利从小克雷尼亚斯身上获得的慰藉寥寥无几。一位现代学者将他描述为“有精神疾病的不良少年”，[4] 这可能是比现有证据更准确的临床诊断，亚西比德本人也说弟弟是疯子。（柏拉图《亚西比德篇 I》118E）当然，这种说法需要审慎考量，因为伯里克利把小克雷尼亚斯送往自己的哥哥阿里弗隆处寄养，“担心他（小克雷尼亚斯）会被亚西比德带坏”。但是，不到 6 个月，阿里弗隆就因为“束手无策”把小克雷尼亚斯送了回来。（柏拉图《普罗塔戈拉篇》320A–B）

亚西比德身上则有不同的问题。他继承了他父亲的财富，那是一大笔钱，以至于他可以在公元前 416 年的奥林匹亚竞技会上派出 7 辆战车参加比赛，多于之前任何以私人身份参加比赛的公民派出的战车数量。他非常英俊，“被许多贵族家庭的女人追求”。（色诺芬《回忆苏格拉底》1.2.24）他被训练成一个杰出的演说家，他的智慧让一位哲学家称他为“所有男人中最具洞察力和理解力的人”。（普鲁塔克笔下的泰奥弗拉斯托斯［Theophrastus］《亚西比德传》10.2–3）即使是他的缺点也利弊参半。他的口齿不清远近皆知，但人们觉得这增添了他的魅力。他任性、蛮横、喜怒无常、乖张放肆，但他孩子气的荒唐行径让他赢得了赞赏和公众关注。

伯里克利太忙了，无暇在两个儿子的童年时期多加陪伴，但是早慧的亚西比德似乎被他声名显赫的监护人的伟岸形象所震撼与激励。亚西比德天赋异禀，他的野心已经被父辈门庭的传承所激发，期望值也被拔高了，他把目标定得很高，还受到众多谄媚者的鼓动。据普鲁塔克记载："他身边的败坏之徒抓住了他的野心和对名望的喜好，让他过早地涉足重大事务，而且使他相信一旦他开始从政，他不仅会超越其他的将领和政客，还会在权力和声望方面超过伯里克利。"（《亚西比德传》6.3）亚西比德确实着手去做了，并且他也取得了不少伟大的成就。但他缺乏其监护人的历练和智慧，尤其是品格，终致野心膨胀而自取灭亡。色诺芬对他的指责相当严厉，说他是"生活在民主制下的所有人中，最放荡、最傲慢、最暴戾的人"。（《回忆苏格拉底》1.2.12）他曾两次被他的同胞们判罪，并逐出雅典，最后在流放中蒙羞去世。

然而，这些都是在伯里克利去世之后发生的。少年及青年时期的亚西比德似乎曾与他的监护人有过一些对话，其间展示出了他的聪明和他对传统道德观念的蔑视。有一个著名的故事是，他想要见伯里克利，但被告知这位伟大的政治家太忙，因为伯里克利此时正在向雅典公民展示他的账目，这是公职人员必须做的。亚西比德转身离开时说："如果他能找到不向雅典人展示账目的方法，难道不是更好吗？"（《亚西比德传》2.7.2）

色诺芬还记录了一段伯里克利和亚西比德之间的对话，那时这个年轻人还只有十几岁。

"告诉我，伯里克利，"他说，"你能教我什么是法律吗？"

"当然了。"伯里克利说。

"那么请教导我，"亚西比德说，"每当我听到人们因守法而受到表扬时，我认为没有人值得被赞美，除非他真正明白什么是法律。”

“很好，亚西比德，你渴望学习的东西并不难：什么是法律？法律就是在公民大会上，大多数人共同讨论并表决通过的内容，它指导我们什么应该做，什么不该做。”

“它指导我们应该做好事还是做坏事？”

“好事，当然是好事啊，我的孩子，绝不能是坏事。”

“但是，如果聚集在一起决定我们应该做什么的并不是大多数人，而是少数人，就像寡头制那样，那法律是什么？”

“任何一个城邦的最高权力规定的应该做的事，都被称为法律。”

“如果僭主是城邦的统治者，并规定公民必须做什么，这也是法律吗？”

“无论掌权的僭主规定的是什么，它都是法律。”

“但什么是强制和违法呢？当强者不是以劝说而是以武力的手段，迫使弱者按照他的意愿行事，这不就是强制和违法吗？”

“是的，我同意。”

“因此，当一个僭主不是以劝说而是以武力的手段，强迫民众通过立法，这是不是就是违法行为？”

“我看是这样，我把刚才我所说的，僭主未经说服人民而制定的条例是法律的话收回。”

“只要少数人不是以说服多数人的方式，而是利用他们的权力，强迫他人通过条例，我们是否应该称之为暴力？”

“在我看来，一切不是通过劝说而是通过强迫的形式要求人们去做某件事的行为，无论它是不是成文法，都是暴力，不是法律。”

“那么，全体公民在没有说服富人的情况下颁布的条例都是暴力，不是法律？”

“亚西比德，在你这个年纪的时候，我们对于这类问题的讨论也很擅长。我们花费时间和精力进行讨论疑难问题，正是你现在似乎在思考的这些。”

“噢，伯里克利，”亚西比德说，“我多么希望在你最擅长这些问题的时候，和你讨论这些问题。”（《回忆苏格拉底》1.2.40–46）

显然，年轻的亚西比德受到新一代智者诡辩思想的影响。这些人对法律和政治传统的“开明”批判已经远远超过了普罗塔戈拉这样的人。担任他的监护人想必是件令人振奋的事，虽说难免有些令人不安。

在伯里克利离婚后，他似乎独自生活了大约六七年，没有伴侣。但随后他开启了一段惊世骇俗的恋情，这段关系给他带来了巨大的幸福感，同时，也招致了许多疯狂的批评和相当大的麻烦。他的伴侣是阿斯帕西娅，大概在公元前 5 世纪 40 年代初，她离开了家乡米利都，前往雅典定居。古代作家称她为 hetaira，这是一种高级妓女，专为男人提供情爱服务和其他娱乐。显然她颇具敏锐、活跃的才智，很可能在米利都接受过最新的思想和辩论技巧方面的培训。总之，苏格拉底本人认为值得花费时间与她交谈，并带着他的追随者和朋友一起拜访她。柏拉图在《美涅克塞努篇》（*Menexenus*）中更戏谑地称伯里克利的葬礼演说等名篇都出自她的手笔。

同时，她一定是一位美丽的年轻女人，强烈地激起了伯里克利的爱欲。同时代的人指责他使用各种不光彩的手段来满足欲望。他们说，菲迪亚斯和阿斯帕西娅亲自为他物色女子。他们还控告他引诱梅尼普斯的妻子，控告他的朋友皮里兰佩用自己著名的孔雀为他讨好女人，甚至还指责他和自己的儿媳有染。如此密集的同类的诽谤，不太可能是凭空杜撰，大抵是对他的真实缺点的夸大。普鲁塔克大概是对的，他认为阿斯帕西娅的智识不是她吸引伯里克利的主要原因，同时他断言伯里克利对阿斯帕西娅的爱“更多出自情欲”。（《伯里克利传》24.5）

从各个方面来说，阿斯帕西娅与雅典妇女截然不同。她不是那种被禁锢在女奴、孩童与女性亲属构成的狭小天地里，与世隔绝、备受压抑的可怜人。她是个美丽、独立、机智的年轻女人，能够与希腊最聪明的人物交谈，能够和她的丈夫讨论并深入思考各种问题。毫无疑问，伯里克利深切地爱着她，因为他把她接进了他的家中。不管他们是不是合法夫妻，他都把她当作心爱的妻子。每天早晨当他离开家时和每天晚上当他回来时，他都要拥抱和亲吻她，这种亲密的问候在雅典男人和他们的妻子之间并不常见。

大约在公元前 440 年，阿斯帕西娅给伯里克利生了一个儿子，他们给他取名为伯里克利。因为他的母亲是外邦人，因此在法律上小伯里克利是私生子（nothos），他也不是雅典公民，没有资格继承父亲的财产和姓氏。实际上，伯里克利已经有两个合法的儿子了，他们在任何情况下都将优先继承。

雅典男人与名妓交往非常普遍，把她带回家纳为“妾室”或许也未必少见。但最不寻常也最令许多人震惊和反感的是，伯里克利居然将这样一个女人——更何况是外邦人——以正妻之礼相待，并给予她比大多数雅典妻子所能享受到的更多的感情，还让她频繁地和其他男人交谈，和她讨论重要事务，并尊重她的意见。

领导者的个人行为，特别是在性方面，往往具有政治意义。尤其在民主政体中，违背公众道德的丑闻可能会造成严重后果。关于伯里克利与阿斯帕西娅的丑闻铺天盖地，喜剧诗人对它们大加利用。他们称阿斯帕西娅为娼妓，称她的儿子是私生子。他们将她比作翁法勒（Omphale）。翁法勒是传说中的吕底亚女王，英雄赫拉克勒斯曾给她当奴仆。伯里克利的政敌还进一步将阿斯帕西娅与塔尔戈里亚（Thargelia）相提并论。塔尔戈里亚是爱奥尼亚的高级妓女，她美丽而聪明，与希腊许多重要人士有过交往，同时她利用她的影响力把这些重要人物都拉拢到波斯一边。这个比较的言外之意很清楚：伯里克利被这个外邦女人的魅力奴役，她为了自己的政治目的来控制他。萨摩斯叛乱源于米利都和萨摩斯之间的争端，而米利都恰好是阿斯帕西娅的母邦，因此这一点增加了这些指控的可信度，因为流言说伯里克利是为了阿斯帕西娅才发动了这场战争。在伯里克利死后，阿里斯托芬重拾这些旧日指控，戏谑地把伯罗奔尼撒战争祸端也归咎于阿斯帕西娅。

围绕阿斯帕西娅的诽谤也波及了伯里克利，这不仅仅是因为他和她的关系。喜剧诗人克拉提诺斯（Cratinus）创作的喜剧《喀戎》（*Cheirones*）在公元前440年上演，在剧中他把他们放在一起讽刺："上古时期，派系女神（Faction）和克洛诺斯（Cronus）结合，生下有史以来最残暴的僭主，众神称之为'聚首者'（Head-collector，也可以理解为'高头大额者'）。克洛诺斯又与淫乱女神生下赫拉般的阿斯帕西娅，一个狗眼娼妇（the dog-eyed whore）。”（普鲁塔克《伯里克利传》3.3; 24.6）这里充满了双关。神话中提坦神克洛诺斯是和瑞亚（Rhea）结合生下了宙斯，但在这部喜剧中不是，他是与派系女神结合，这是在暗示他们生下了伯里克利，因为后者的崛起源于派系冲突。克洛诺斯的儿子是宙斯，荷马称之为“聚云者”（Cloud-gatherer）。在克拉提诺斯的剧中，宙斯实指伯里克利，被称为“聚颅者”，既无害而有趣地调侃了其奇异头型，又影射其领袖地位。荷马敬称宙斯的妻子赫拉为“牛眼女神”，但克拉提诺斯称伯里克利的伴侣是“狗眼娼妇”。

这些大多只是喜剧式的辱骂。但其中对僭主的提及具有政治意义。在希腊历史上，民众领袖从派系纷争中崛起，并使自己成为僭主是一种常见的模式，对雅典人来说尤具特殊意义。僭主庇西特拉图就是以这种方式获得权力的，而他的儿子们成为僭主后的所作所为，包括勾结波斯的叛国行径，给所有雅典人留下了痛苦的记忆。任何与这段记忆的联系都会对雅典政治家造成不利影响。更致命的是庇西特拉图和伯里克利一样热衷大兴土木。当克拉提诺斯在修昔底德遭陶片放逐后不久上演的喜剧《色雷斯妇女》（*Thracian Women*）中调侃伯里克利及其最近的建筑项目时，或许别有深意：“看，头大如冠的（squill-headed）宙斯脑袋上顶着音乐厅登场了，毕竟陶片放逐已经收场了。”（普鲁塔克《伯里克利传》13.6）同时，当人们指出音乐厅的屋顶就像波斯大王的王帐时，可能在暗示伯里克利怀有帝王野心。

公元前 438 年，伯里克利的新政敌们找到了另一种方法来攻击他。他们以一个冠冕堂皇且极具杀伤力的理由——“不敬神”，对他的朋友们发起连番指控。菲迪亚斯一直在创作将要放在帕特农神庙内殿的耗资巨大的饰有黄金和象牙的雅典娜雕像，这项工作一结束，这位雕刻家就被控贪污和不敬神。大约在同一时间，阿斯帕西娅也被指控不敬神。随后，雅典通过了一项法案，宣布无神论和教授天体理论是公共罪行，矛头明显指向阿那克萨戈拉。最后，伯里克利自己也被指控贪污受贿。显然，伯里克利的政敌们有组织地对他和他的朋友们发起攻击，其目的是削弱民众对他的支持和摧毁他的权力。

这些招数很可能是伯里克利的政敌在研究了他的职业生涯后，从他那里学到的。当年厄菲阿尔特和伯里克利发现客蒙和战神山议事会在政治上无懈可击时，他们利用了与叛乱盟友长期作战不得人心这一点，指控个别战神山议事会成员和客蒙本人有经济上的不端行为。尽管这些指控未能将客蒙定罪，但他们成功清退了战神山议事会的部分成员，也削弱了民众对客蒙一派的支持。当客蒙的亲斯巴达政策在后来遇挫时，扳倒客蒙的土壤已经培育好了。

公元前 438 年，萨摩斯和拜占庭的叛乱刚过去不到两年。旷日持久的萨摩斯围城战代价高昂，在人员和金钱方面损耗严重。客蒙的妹妹艾尔佩尼珂对此的批评言论、伯里克利为了取悦阿斯帕西娅而发动非必要战争的指控，都表明这场战争已引发诸多非议，而菲迪亚斯制作的雕像在帕特农神庙的揭幕则提供了一个绝佳的时机。

对菲迪亚斯的指控是说他侵吞了一些用于制作雕像的金子。这一指控的目标特别吸引人，不仅因为菲迪亚斯与伯里克利关系亲密，还因为伯里克利自己就是该项目的监工委员会成员，他要承担连带责任。根据普鲁塔克的说法，有些控告者是菲迪亚斯的私敌，但其他人“想借此测试一下民众，看他们在涉及伯里克利的案件中会做出什么样的裁决”。（普鲁塔克《伯里克利传》31.2）菲迪亚斯的一个助手坐在市场里的请愿席上，要求获得检举豁免权。这种闻所未闻的诉讼程序或许正是政敌精心编排的政治戏码，旨在夸大菲迪亚斯的敌人声称的伯里克利所掌握的可怕权力。无论如何，当公民们同意了这位助手的请求后，他便在公民大会上正式提出了指控。然而，伯里克利曾经命令菲迪亚斯以可拆卸方式安装黄金饰片，以便在紧急情况下将其取下来。比如在一场旷日持久的战争中，雅典人可能缺钱，然后，黄金可以被取下来、熔化，并用于公共目的。值此危急关头，伯里克利要求菲迪亚斯卸下金片称重。结果表明，黄金没少。

然而，菲迪亚斯的麻烦还没有结束。他的下一个罪名是不敬神。在雅典娜盾牌上雕刻的与阿玛宗人战斗的场景中，有一个“双手高举巨石的秃顶老翁”明显是自塑像，而另一个与阿玛宗人战斗的形象酷似伯里克利。普鲁塔克曾亲眼见过这些雕像，他说：“雕像人物的一只手拿着长矛，正好挡着脸，巧妙地掩盖了与伯里克利的相似之处，但是从侧面看，相似处就非常明显。”（普鲁塔克《伯里克利传》31.4）这种艺术手法在意大利文艺复兴时期很常见，但在公元前5世纪的希腊堪称玩火自焚。在菲迪亚斯把众多雅典无名民众雕刻在帕特农神庙的浮雕饰带上之前，从未有过任何在世人物的形象出现在希腊神庙里。在女神的雕像上雕刻可辨识的真人，这样的行为对普通公民来说实在胆大妄为，他们可能会认为这是一种可能危及整个城邦的傲慢之举。

尽管伯里克利秉持智识和理性，但大多数雅典人仍然保持着传统形式的宗教信仰，而在“启蒙”的少数同代人和我们看来，他们非常迷信。菲迪亚斯受审7年后，当斯巴达军队在伯罗奔尼撒战争初期入侵阿提卡时，理性、具有怀疑精神的修昔底德告诉我们："神谕贩子们吟诵着各种各样的神谕，投众人所好。"（2.21.3）第二年，当一场可怕的瘟疫暴发时，惊恐的雅典人想起了德尔斐神谕的内容，神谕承诺斯巴达人必胜并获神助，于是他们将这场独袭己方而绕过敌军的瘟疫归咎于此。这种宗教恐惧和迷信始终暗流涌动，而对菲迪亚斯的攻击将它们暴露了出来。这位雕塑家被判有罪并被流放。[5]

初战告捷后，政敌们进而指控阿斯帕西娅不敬神。喜剧诗人赫尔米普斯是控告者，但具体细节我们并不清楚。普鲁塔克提到，除了这项指控，她还被指控为伯里克利引荐公民妇女，供他淫乐。我们并不清楚这一行为本身是否构成不敬神，抑或仅是附加指控。当然，要让她获罪，必须有比这种牵强荒诞的指控更实在的证据。毫无疑问，控告者希望人们对阿斯帕西娅的普遍偏见，再加上萨摩斯战争引起的对她的怨恨，会比具体细节更有分量。无论如何，伯里克利非常认真地应对了这次威胁，因为一向骄傲、矜持、"奥林匹亚众神式"的伯里克利来到法庭，在成功恳求陪审团宣判阿斯帕西娅无罪时，泪流满面。[6]

现在，"旧时代宗教"的疯狂呼声充分发挥了作用。公元前438年，一项法案规定"那些不相信神灵或教导天体理论的人应该受到公诉"（普鲁塔克《伯里克利传》32.1），由神谕贩子狄奥佩泰斯（Diopeithes）引入。他是一个"满腹古代预言的人，并因在宗教问题上的权威闻名于世"。（普鲁塔克《阿格西劳斯传》3.3）阿里斯托芬称他为"伟大的狄奥佩泰斯，那个手有残疾的人"，说他是癫狂的化身。（《鸟》988；《骑士》[*Knights*] 1085；《蜂》

380）。其他喜剧作家也质疑他神志清楚。然而，另外一些人认真对待他，而该法案似乎被认为是以阿那克萨戈拉为目标。这是一个伯里克利不敢正面迎击的挑战。审判似乎没有发生。正如弗兰克·弗罗斯特（Frank Frost）所说："在这场危机中，伽利略的精神而不是苏格拉底的精神占了上风，这位科学家被赶出了城邦。"[7]

这些攻击削弱了伯里克利的地位，他的敌人开始瞄准他们真正的目标。一个叫德拉孔提德斯（Dracontides）的人提出了一项法案，要求伯里克利将公共财政账目交由议事会主席团（prytaneis）审查，并出席法庭回应盗窃神圣财产的指控。一个不寻常的，也许也是独一无二的条款要求陪审员使用"在雅典卫城女神祭坛上供奉过的投票石"。（普鲁塔克《伯里克利传》32.3）这个程序的神圣性质"会使迷信的陪审员感觉他们必须判定伯里克利有罪"。[8]伯里克利没有理由担心一次简单的财务清廉调查，但是这一不同寻常的法律程序表明，他的敌人打算利用其他审判和立法激起的宗教正统观念的偏见让他难堪，甚至定他的罪。在这个时候，他的朋友、声名显赫的将军哈格农前来营救。他修改了这项法案，要求把案件交给1500人的陪审团，按照普通程序进行审理。这一举措使整个计划破产了，因为在雅典，不可能找到1500个会判处伯里克利有罪的陪审员，更不用说给伯里克利冠上盗用公共财产的罪名了。我们甚至没有理由相信这个案子曾经开庭审理过。

在这些攻击背后，是否存在一个如同公元前5世纪60年代反对战神山议事会和客蒙时那样明确的政治团体？显然，部分雅典人认为伯里克利在第一次伯罗奔尼撒战争中的政策过于温和。在公元前443年修昔底德被放逐之后，这些人可能会变得更活跃、更直言不讳，因为他们不再需要团结在民主与帝国事业的旗帜下。他们可能还认为，伯里克利对反叛的萨摩斯和拜占庭的处置过于宽大。既然公元前 446/ 前 445 年叛乱的优卑亚人土地被没收，并有雅典屯垦兵进驻，为何近期的叛乱者反而获得更优厚的待遇？至少他们应缴纳的贡金数额应该大幅提高，但事实并非如此。一些雅典人认为，这种温和的惩罚只会鼓励新的叛乱。克里昂（Cleon）在公元前 5 世纪 20 年代敦促雅典人把密提林的叛乱分子全部处死的时候，这种观点无疑得到了体现。

在伯里克利生命的最后几年，克里昂成了他主要的批评者和对手，虽然在公元前 438/ 前 437 年时，克里昂可能还没有成为主要反对派的公认领袖。但是，到了伯罗奔尼撒战争初期，他已经开始以蛊惑人心的方式抨击伯里克利作战不力。克里昂是雅典新兴政治家阶层中的一员，他们不是贵族而是出身平民的富人，他们的财富通常来自工商业，而非土地。在希腊贵族看来，这些行业是低下的、不体面的。凭借喜剧诗人的特权，阿里斯托芬嘲讽克里昂是硝皮匠和皮革商人，称他是小偷和战斗狂，他的声音“如洪流般咆哮”，像一头被烫伤的猪在叫。他被描绘为一个易怒的人，惯于煽动仇恨、嗜战成性。这些都是雅典喜剧的夸张，不过即使是严谨的历史学家修昔底德也称他为“最暴戾的公民”，并描述他的演讲风格为尖刻和咄咄逼人。亚里士多德进一步补全了他的负面形象：克里昂“似乎通过他的攻击比任何人都更多地败坏了民众。他是头一个在公民大会上演说时大喊大叫的人，也是头一个在那里使用辱骂性语言的人，更是头一个在发言时拉起他的裙袍（并四处走动）的人，而其他演讲者表现得都很得体”。（《雅典政制》28.3）“奥林匹亚众神式”的伯里克利和他的反差可以说是很大了。

耐人寻味的是，曾写诗支持克里昂立场的喜剧诗人赫尔米普斯，正是控告阿斯帕西娅的人。但克里昂不是雅典历史上第一位平民煽动者。阿里斯托芬在他的喜剧《骑士》中就通过一个预言家之口，说出克里昂（在剧中叫帕弗拉贡［Paphlagon］）将如何被推翻："神谕说得非常清楚，最初出现的是一个卖麻絮的来管理城邦事务……接着是一个卖羊的人……他将统治城邦，直到一个更大的恶棍出现。然后，他会被推翻。取代他的是一个卖皮革的，帕弗拉贡，这个贼……"（《骑士》128–37）古代的注疏家认为"卖麻絮的"指的是攸克拉底斯（Eucrates），"卖羊的"指的是吕西克利斯（Lysicles），吕西克利斯是伯里克利时代的一位演说家和将军。这些人很可能在公元前 438/ 前 437 年攻击过伯里克利，得到了新兴的皮革商人克里昂的帮助。和伯里克利以及所有之前的雅典政治领袖不同，这些人不是贵族，而是富有的商人。他们离普通雅典人更近，因此他们更有可能理解甚至分享许多人对诡辩家、哲学家和艺术家（他们大多是外邦人，与伯里克利交往甚密）的不满。这些普通人也不信任外邦人带来的新的理性主义和智识主义，认为这些新潮流使传统宗教信仰受到忽视。

伯里克利安然渡过了这场风暴，尽管他付出了相当大的代价，但他的政治地位仍然是基本稳定的。在这些审判之后的几年里，他仍然可以获得多数人对其政策的支持，即使是那些标新立异、本不讨好的主张。像所有想象力丰富和深思熟虑的民主制领导者一样，他需要维系一种微妙的平衡。领导者的使命在于以超前的思维制定政策，而民众则着眼于追求眼前的实际目标并坚持传统。由此产生的紧张关系必然会导致一些分歧，即使是在一个深受民众爱戴的领导者和最忠诚的民众之间，他的政敌通常也会抓住这些分歧创造出来的机会。

对伯里克利“君主化”的指控，大概就是在这个时候出现的。从政制的角度来看，这种指控是荒谬的。公民大会拥有最高主权，他们可以否决其领导者的政策、罢免他的职务，并对他进行处罚。然而，这一指控也有几分道理，因为伯里克利确实凭借超凡智慧施加着掌控。一位现代学者把这一点解释得很好：“如果曾经有过‘希腊奇迹’，那么其本质是智识主权（intellectual sovereignty）和法律主权（legal sovereignty）之间的对话最终达成和谐。当然不是没有不和谐的情况，但是这种和谐足够持久，带来累累硕果，其回响历久弥新。”[9]

公元前438年的这场审判是伯里克利职业生涯的转折点。20多年来，他取得了惊人的成就，不断取得成功。偶尔的挫折并没有阻止他朝着目标行进的脚步。在此之前，他的反对者一直是那些自始至终站在他对立面的保守贵族，他们是斯巴达的朋友、民主制的敌人、雅典帝国的敌人，还有以麦列西阿斯之子修昔底德为首的“右翼势力”。“右翼势力”这个词也许有些不符合那个时代，但是很恰当。这些保守派人士担心，随着帝国财富的增加，民主制会迅速发展，民众和依附于民众的政治家的权力会增强，而像他们这样的人会失去影响力。

现在，伯里克利第一次遭到左翼势力的反对，他们的领导者来自以前被排除在政治高层之外的一个阶层。他们凭借经商获得的财富、高超的演说技巧和政治组织能力获得影响力。在外交事务上，他们似乎倾向于帝国扩张政策和苛待盟邦。他们对斯巴达人怀有敌意，比伯里克利更愿意冒着作战的危险与之对抗。在城邦内部，他们的主要目标是除掉伯里克利，为自己腾出空间，并利用大众的宗教恐惧和偏见来达到这个目的。

他们的攻击出人意料且暗藏危机，因为它威胁着伯里克利的核心政治基础。他坚信理性力量和自己的演说才能足以引导雅典人做出明智选择。虽然他成功地渡过了这次危机，但是公元前 438 年的事件表明，至少在某种程度上他失算了。

第十章

政治家

公元前437年，伯里克利也许对当时的世界感到非常满意。帝国再次呈现出和平、繁荣的景象。雅典与斯巴达、伯罗奔尼撒同盟的协议受到公元前440年到前439年萨摩斯危机的严峻考验，但它还是维持住了。在雅典，伯里克利击败了一派政敌，并抵挡住了另一派的攻击。帕特农神庙已经建成，现在正在建的是雅典卫城的新山门。他的私人生活因美丽的阿斯帕西娅而变得更加丰富多彩。此外，在他年逾50时，她还给他生了一个儿子。他的名望达到新高度，正如修昔底德所说，在公元前433年他成为“当时的雅典人中的第一公民，在演说和行动方面无人能及”。（1.139.4）

所有这些成功和好运，不久就会因战争的爆发而破灭。从公元前5世纪希腊人的角度来看，这场冲突堪称一场世界大战，就像1914年到1918年欧洲人经历的那场战争一样。这是“希腊有史以来最强烈的剧变，也影响了一部分蛮族人，甚至可以说，它波及了人类的大部分”。（修昔底德1.1.2）它将使雅典失去超过三分之一的人口，还有舰队、城墙和帝国，甚至在一段时间内丧失了民主和自治。

与历史上诸多大战一样，导致伯罗奔尼撒战争的冲突出现在一个不太重要的偏远地区。修昔底德在描述这场战争时开篇就写道："当你驶入爱奥尼亚海湾时，埃比达姆诺斯（Epidamnus）就是在右边的那个城邦。"（1.24.1）他需要做此般的说明，因为与他同时代的大多数读者都不知道它在哪里。对于引发了第一次世界大战的费迪南大公遇刺地点萨拉热窝，当时的欧洲人对其的兴趣和了解也比雅典人和斯巴达人对埃比达姆诺斯的更多。埃比达姆诺斯被古罗马人称为狄拉奇乌姆（Dyrrachium），被近代意大利人称为都拉佐（Durazzo），现在是阿尔巴尼亚的都拉斯（Durres）。它位于从希腊到意大利和西西里岛的正常航线北边很远的地方，不是特别富有，也并非战略要地，与任何一个强大同盟都没有联系。没有人能预料到，这个偏远、不重要的地方的内部争斗，会导致一场如此大的战争。

埃比达姆诺斯由贵族统治，但内讧和与邻近蛮族的战争削弱了贵族的控制。最后，民主派与蛮族人联手，把他们的敌人赶出了城邦。埃比达姆诺斯是科西拉（现科孚岛）的殖民地，因此失败的派系转向母邦求助。然而，科西拉人满足于自己的孤立状态，拒绝介入。

被母邦拒绝后，埃比达姆诺斯贵族转而向他们的祖母邦科林斯求援。科林斯与科西拉的关系有点不同寻常地古怪。科林斯拥有许多殖民地，并与它们保持着良好的关系，唯独与科西拉不和。几个世纪以来，这个殖民地和它的母邦一直有冲突，时常因争夺双方都声称拥有的某个殖民地而争吵甚至开战。现在埃比达姆诺斯的贵族提出，要让他们的城邦成为科林斯的殖民地，以换取科林斯的援助。科林斯立即接受了，并派出一支军队进入该城邦，驱逐民主派及其蛮族盟友，帮助贵族重掌大权。他们早就预料到科西拉必会反对，但仍执意为之。实际上，科林斯人正渴望与之一战，这不仅仅是因为他们与这个不听话的殖民地有着长久的竞争关系，还有一个更深层次、非理性的动机。按照修昔底德的说法，

> 他们（科林斯人）卷入的部分原因是，他们认为埃比达姆诺斯本该与科西拉一样，同属自己治下；同时也出于对科西拉人的厌恶，虽然科西拉是他们的殖民地，但是科西拉人不尊重他们。在泛希腊的节日中，科西拉人既不授予科林斯人传统特权，也没有像其他殖民地那样让科林斯主持开幕的祭祀仪式，反倒处处轻侮。（修昔底德 1.25.3–4）

科林斯人本无必要插手埃比达姆诺斯内乱，这场争端对他们的利益、权力和声望也不构成什么威胁。但是他们急于抓住这个机会激怒、羞辱他们傲慢的殖民地，他们深知这可能会导致战争。显然他们以为不会受到干预，因为科西拉没有盟邦，而科林斯在伯罗奔尼撒同盟里有很多友邦。如果科西拉人选择战斗，那么科林斯人胜券在握。

就科西拉人而言，他们并不关心在埃比达姆诺斯的内乱中谁胜谁负，但他们强烈反对科林斯的干涉。他们派了一支舰队到埃比达姆诺斯，下达最后通牒：埃比达姆诺斯的民主派必须驱逐科林斯派来的殖民者和驻军，并迎回流亡的贵族。这样的最后通牒显然令人无法接受。尽管科西拉人孤立无援，他们还是准备战斗，因为他们坚信自己的舰队更加强大。除了雅典，科西拉是唯一一

个在和平时期维持常备海军的希腊城邦，它的舰队有 120 艘战船，堪称壮观。另外，科林斯虽然是一个商业强邦，却没有像样的战船。科西拉人高傲的态度表明，他们认为自己可以轻松取胜。

然而，科西拉只考虑争端初期的力量对比，因此犯了大错。科林斯人富有、善于应变，更挟怒而来，志在必得。他们已经做好了打持久战的充分准备，他们的潜在资源远远超过科西拉。埃比达姆诺斯的民主派拒绝了最后通牒，因此 40 艘科西拉战船、埃比达姆诺斯的流亡贵族，以及伊利里亚（Illyrian）蛮族从海陆两面围攻这座城邦。但科林斯的回击暴露出科西拉人的短视。科林斯人宣布在埃比达姆诺斯建立一个新定居点，并邀请希腊各地的移居者前来。响应极其热烈。大批移居者在 30 艘科林斯战船和 3000 名士兵的陪同下驶向埃比达姆诺斯。应科林斯要求，有几个城邦提供了金钱和船只的援助。最大的帮助来自跟雅典关系不友好的邻居墨伽拉，而即使是特洛埃真（Troezen）和赫尔米奥尼（Hermione）这样的小城邦，也被要求分别提供两艘和一艘战船，显然这更多出于心理上的而非军事上的目的。这些城邦大多是伯罗奔尼撒同盟的成员，但斯巴达并不在其中。如果斯巴达军队出现在埃比达姆诺斯的话，会对科西拉产生恐吓效果，但据我们所知，斯巴达人并没有被要求这样做。也许之前他们已经对科林斯的远征表示了不赞成。

即使没有斯巴达人参与，科林斯纠集的联军已足以使科西拉人从原先的自大中惊醒。当他们听说了备战消息时，他们派了一个使团前往科林斯，就当前局势进行协商。使节首先重复了科西拉原初的诉求，同时也提出将此事交给双方都认可的势力仲裁，要不交给伯罗奔尼撒同盟，要不交给德尔斐神谕所，全看科林斯人的选择。这番呼吁之后紧跟着一个威胁：科林斯人应该避免战争爆发；如果执意开战，科西拉人将不得不另寻盟友——除了接触的势力，还要争取更多的援助。毫无疑问，这里的言外之意指向雅典。

科西拉人确实是真诚地寻求和平解决方案。科林斯人的狂热斗志以及外交上的成功令科西拉人意识到先前的误判，所以他们不再渴望战斗。让伯罗奔尼撒同盟仲裁的提议，进一步证明了他们寻求妥协方案的诚意，甚至愿意接受外交上的败局。然而，在科林斯的威胁面前，他们不准备接受受辱投降。如果被逼到绝境，他们会背水一战，并向雅典寻求帮助。

希腊世界偏远角落的一个小事件，现在已发展成威胁普遍和平局面的危机。斯巴达人察觉到了这一威胁，因为科西拉人并非只身前往科林斯谈判，而是在斯巴达和西库翁正式代表的陪同下去的。他们是为科西拉的和平倡议站台助阵的。危机初期，斯巴达人倾向和平解决。他们担心，如果爆发战争，科西拉会求助雅典。如果雅典同意介入的话，科林斯会试图把斯巴达拖下水。这样一来，一件与斯巴达毫无关系的小事有可能引发一场大战。

虽然有斯巴达的干预，但是科林斯还是拒绝了科西拉的各种提议，并宣布开战。科林斯人的决定表明，他们没有把科西拉与雅典结盟的威胁当真，因为一旦雅典人介入海战，科林斯必败无疑。科西拉人可能会寻求这样的结盟，但科林斯人认为雅典人必会拒绝。他们确信伯里克利不想蹚浑水，因为从三十年和约到雅典自和约签订以来历年的举措都表明，雅典已经默许科林斯在西部可以自由行动。然而，这种判断忽视了此次冲突的一个变数，即科西拉海军实力雄厚，这一特点产生了若干特殊问题。科林斯人的愤怒导致了他们对局势的误判，这将会带来致命的后果。

在科林斯人的指挥下，75 艘战船向北航行，直指埃比达姆诺斯。在途中，科林斯人被 80 艘科西拉战船拦截，并在琉基姆尼（Leucimne）战役中被击败。同日，埃比达姆诺斯人向围城的科西拉人投降。科西拉人控制了有争议的城邦，还一举控制了海洋。为了加倍羞辱科林斯，科西拉蹂躏并焚毁了科林斯在西部的盟邦的领土。

科林斯人虽然遭受失败，但他们并没有被吓倒，在接下来的两年内积极准备复仇。他们以空前的速度建造了战船，并雇用了来自希腊世界各地（包括雅典帝国）的经验丰富的船员。雅典人没有试图干涉，这表明他们还没有卷入其中或感到惊慌。另一边，科西拉人却被吓坏了。他们明白，如果得不到援助他们无法永远抵挡住集结了许多盟邦和雇佣来的桨手的被激怒的科林斯。简而言之，科林斯人彻底揭穿了他们的虚张声势。因此，科西拉派遣使节前往雅典。得知此事后，科林斯人也派出了使节，“为了阻止雅典舰队增援科西拉，以免战局偏离其预期轨道”。（修昔底德 1.31.3）

现代读者很难想象公元前 433 年夏天在雅典出现的场景。在美国，此类磋商仅限外国大使、接待他们的民选官员和任命的官员闭门密谈，重大决策甚至在任何条约提交参议院批准之前便已敲定。普通公民只能被动获知公开信息。雅典的程序却截然不同。所有的讨论都是在普尼克斯山丘进行的，参与集会的雅典公民从那里可以看到他们的市场、卫城上新建成的帕特农神庙和山门。他们可以听到双方使节所说的每一句话，随后商议决策。每位公民，无论地位多么卑微，都能听到全部论点，并且投出与最资深的政治领袖同样拥有的一票。每个人都知道，这些问题涉及城邦和帝国的安全，是一个有关战争与和平的问题。若结果是开战，他们将亲自投入战斗。

科西拉的发言人面临着艰巨的游说任务，因为雅典人对他们没有相助的义务，之前也没有建立起友谊。伯里克利领导下的雅典希望保持和平，而卷入科西拉和科林斯之间的冲突也不能为雅典带来直接的利益。科西拉的发言人在初步申明己方诉求的道义和法理依据后，转向了问题的核心，诉诸雅典的主要利益。他说，“除了你们，我们拥有的海军是最强大的”，如果结盟，必将壮大雅典同盟的声势。“纵观历史，一下子得到这么多好处是很少见的，同样不多见的是，请求结盟的人能够给被请求的一方带来与他们期望获得的同等的安全与荣耀。”（修昔底德 1.33.1–2）

接下来，科西拉人诉诸恐惧这一点，声称雅典人和他们一样需要结盟。他们断言，雅典和伯罗奔尼撒同盟之间的战争即将到来：

> 如果你们当中有人认为战争不会发生，那就大错特错了。他们没有看到斯巴达人因为恐惧你们而想要发动战争，而科林斯人在他们中有着很大的影响力，且是你们的敌人；他们现在对我们发起攻击，目的是未来攻击你们，以防我们因对他们的共同仇恨而团结在一起，因此他们在我们之前会达成两件事：要么伤害我们，要么让他们自己实力增强。（1.33.1–2）

该观点认为，既然战争是不可避免的，那么雅典人必须采取行动来保护自己。这位发言人指出，科西拉地理位置便利，从科西拉可以航行至意大利和西西里。控制科西拉，就可以阻止这些地区（主要由亲斯巴达的多利安殖民地组成）的舰队支援伯罗奔尼撒同盟，同时能安全地派遣自己的舰队前往伯罗奔尼撒半岛。科西拉人的结论是，雅典必须接受他们提供的全面攻守同盟，因为雅典自身的命运取决于此。科西拉人给出的证据直白而明晰：

> 希腊有 3 支舰队值得一提，你们的、我们的和科林斯人的。如果科林斯人先控制了我们，你们就会看到其中的两支合二为一，你们将不得不同时对抗科西拉舰队和伯罗奔尼撒舰队。如果你们接受我们，则可以加上我们的舰队与他们作战。（1.33.3）

科林斯发言人的任务同样艰巨。他们在道义上本就理亏，因为显然他们是埃比达姆诺斯的侵略者，并且拒绝了每一个和平解决方案，甚至罔顾他们的盟邦西库翁和斯巴达的建议。他们最好的策略是提醒雅典人他们过去的恩惠，并诋毁科西拉人的品性。他们提出了一个更具分量却仍存在争议的论点：与科西拉结盟的合法性。严格来说，此举并没有违反三十年和约的明文规定，但肯定违背了它的精神："虽然和约中规定，没有参加原有和约的任何城邦，可以自由地加入任何一方，但是这一条款不是为那些意图损害另一方而参加同盟的城邦准备的。"（1.40.2）也就是说，该条款从未打算允许一方与已经与另一方交战的中立方结盟。从最严格的条约解释来看，雅典有权接纳科西拉。但常识告诉我们，这样做就等同于对科林斯宣战，进而破坏三十年和约。无论如何，科林斯人都明确表示，如果雅典人与科西拉人结盟，必得与科林

斯兵戎相见，“因为如果你们与他们联合，我们将有必要在惩罚他们时将你们一并惩罚”。（1.40.3–4）

最后，科林斯人不得不回应科西拉人最有力的论点：雅典和伯罗奔尼撒同盟之间的战争是不可避免的。他们的回应只是否认这种必然性，并将做出决定的责任推给雅典人。如果雅典人选择与科西拉人结盟，就会有战争；如果雅典人拒绝，就会有和平。科林斯人还提醒雅典人在萨摩斯叛乱期间他们曾施以援手，即在雅典处于虚弱之际，帮助雅典人劝服斯巴达和伯罗奔尼撒同盟不要发动进攻。他们认为，在那时他们已经确认了支配两大同盟关系的关键原则：不干涉对方势力范围内的事。

> 形势让我们不得不遵循在斯巴达申明的原则：各方应自行处罚同盟城邦。现在我们向你们提出同样的请求，即你们不应该用你们的表决伤害我们，因为过去我们用我们的表决帮助了你们。以相同的方式回报我们吧，你们知道现在是关键时刻，此时的帮助意味着最大的友善，而反对我们则意味着最大的仇恨。不要和科西拉人订立同盟来反对我们，也不要帮助他们作恶。这样，你们做了我们要求的事情，在行为上是正当的，也将会以最好的方式获得自身利益。（1.43）

然后，雅典人剩下要做的事就是考虑两方的论点并考虑做出什么决定。科西拉人坚持认为战争是不可避免的，因此，雅典人不能让科林斯打败科西拉。如果科林斯人赢得战争，并将科西拉海军收编，这将导致伯罗奔尼撒同盟的舰队急剧扩张、危及雅典海上霸权。因此，雅典人必须和科西拉结盟，不是为了避免战争，而是为了在注定爆发的战争中确保胜算。

到目前为止，伯里克利并不完全认为战争是不可避免的，也不认为科林斯战胜科西拉就会导致战争的爆发。另一边，科林斯人主张，雅典保持中立既可避免战争，又能巩固三十年和约的效力，这一预测看起来很有说服力。然而，这不能保证与伯罗奔尼撒人的战争永不再起，因为自从雅典帝国建立以来，斯巴达一直存在着一个猜忌和敌视雅典的派系。在许多事件中，这个派系占了上风，未来或许也会再次占上风。在这种情况下，雅典可能很难承受伯罗奔尼撒海军坐大的风险。无论雅典多么渴望维持和平、避免卷入遥远的争端，雅典都不会允许权力平衡发生重大变化。

雅典的处境与 20 世纪初的英国非常相似。当德国开始组建一支颇具规模的海军，以挑战英国霸权时，英国人放弃了在欧洲大陆维持了一个世纪的“光荣孤立”政策，转而与他们的宿敌法国和俄国结盟。为了捍卫海军优势，他们不惜发动大战。这可能是任何依靠对海洋的控制以维持自身生存的国家都会采取的行动。

虽然科林斯的盟邦斯巴达和西库翁意识到了这一点，但是科林斯人没有。他们似乎满心期待雅典拒绝与科西拉结盟，甚至可能与他们联手对抗科西拉人。为什么他们会如此严重地误判形势？因为对他们来说，与科西拉的冲突纯属地方性的事务。他们认定伯里克利领导下的雅典对该地区没有野心，且雅典一心求和平。他们还认为，在萨摩斯危机期间展现的友善会得到回报。科林斯人本身并没有对雅典开战的计划，所以他们没有预料到，他们海军力量的增长会使雅典人警觉，这是他们本应该想到的。他们在没有确保雅典人保持中立的情况下，无视危险，径直开始行动，盲目相信局势会向好发展。在愤怒和乐观的驱使下，他们沉溺于一厢情愿的幻想，并迫使雅典人做一个不愉快的决定。科林斯并非历史上最后一个让激情凌驾于审慎算计之上的城邦。

在公民大会上，几乎所有的讨论都会在一天内做出决策。但是，是否与科西拉订立条约让雅典人出现意见分歧，以至于决策延续至第二次大会。第一天，舆论倾向于科林斯一方，反对订立条约。但在第二次讨论中，伯里克利“说服雅典民众援助正在与科林斯作战的科西拉人，并与一个拥有强大海军力量、充满活力的岛屿结盟”。（普鲁塔克《伯里克利传》29.1）然而，雅典人不接受科西拉人提出的攻守同盟协议，虽然这是希腊世界常见的结盟形式。相反，他们只达成了一个纯粹的防御同盟，这在我们所知的希腊历史上尚属首例。这种创新很可能是伯里克利的发明，可能正是为了防止联盟阵营出现任何溃败而设计的。

反对派可能由伯里克利的老对手、麦列西阿斯之子修昔底德领导。他为期 10 年的放逐在公元前 433 年春天结束了，也就是在这次讨论之前几个月结束的，他的回归显然给他所在的分散且士气低落的派系注入了新的活力。他获得的强大支持源于一个普遍认识，即与科西拉结盟可能导致雅典与斯巴达的战争，而伯里克利倚重的一些温和派人士，当时肯定也被这个论点所吸引。雅典面临的危险实则微乎其微，何况这场冲突本身与其切身利益毫不相干。那么，雅典何苦要冒着战争的危险站在科西拉一边呢？

历史学家修昔底德断言，雅典人之所以投票赞成该条约，是因为他们认为与伯罗奔尼撒同盟的战争是不可避免的，他们希望在战争到来之前，获得战略上的优势。不过，“这场战争是不可避免的”这个观点更多是这位历史学家基于后见之明的个人判断，并非确凿无疑。当然，许多反对该条约的人并不赞成这一观点，而且强有力的证据表明，即便迟至公元前 433 年，伯里克利也是不赞成这一观点的。他支持该条约的原因是，他无法容忍海军力量的平衡发生急剧而危险的转变。然而，他并不希望雅典与科西拉的条约引发战争；相反，这个条约的目的是在避免战争的同时，阻止科林斯战胜科西拉。他不支持常见的攻守同盟，这种同盟将使战争难以避免，而这样的条约可能会鼓励科西拉采取鲁莽的行动，使雅典卷入与科林斯的冲突中。所以，他提出了一种新颖的防御同盟，这是一个精妙的外交工具，可以满足目前的特殊需要。伯里克利希望，此举能使科林斯恢复理智，阻止它进一步冒险。科林斯人可以通过接受仲裁或协商解决来保全面子，而不是与雅典人作战。换句话说，如果科林斯人保持理性，将不会有战争、不会有权力平衡的变化，也不会对雅典构成新威胁。

科西拉人给出的选择带来了两种可能，其中一种是高风险的激进政策，可能会在不久后引发冲突，而另一种完全被动的政策则可能导致雅典在未来潜在的战争中处于劣势。伯里克利找到了一种可以避开这两种可能的中间道路。这种温和的外交策略既保持了主动姿态，又避免了过激行为，其目的是威慑而不是挑衅，集中体现了伯里克利在这场危机中的政治智慧。要让这一策略成功，伯里克利得让雅典人的行动以智慧和理性为指导，并且用雅典的政策来说服其他城邦也根据理智而不是激情行动。

为表明结盟诚意，雅典人派出一支舰队前往科西拉。这支舰队的战船数、领导者和指示，清楚地反映了伯里克利的政策。这支舰队只有 10 艘战船，相较于军事意义，这一数量显然更具象征意义。如果伯里克利真的打算与科林斯人作战、为一场反对伯罗奔尼撒同盟的战争做准备的话，他应该派出约 200 艘战船。如果随后爆发一场战争，这样一支舰队再加上科西拉的舰队，将保证雅典在战争中取得压倒性胜利，并可能将敌人的海军力量一举歼灭，而一支小规模的舰队若无法威慑科林斯人，在实战中几乎毫无意义。3 个指挥官中有客蒙的儿子拉栖代梦乌斯，他是一位经验丰富的骑兵指挥官，但我们对他的海战经验一无所知。不过这个选择不可能是巧合。他的家人与斯巴达人的亲密友谊清楚表明，选择他完成这项任务只是为了消除斯巴达人的猜疑。

将领们被命令不要与科林斯人交战，除非科西拉本岛受到攻击。只有在这样的情况下，雅典人才会干预，且仅限于阻止科林斯人在科西拉领土登陆。修昔底德指出："这些命令是为了不违反条约而下达的。"（1.45.3）正如任何战地指挥官都知道的那样，遵守这种命令是困难的。在海战中，一个人如何能确定各方的意图？接近科西拉可能只是科林斯人战术机动的一部分，而他们无意登陆，但是直到最后一刻他们的目的可能才会显现。然而，如果雅典舰队在后方观望，等到确认科林斯人想登陆时，可能为时已晚，指挥官可能会因为未能完成任务而受到指责。另一方面，如果他们进攻一艘似乎正驶向陆地的科林斯战船，可能会因不必要的行动而受到指责。在这种情况下，如果由拉栖代梦乌斯——一位众所周知的斯巴达之友——做出关键决定，将会特别有用。

用现在的行话来说，伯里克利的决策叫"最小威慑"（minimal deterrence）。雅典人用他们的行动表明，只要科林斯不攻击科西拉并夺取科西拉的舰队，就无须开战。雅典舰队的存在彰显了雅典维护海上力量平衡的决心，但其规模之小则表明，雅典人不会借机削弱或摧毁科林斯的海军力量。如果这一策略奏效，科林斯人将不战而归，危机就会平息。这应当不会惊动斯巴达人，毕竟斯巴达人还在更早的时候试图劝阻科林斯人。

即使科林斯人选择战斗，伯里克利似乎还是希望雅典舰队能避免卷入这场战争。科西拉人可能会获胜，就像他们在琉基姆尼战役中所做的那样，无须雅典人的干预。从一些雅典人的角度看，更理想的情况是双方的舰队都可能在战斗中受到巨大损伤，战斗以平局结束，同时他们的海军力量都遭到削弱。修昔底德告诉我们，雅典人与科西拉缔结防御同盟时，就有这样的想法。雅典人希望“双方尽可能多地相互消耗，这样一旦战争爆发，他们会发现科林斯和其他城邦的海军力量已经削弱”。（1.44.2）只有在最坏的情况下或在最后关头，雅典人才可能需要参战。

这也是当时温和派的立场，但显然极端派也得到了一些支持。那些反对与科西拉结盟的雅典人也反对这次远征。毫无疑问，他们是那些质疑伯里克利派遣拉栖代梦乌斯的动机的人。他们声称任命拉栖代梦乌斯作为指挥官“违背了他的意愿”，而伯里克利选择他是因为“如果他不能建功立业，他可能会因为他的亲斯巴达倾向而受到指责”。（普鲁塔克《伯里克利传》29.2–3）另一方面，许多人认为雅典派出的舰队规模太小，并抱怨伯里克利“为那些需要帮助的人提供了小小的支援，反而为那些指责雅典的人留下了大大的借口”。（普鲁塔克《伯里克利传》29.3）尽管有这些批评，伯里克利仍然坚持他的理性、温和的政策，希望科林斯人也能基于同样的原则行事。但如果激情占了上风，他也做好了以牙还牙的准备。

雅典这支小规模舰队的抵达未能像更大规模的舰队可能的那样对科林斯人起到威慑作用。科林斯人集结了他们迄今为止规模最大的舰队，驶向令他们憎恶的殖民地：他们共派出 150 艘战船，其中90艘是他们自己的，60艘来自他们的殖民地和盟邦。值得注意的是，与琉基姆尼战役中做出贡献的8个盟邦相比，这次只有2个盟邦——伊利斯和墨伽拉——参加战役。其余的6个盟邦可能由于雅典的介入而不敢加入，但也有可能是斯巴达人对它们施加压力，迫使它们远离冲突。为了对付这支实力强劲的舰队，科西拉派出110艘战船，另有10艘雅典战舰助阵。这场战役被称为西波塔（Sybota）战役，因为是在西波塔群岛附近的海域发生的。在战役中，雅典人被部署于战线右翼，正面对阵科林斯人。双方的作战方式笨拙而古老，这种作战方式早已被雅典人抛弃。双方的战船上布满步兵和弓箭手，接舷后演变成在固定战船上进行的陆战。

三列桨帆船（trireme）是希腊的一种主力战船，呈鱼雷形，从船首到船尾约120英尺长，只有16英尺宽。虽然它配有一根桅杆和一面帆，能借助顺风航行，但是一旦战斗开始，它们就会被卸除。在战斗中，提供动力的170名桨手分3层排列，其座席呈阶梯状由舷外向舷内交错分布。这些战船不是很适合航海，有时会在惊涛中倾覆，但在风平浪静时，配上训练有素的船员、经验丰富的桨手、技艺高超的船长，却能展现惊人性能。瞬间加速、短途冲刺、急转迂回皆不在话下。这种机动性让它们可以用金属包覆的硬木撞角从侧面或后面撞击敌船的船身。一旦船体被撞破，水就会迅速涌进三列桨帆船，最终缓缓沉没。

在统治海洋的50年间，雅典人掌握了其他城邦无法比拟的海战技能。其雄厚财力允许他们每年把舰队和船员留在海上数月，从而让船员有足够的时间进行所需的纪律训练和战术演习。因此，在开阔水域的战斗中，即使以少敌多，雅典人也有可能获胜。

然而，在西波塔战役中，雅典人受到作战指令的限制。没过多久，科林斯人就占了上风，迫使雅典战船逐步卷入战局。

> 当雅典人看到科西拉人受到压制时，他们开始毫无保留地帮助他们。起初，他们在克制自己，不对敌方船只发动实际攻击。但当科西拉人败局已定，科林斯人穷追不舍的时候，终于每个雅典人都投入战斗，把一切都置之度外。战局已经发展到科林斯人和雅典人必须交战的地步了。（修昔底德 1.49.7）

不过，科林斯人还是把他们的对手赶回了岛上。现在，得到雅典舰队增援的科西拉人重新集结力量，准备保卫他们的城邦。接下来的场景即使在一部好莱坞老电影中都显得难以置信，但我们必须采信，因为这个故事是由一位最冷静、最严肃的历史学家讲述的。突然，原本已听到攻击信号的科林斯人开始撤退。为什么他们会突然在即将胜利时收手？当 20 艘雅典战船出现在海平面上时，答案变得很明显。首批的 10 艘战船被派出后，又过了 23 天，雅典人决定提供更大的支援。显然，伯里克利被迫向雅典那些更为激进的派系妥协了，他们始终质疑其精妙策略的可行性。这表明，一旦做出承诺，激情开始抬头，要坚持贯彻经过深思熟虑且谨慎衡量的政策就会变得愈发困难。

科林斯人无法判断从雅典来的增援部队有多大规模。他们认为，看到的 20 艘战船很可能只是其中最先到达的，因此他们撤退了，以免被夹在两支舰队之间。夜幕降临，没有再发生战斗，而第二天形势发生了逆转。在 30 艘完好无损的雅典战船的援助下，科西拉人再度出击求战，但科林斯人没有应战。不仅是因为兵力对比对他们不利，他们还担心雅典人可能会将前一天的交锋当作对科林斯宣战的借口，趁机全歼其舰队。

实际上，双方都小心翼翼地避免无法挽回的冲突，任何一方都不愿承担破坏和平的罪名。科林斯人派遣使节前往雅典商谈，但是没有携带传令官的权杖——在希腊，这是一种相当于休战旗帜的物品。如果拿着这根权杖，就表示正式承认双方处于交战状态。科林斯人指责雅典人违反三十年和约，阻止他们惩罚敌人。“如果你们想阻止我们前往科西拉或任何我们想去的地方，”科林斯人说，“并以这种方式打破和平条约，那么就先把我们当敌人抓起来。”科西拉人闻言立即鼓噪起来，并敦促雅典人杀死科林斯使节。但是，雅典人非常谨慎地答复，完全符合他们严格的行动准则和有限的目标：

> 哦，伯罗奔尼撒人，我们既没有发动战争，也没有破坏和约。这些科西拉人是我们的盟友，我们来帮助他们。如果你们想往其他地方航行，我们不会阻碍你们。但是如果你们打算从海上进犯科西拉或其任何领土的话，我们将尽全力阻止你们。（修昔底德 1.53.4）

双方出于各自考量，皆尽力避免破坏和约的责任落到自己身上。科林斯人知道，他们对雅典作战有没有可能获胜取决于斯巴达人和伯罗奔尼撒同盟是否加入。但斯巴达人已经表明，他们不赞成科林斯的政策；如果证明是科林斯打破了和约，那么斯巴达参与的可能性就更加渺茫。雅典人同样不愿给斯巴达人插手的理由。雅典政策的核心是彻底规避战争，雅典人只能寄希望于西波塔战役中展示的决心和严肃态度能阻止科林斯继续作战。

雅典人在未诉诸战争的情况下成功地保全了科西拉和它的舰队，但此番成功不能归因于伯里克利的政策。他象征性地派遣了10艘战船，既未能震慑愤怒而自负的科林斯人，也不足以保卫科西拉。真正扭转局势的是雅典主战派强加于伯里克利的政策，这些人信奉的是武力而非外交政策。当求胜心切盖过战争的隐忧时，其政敌显然比他更明察局势。随着国际危机愈演愈烈，激情终将全面压倒理智。

第十一章

危机管控者

伯里克利在这场不断加剧的危机中所展现的政治手段，似乎是试图将他在雅典政坛的成功经验延伸到国际舞台上。不管是在城邦内政上，还是在外交领域，其核心目标皆在于说服——在能够讨论的时候理性讨论，必要的时候摆出象征性的姿态。但是劝说和外交姿态都未能解决科西拉问题。鲜血既已流淌，三十年和约面临着全面冲突的威胁。

伯里克利很快就会面对一系列危机，而这些危机需要他对不可预见和无法掌控的事件做出迅速反应。相应地，他处理希腊城邦之间关系的理念所遵循的原则，必须适应快节奏的行动及其带来的危险。他的政策所依靠的理性计算和假定他者皆会理性行事的预设，越来越多地被激发冲突各方行为的强烈激情所干扰。在这种情况下，伯里克利式的政治才干让位于危机管控。

他原本可能寄希望于科林斯人会就此罢休，但这种希望很快破灭了。科林斯人在从西波塔返乡的路上占领了阿纳克托里翁（Anactorium）——一个与科西拉有争议的殖民地。这清楚地表明他们打算继续战斗，甚至不惜以激怒雅典为代价。因此，伯里克利不得不为与科林斯可能的战争做准备。但他希望并预计将其控制在有限的冲突范围内，避免波及伯罗奔尼撒同盟。他首先中断了他的建筑计划，以便存储和保护战争所需的资金，并巩固了雅典在西部的同盟关系。

但他最引人注目的措施，同时在某些方面也是最令人费解的措施，是颁布墨伽拉法令。该法令大概是在西波塔事件过后的一段时间（公元前 433 年 9 月和公元前 432 年夏天之间）通过的，禁止墨伽拉人进入雅典帝国的港口和雅典的市场。将经济禁运作为一种外交武器在现代世界司空见惯，是一种开战边缘的施压。然而，禁运很少会成功，而且往往成为武装冲突的前奏。在古代世界，我们没有听说过在此前的和平时期实行过禁运。[1]

毫无疑问，这是伯里克利的另一项发明，因为他固执地为其辩护到底，甚至当它成为决定和战与否的唯一争议点时仍不妥协，而当时的人却谴责这一法令，认为是它带来了战争，又将法令的颁布归咎于伯里克利本人。阿里斯托芬的喜剧《阿卡奈人》创作于公元前 425 年，此时伯罗奔尼撒战争已经进入第 6 个年头，剧中的主人公解释说这场战争的起因是一群喝醉的雅典人偷走了一个来自墨伽拉的妓女，作为报复，墨伽拉人从阿斯帕西娅经营的妓院掳走了 2 个妓女。因此伯里克利怒火中烧，

> 颁布了听起来像祝酒歌的法律："墨伽拉人必须离开我们的土地、我们的市场、我们的海洋和我们的大陆。"随后当墨伽拉人逐渐被饥饿折磨时，他们恳求斯巴达人出面调解，让雅典撤回由 3 个妓女引发的法令。尽管他们多次恳求我们，但我们还是拒绝了。由此战乱不断。（《阿卡奈人》532–39）

当然，这些描述不能按字面意思理解，因为喜剧诗人的主要目的是引人发笑。这个故事是对海伦被劫一事（作为特洛伊战争的起因）的戏仿，或是对希罗多德记载的互相掳掠事件（作为希波战争最终起因）的讽刺。法令的条款及其结果的严重性被夸大，将阿斯帕西娅描绘为鸨母、对伯里克利支持该法令的叙述是恶意的笑话，但是其核心是对伯里克利固守墨伽拉法令的指责，认为他是战争的罪魁祸首。这一观点无疑反映了在危机期间和战争爆发之后相当一部分民众的看法。

那么，伯里克利为什么要坚持推行并维护墨伽拉法令？学者们把它看成经济上的帝国扩张行为，是一种蓄意挑起战争的手段，是对伯罗奔尼撒同盟的挑衅，企图激怒斯巴达人并让他们破坏和平、承担违反誓言的责任，甚至将其定性为战争本身的第一枪。官方的说法是，该法令的起因是墨伽拉人耕种了雅典人声称据有的圣地、非法侵占边境领土以及窝藏逃亡奴隶。现代的种种理论经不起推敲，而古代的控诉显然只是托词。墨伽拉法令应被理解为一种克制的外交加压，以防止战争蔓延到科林斯的盟邦。伯里克利知道，科林斯的策略只有在伯罗奔尼撒同盟的其他城邦（尤其是斯巴达）加入战斗的时候才能成功。如果墨伽拉的挑衅行为得不到惩罚，其他城邦就可能会在下一次冲突中加入科林斯；如果足够多的盟邦都采取这一步骤，斯巴达就无法置之事外了。

墨伽拉人是雅典人的宿敌，尤其是因为他们在第一次伯罗奔尼撒战争末期背信弃义的屠杀而遭人痛恨。因此，对伯里克利来说，劝说雅典人采取一些行动是相对容易的。一些雅典人一定想更进一步，直接攻击墨伽拉，还有一些人在另一个极端上，他们希望不采取任何行动。而伯里克利再次选择了中间道路。禁运不会使墨伽拉人屈服，甚至不会对他们造成无法承受的经济损失。被阿里斯托芬讽刺的饥肠辘辘的墨伽拉人，其困境不是禁运导致的，而是因为定期的入侵摧毁其庄稼所致。这项法令只会给大多数墨伽拉人造成总体上的不便，真正重创的是那些通过与雅典和雅典帝国的贸易获利的商人阶层。其中一些无疑是统治墨伽拉的寡头议事会的成员。这种惩罚可能会让墨伽拉在未来保持安分，也可能警示其他伯罗奔尼撒城邦，特别是沿海的商业城邦，不要卷入科林斯与雅典的争端。

一些雅典人可能已经指出了该法令本身存在的危险：墨伽拉人肯定会向他们强大的盟邦抱怨，然后那些盟邦可能会觉得有必要来帮助他们。但是，伯里克利有理由相信他们不会这样做。因为这项法令严格来讲并没有违反三十年和约，和约中没有关于贸易或经济关系的条款。斯巴达人向来不愿意违背誓言。除此之外，伯里克利与斯巴达唯一的国王阿奇达姆斯私交甚笃。他知道阿奇达姆斯赞成和平，并且相信他的这位国王朋友会理解他的和平意图以及墨伽拉法令的有限目的。他对阿奇达姆斯的判断是正确的，但是随后的事件表明，伯里克利过于高估了理性的力量，而低估了情绪的影响。

同样是在公元前 433 年冬，雅典人因为与科林斯的争端而采取了另一项行动，这次针对的是爱琴海北部哈尔基狄克半岛上与色雷斯和马其顿毗邻的波提代亚。波提代亚是雅典的盟邦，向雅典支付贡金，同时也是科林斯忠诚的殖民地，每年都接受从母邦派遣的官员。雅典人知道科林斯人在计划复仇，并担心他们可能会和敌视雅典的马其顿国王一起煽动波提代亚叛乱，而这可能会蔓延到其他城邦。因此雅典人下了一道最后通牒，命令波提代亚人拆除靠近海岸的城墙，交付人质，并遣返科林斯官员。此举旨在切断波提代亚和科林斯的联系，并让波提代亚完全置于雅典的控制之下。

就像墨伽拉法令一样，这道最后通牒是一项旨在应对科林斯日益增长的战争威胁的措施。如果成功的话，它将抑制波提代亚以及雅典帝国内整个色雷斯地区的叛乱风险，并阻止科林斯扩大冲突范围和争取更多盟邦。如果斯巴达能够正确理解，这两步措施都不至于引发其警觉。这一策略再次体现了在各种极端选择之间的中庸举措。无所作为可能会促使叛乱发生，而派遣一支部队获得对城邦的实际控制可能会激起争端。但是，发布这些命令是帝国的常规管制手段，既能避免叛乱又不失分寸。

波提代亚人一定被雅典人的指令震惊和激怒了。我们不清楚他们是否已经心怀不满，但因为最近他们的贡金数额被急剧提高，所以他们可能已经不安分了。表面上，波提代亚人表现得很得体，他们派遣使团赴雅典抗辩最后通牒。谈判持续了整个冬季，直到雅典人开始怀疑，并决意强行贯彻其意志。然而，与此同时，在科林斯人的陪同下，波提代亚人也派出了使团前往斯巴达，并得到了斯巴达的承诺，即如果雅典人攻击波提代亚，斯巴达人就会入侵阿提卡。

这一惊人的政策逆转表明，近期的一系列事件如何深刻影响了斯巴达决策层的态度。西波塔事件、墨伽拉法令以及对波提代亚的最后通牒接踵而至，使斯巴达的监察官（ephor）们感到恐慌，甚至准备发动战争。然而，这并不意味着他们在有必要的时候可以说服自己的同胞。实际上，翌年夏天关于战与和的激烈辩论表明，这一决策绝非板上钉钉。即使在斯巴达人投票赞成开战后，他们也没有立即履行入侵阿提卡的承诺，虽然当时雅典已经开始围攻波提代亚。

公元前 432 年春，雅典人因谈判无果而派出一支海战船队和步兵组成的军队征讨马其顿国王。途中，指挥官奉命“从波提代亚带回人质，推倒他们的城墙，并监视邻近城邦以防叛乱”。（修昔底德 1.57.6）但这支军队人数太少，也来得太晚了。波提代亚人被斯巴达人的承诺鼓舞，已经背叛雅典，并成功地引发了邻近城邦的叛乱。雅典指挥官因兵力不足，无法攻进有城墙保护的波提代亚，只能专注马其顿战事。与以前一样，节制的政策再次暴露出缺陷。和墨伽拉法令一样，伯里克利没有料到最后通牒会引起麻烦，所以他派出了一支无力贯彻意志的军队。他期望波提代亚人理性行事，因为理性会告诉他们，他们的反抗是徒劳的，但是他没有考虑到愤怒而绝望的人会有孤注一掷的勇气。

波提代亚人的叛乱给科林斯人提供了大好机会，但他们不敢公然派遣军队，因为这将意味着正式破坏和约。他们转而组织了一支由一位科林斯将军指挥的“志愿军”。这个驰援波提代亚的军团由科林斯人和伯罗奔尼撒雇佣兵组成。这般伪装虽然拙劣，但它显示了科林斯想要避免被指控违反条约的谨慎态度。斯巴达的政治局势正处于微妙的平衡，主战派需要一切有利条件来说服那些犹豫不决的同胞。面对这一严峻的挑战，伯里克利与马其顿人缔结了一份和约，好腾出手来围攻波提代亚。他还派出了增援部队。到公元前 432 年夏天，一支大规模的陆军军队和舰队包围了波提代亚。这场围困持续了两年多，耗费了一大笔钱。

伯里克利试图避免走极端，但最终酿成了近乎最坏的结果。如果他没有采取任何行动，波提代亚可能不会反叛。如果他一开始就派出一支大规模的军队，雅典人可能很快就会占领这个城邦。但是，他选择采取一种不那么具有挑衅性的做法。在最初的设想中，给波提代亚的最后通牒只是雅典帝国内部的纪律整饬，不会惊动斯巴达人。然而，它却发展成一场旷日持久的陆军和海军行动，看上去像是对一个仅希望保持自治的小城邦的无端攻击。再加上墨伽拉法令，这一最后通牒似乎让雅典与科西拉的结盟呈现出不同的面貌。现在看来，雅典分明是在无理干涉一桩与己无关的争端。狡黠的敌人完全可以把这些事件串联起来，把雅典人描绘成一个傲慢的、好斗的、对所有希腊人的自由构成威胁的族群。也许波提代亚事件的主要代价既不是军事上的，也不是财政上的，而是心理上的。这一事件可能为斯巴达的主战派夺取政策主导权铺平了道路。

对波提代亚的围困激怒了科林斯人，令他们更加渴望拉拢斯巴达和伯罗奔尼撒同盟参战。他们鼓励其伯罗奔尼撒盟邦和其他对雅典不满的城邦向斯巴达人施压。最后，公元前 432 年 7 月，斯巴达监察官们召开了公民大会，并邀请任何对雅典不满的人来到斯巴达，说出他们的不满。

这并不是伯罗奔尼撒同盟会议，召开伯罗奔尼撒同盟会议按惯例需经斯巴达公民大会预先决议。好战的监察官们显然心知同胞厌战，所以他们邀请愤怒的外邦人来帮助他们扭转舆论。墨伽拉人的控诉最为激烈，特别是自从墨伽拉法令颁布以来。但最具说服力、最能鼓动战争的，还是科林斯人。斯巴达人有理由怀疑他们，他们罔顾斯巴达的劝诫推行危险政策，如今却为私利奔走呼号。显然他们是为了自己的目的而利用斯巴达同盟，就像他们过去所做的那样，这一点必将引起斯巴达主和派的警觉。此外，由于雅典人没有正式违反三十年和约，因此科林斯人在法理和道义上都站不住脚。

科林斯的策略是说服斯巴达相信，在面对雅典日益壮大的强权时，继续采取谨慎和厌战的传统政策会产生灾难性的后果。由于雅典人的实际行为并不能支持他们的观点，所以他们转而诉诸泛泛而谈。他们指出，正是斯巴达的怠惰，当年才让波斯人长驱直入伯罗奔尼撒，而今因为同样的惰性，又放任雅典的势力膨胀至危险境地。科林斯人主要的论证方法是比较两个族群的性格。

> 你们（斯巴达人）从来没有真正考虑过要面对的是怎样的对手，他们（雅典人）和你们有多么不同。首先，他们勇于变革，善于迅速制订计划并付诸行动；而你们则安于现状、从不创新，行动起来甚至无法完成必要的任务。其次，他们的胆量超过了他们的能力，敢于冒险的精神超越了理智，并且即使在危险之中也充满希望；而你们则是连力所能及的事都不敢做，甚至怀疑自己最可靠的判断，总觉得任何风险都会带来灭顶之灾。此外，他们毫不犹疑，而你们总是迟疑；他们总是在海外，而你们总是留在家乡，因为他们认为离家可以获得更多的东西，而你们认为那样可能会失去已经拥有的。当他们战胜敌人，他们就乘胜追击；而如果被打败，他们也绝不轻易退让。除此之外，他们用自己的身体为城邦服务，好像身体不是他们自己的一样，同时，他们的理智则完全属于自己，为城邦所用。当他们想到一个计划而未能完全实现时，他们认为这是失去了本该属于自己的东西；当他们达到了自己追求的目标时，他们却认为相比未来他们将要获

得的东西而言，这只是一件微不足道的事情。如果一次尝试失败了，就马上又充满新的希望，以弥补失去的东西。因为对他们而言，期望和实现是一样的事，只要他们想出了一个计划，他们就会以极快的速度付诸行动。因此，他们一生都在劳作和危险中度过，在所有人中最少享受自己拥有的东西；他们永远在追逐新的目标，把完成任务当休息，觉得太平日子比辛苦干活还难受。结果就是，人们可以恰当地说，雅典人的本性是不让自己享受和平的生活，也不允许他人享有和平的生活。（修昔底德 1.70）

上述内容所描述的雅典人形象与伯里克利在葬礼演说中描述的并无太大不同，但在对雅典人性格的评价上恰好相反。然而这个比较中的两方面都言过其实。斯巴达人肯定不会如此迟钝懈怠，否则他们无法成为伯罗奔尼撒同盟的领袖。不过，这段话并不是要描述整个斯巴达族群，而是针对主和派及其政策的控诉，它的目的是争取主战派的支持。

不管科林斯人对雅典人性格的描述有几分真实性，它与雅典人自从伯里克利推行和平政策以来的行径都相去甚远。自公元前5世纪50年代以来，雅典再未大规模扩张领土；自公元前445年以来，希腊人完全按照三十年和约的内容和精神行事，这一点连科林斯人自己在萨摩斯叛乱期间约束其盟邦时也不得不承认。只有在最近一年里，雅典人才采取了某些勉强符合科林斯指控的行动，而这恰恰是由科林斯与科西拉的争端所引发的。正是这种夹带私怨的争端，令斯巴达对科林斯的动机深怀疑虑。

由于提及这些最近发生的事会令科林斯人感到难堪，他们很快就转移了话题，并刻意暗示它们是由来已久的政策的一部分，而这个由来已久的政策是从雅典人的政制和性格中必然产生的。科林斯人如此刻画雅典人的性格，是为了要证明即使当前的危机得以解决，与这样一个族群和平共处也是不可能的。偏见、猜疑和恐惧被科林斯人用来遮蔽最近发生的历史事实，从而推动斯巴达人走向战争。最后，如果斯巴达人未能履行其监察官立刻入侵阿提卡的承诺，科林斯人就不再只是试图说服，而是用实际的后果进行威胁：斯巴达人必须入侵，“否则你们将背叛你们的朋友和亲族，将他们置于最可怕的敌人面前，同时把剩下的我们推向另一个同盟”。（修昔底德 1.71.4）实际上，这一威胁是空洞的，因为没有其他同盟可以让他们投靠，也没有任何新同盟在没有斯巴达参与的情况下可以对抗雅典。然而，对于斯巴达人来说，光是他们的盟邦可能会叛离这一点，就足以令他们感到恐惧。

带着这些想法，斯巴达人听了下一位演说者的发言，他是来自雅典的使节之一。修昔底德告诉我们，他是“恰好因为其他事务驻留”的雅典使团成员。（1.72.1）我们从未得知他们要处理的事务的官方说法是什么，但很难想象他们还能有什么其他事务。伯里克利一定听说了科林斯人的游说努力和监察官邀请所有受害方前往斯巴达提出控诉的消息。根据他对雅典与斯巴达之间由和平条约确立的关系的理解，雅典人不应该派出官方发言人来回应这些控诉，这一点很重要。这么做是不合适的，因为雅典人不接受斯巴达人有权仲裁己方，正如斯巴达人在类似的情形下也不会愿意接受雅典人的审判一样。另一方面，这些使节肯定受命在适当的时候介入辩论，并传达伯里克利的政策立场。

雅典人发言的主旨如下：他们前来是为了防止斯巴达人听信

他们盟邦的论点，从而在重要事务上做出错误的决定；表明雅典获得帝国主导地位的过程合乎正义；证明雅典城邦的实力绝不能小觑。在陈述帝国崛起历程时，雅典人并未将其描绘为贪得无厌的扩张，而是迫于恐惧、荣誉与合理的利己需求所做出的一系列必要回应。他们深信，斯巴达人能够理解这些因素，毕竟斯巴达自身也是一个强大联盟的领袖，是一个与雅典比肩的超级强邦。但是雅典人的语气是客观求实的，毫无妥协之意，同时他们的结论是要以条约明文为据，坚持通过仲裁解决所有争端。然而，如果斯巴达人拒绝，“我们将祈求对我们的誓言做证的诸神为证，如果你们带头发动战争，我们将向挑衅者施以报复”。（修昔底德 1.78.5）

一些现代学者将雅典人的这番言论视为蓄意挑衅，意在激怒斯巴达人、挑起战争。这种解读实则基于本世纪常见的国际关系理论中常见的幼稚认知。这种理解认为，试图安抚愤怒、善意解释分歧、做出让步是寻求和平的唯一途径。经验表明，这种方法甚至可能促发战争，第二次世界大战就是明证。有时阻止战争的最好方法是展示力量、信心和决心。无论如何，这些现代学者的解释都与当时最权威的见证人修昔底德的判断直接相悖。修昔底德相信雅典人想说服斯巴达人不要急于决定，“同时他们想要展示他们城邦强大的力量，提醒年长者过去曾经发生的事，告诉年轻人他们不知道的事，他们认为他们的发言会让斯巴达人倾向和平而不是战争”。（1.72.1）

在整个危机期间，伯里克利的政策一直是在开战与迫于明示或暗示的威胁单方面让步（即威慑）之间走中间路线。然而，此刻面对斯巴达，他在展现决心的同时，也愿意依照条约诉诸仲裁。

雅典的发言人想必希望通过强调雅典的实力，来平息斯巴达盟邦的演说激起的恐惧和愤怒。与此同时，雅典的发言人提出了一个体面的方法，以和平解决这场与斯巴达没有直接利害关系的危机。伯里克利和他的手下有充分的理由相信他们的计划会奏效，特别是因为斯巴达现任唯一的国王是阿奇达姆斯。他是主和派的领袖，与伯里克利私交甚笃，是“一个以智慧和谨慎著称的人”。（修昔底德 1.79.2）

在雅典人发言结束后，斯巴达人把这些外邦人送走，开始闭门商议。阿奇达姆斯的表现就像伯里克利所预料的那样，他详尽阐释并佐证了雅典发言人演说中旨在阻止斯巴达贸然行动的核心论点：雅典不仅实力雄厚，更拥有斯巴达最难攻克的特质。鲁莽的斯巴达人期待一场短暂而轻松的战争，但是阿奇达姆斯告诉他们：“我担心这场战争会延续至我们的子孙后代。”（修昔底德 1.81.6）接着，他以轻蔑的口吻驳斥科林斯人的主张，认为他们是麻烦的始作俑者。科林斯人过于轻率地去打仗，低估了对手的实力，误判了外交形势。现在，他们试图为一己私利把斯巴达卷入危险的战争。

很明显，阿奇达姆斯想要和平。但公民大会的情绪仍然很愤怒，所以对他来说，直接支持雅典的提案是不明智的。为此，他提出了一个切实可行的替代方案。首先，斯巴达人应该派遣使节到雅典，提出正式的申诉，但不明确说出自己的意图。与此同时，如果谈判失败，斯巴达人应该为他们必须面对的一场战争做好准备。他们应该从蛮族人（毫无疑问是波斯人）那里寻求战船和金钱支持。如果雅典人对斯巴达人的抗议做出让步，就没有必要发动战争。如果不是这样，待两三年后准备充分时再开战也为时不晚。

这番提议本应完全符合伯里克利的期望，但它们不符合科林斯人及其愤愤不平的盟邦的诉求。若要挽救波提代亚，那么他们必须立即采取行动；每过一天，陷落的可能性就增加一分。仲裁也不会帮助到科林斯人。他们不想通过调解解决争端，只想对科西拉肆意报复。他们想要羞辱雅典以恢复自己的威望，而现在他们更将摧毁雅典帝国视为唯一目标。斯巴达的主战派对此深以为然，大多数斯巴达人也已倒向他们的立场。斯巴达国王的讲话没有改变他们的想法。触动他们的并不是科林斯、波提代亚或墨伽拉的麻烦，而是雅典在他们眼中日益嚣张的危险霸权。关于这一点，他们认为没有谈判或妥协的余地：雅典必须臣服。

主战派的发言人监察官斯提尼拉伊达（Sthenelaidas）的回应简洁有力：

> 我不明白雅典人冗长的发言是什么意思。虽然他们高度赞扬了自己，但他们没有否认他们侵害了我们的盟邦和伯罗奔尼撒同盟的事实。如果他们在对抗波斯人的时候表现良好，现在对我们却很差，那么他们应该受到双重惩罚，因为他们在变坏之前是好的。但是我们现在和过去是一样的，同时如果我们明智一点的话，就不应该在他们侵害我们的盟邦之时坐视不管，也不应该在复仇上拖延时间。因为我们的盟邦已经在受苦了。别人可能有很多钱、船只和马匹，但我们有忠诚的盟邦，我们决不能背叛它们，不能让它们落入雅典人手中。我们也不应屈服于法庭诉讼或文字判决，因为我们所受到的伤害绝不是言辞方面的。相反，我们必须倾尽全力迅速

> 报仇。我们不能让任何人告诉我们，当我们受到侵害时还必须花时间来考虑，相反，那些意图加害的人应该好好反省。因此，斯巴达人，以符合斯巴达人的方式就战争进行投票吧。不要让雅典人变得更强大，不要背叛你们的盟邦，而是让我们在众神的帮助下，去对抗这些作恶者。（修昔底德 1.87）

监察官呼吁斯巴达人就雅典人是否违反了和平条约做出表决。投票是以通常的形式，即鼓掌的方式进行的，但斯提尼拉伊达不能分辨出哪方的声音更响亮，或者他声称无法分辨。于是他改为分组表决，结果大多数人认为雅典人违反了和平条约。这实质上等于宣战。

为什么斯巴达人会决定在没有任何实质利益可图的情况下，与一个特别强大的对手展开可能会变得漫长而艰难的战争呢？而这一决定是在一个狡猾任性和自私的盟邦的煽动下做出的，只符合它的利益。是什么导致谨慎又令人尊敬的国王阿奇达姆斯领导的一向保守、主张和平的斯巴达多数派最终溃败？修昔底德告诉我们，斯巴达人投票赞成开战，不是因为他们的盟友所说的话，“而是因为他们担心雅典可能会变得更强大，因为希腊大部分地区已经落入雅典人手中”。（1.88）修昔底德强调了斯巴达长期以来对雅典的恐惧和猜疑在促成斯巴达决策中发挥的作用，这一点是正确的。但是，这种恐惧还不足以让斯巴达人在投票日之前就主战。在此之前，他们一直在为调停争端而努力，试图阻止他们的盟邦卷入科林斯和雅典之间的争端，试图约束科林斯，并且自己不采取任何行动。即使在公元前 432 年春天就承诺出兵阿提卡，他们也没让斯巴达人履行这一诺言。

同盟城邦的控诉，特别是科林斯人在大会上那番令人震惊的演说，促使舆论风向发生了改变。但是，若非伯里克利的政策无意间的推波助澜，这一切都不足以令情况发生改变。西波塔事件后，伯里克利本欲在防范科林斯威胁的同时避免与斯巴达产生冲突，但其举措没有成功实现这个目的。墨伽拉法令引发了最大的麻烦。雅典人此举并非直接针对科林斯，而是针对一个扼守伯罗奔尼撒门户的具有重要战略地位的斯巴达盟邦。阿奇达姆斯和他的朋友们可能也知道，贸易禁运这种新手段远非侵略行为，实际上是一种折中策略，通过警告科林斯潜在的盟邦来限制与科林斯之间可能发生的战争的范围。然而，对于那些被科林斯的言论所煽动并感到恐惧和愤怒的普通斯巴达人来说，这是一种傲慢而咄咄逼人的行为。

对波提代亚发出的最后通牒恰恰为斯巴达主战派提供了口实。雅典人认定波提代亚最容易受到科林斯煽动固然不无道理，但在下达最后通牒时，波提代亚实则未有任何越界之举足以招致如此严苛的要求。在斯巴达人看来，波提代亚事件不过是雅典人对一个无辜旁观者的又一次侵略行为。科林斯人的演说正是利用了墨伽拉法令和最后通牒所激起的情绪，从而改变了斯巴达的政治氛围，进而改变了斯巴达内部政治力量的平衡。

在这样的氛围下，雅典人回复的语气和方式显得尤为失策。在使节们离开雅典之前，伯里克利必然已提示了他们应采取的立场。如果对手心态平和、思路清楚，并相信对面本质上没有侵略意图时，那么以展示实力为后盾的强硬姿态就是一种很好的外交策略。大多数时候，在阿奇达姆斯以及主和派的影响下，斯巴达人的态度就是如此，这也是伯里克利预期他的使节们将面对的斯巴达人。然而，同样的策略在面对一个已经对其力量和野心感到恐惧的族群时，却可能带来危险。在公元前432年7月的斯巴达公民大会上，这种强硬的策略反而促使那些尚未下定决心的斯巴达人，以及一些本来主和的人投票支持战争。

8月，伯罗奔尼撒同盟召开大会表决斯巴达人的决议。多数盟邦支持开战，但不是所有的同盟城邦都出席了大会，而且支持开战的多数派并不像在斯巴达公民大会中那样占压倒性优势。这说明，并非每个人都认为这场战争是不可避免的，也不是每个人都认为这是一场正义的战争；并非每个人都认为这场战争会轻松获胜，也不是每个人都认为这场战争是必要的。

伯罗奔尼撒同盟会议的投票决议为斯巴达人入侵阿提卡扫清了障碍，这将使对波提代亚人的承诺仅仅晚了几个月就得以兑现。斯巴达人及其盟邦只需几周的时间即可完成入侵阿提卡的基本准备，而且9月和10月的晴好天气正适合实施破坏。虽然雅典人的谷物早就收割完毕，入侵的最佳时节已经过去，但是他们还有时间对葡萄藤、橄榄树和城墙外的房屋造成严重破坏。如果雅典人如斯巴达人所预期的那样出城迎战，他们确实有充分的理由这样做。实际上，斯巴达人和伯罗奔尼撒同盟在接下来的近一年的时间里没有采取任何军事行动，最终战争是由忒拜袭击普拉提亚才迫使斯巴达人出手。在此期间，斯巴达甚至向雅典派出了不少于3支使团，表面上是为了维护和平，但至少其中一支明显怀有诚意。这些延宕表明，在辩论的兴奋情绪消退之后，科林斯人的煽动言辞和雅典人令人恼火的回应已经渐渐被遗忘。阿奇达姆斯那谨慎而清醒的声音开始发挥作用。战争或许仍有可能避免。

第一支斯巴达使团要求雅典人“驱逐被女神诅咒的人”。（修昔底德 1.126.2–3）这指向两个世纪前库伦的阴谋所引发的著名的“阿尔克迈翁家族诅咒”。此番出使显然别有用心。斯巴达人瞄准了伯里克利，他的母亲正是出身于这个显赫的家族。他们认为，如果伯里克利被放逐，在有争议的事项上就会更容易迫使雅典让步，但他们其实并不指望真的能实现他的流放。相反，他们希望让他威信扫地，并成为雅典的困境的替罪羊，因为修昔底德告诉我们：“作为他那个时代最有权势的人和城邦的领导者，他反对斯巴达的一切，不允许雅典人让步，而是不断推动他们走向战争。”（1.126.3）所以，这次出使的目的实为打心理战，而不是真心维和。伯里克利一直反对在没有仲裁的情况下做出让步；既然斯巴达及其盟邦已投票宣战，在他看来，这些既不让步又拒绝仲裁的后续谈判，不过是宣战后的战术把戏罢了。到了公元前 432 年秋，伯里克利的态度已趋强硬，而斯巴达人此计虽然拙劣，却也表明他们认定雅典城内存在足以扳倒他的反对势力。

虽然伯里克利在公元前 438 年那轮针对他本人及其朋友的攻击中得以全身而退，但他的麻烦还没有结束。麦列西阿斯之子修昔底德已重返雅典，很可能重新掌控了至少部分旧部势力。这批人当年想必反对雅典与科西拉结盟，并可能也抵制墨伽拉法令和波提代亚的最后通牒。他们强烈反对战争，并在危机白热化时坚决要求废除墨伽拉法令。在另一极端上的派系则对斯巴达人寸步不让。他们肯定是那些赞成与科西拉缔结全面攻守同盟、在西波塔战役中力主增兵的人。克里昂可能已经成为这些人的主要代言人，虽然难与伯里克利比肩，却已在民众中培植势力与之抗衡。在公元前 433 年和科西拉人辩论期间和辩论之后，反对派便已显露锋芒。普通雅典公民对他们这位冷漠且异常睿智的领导者抱有的所有偏见，在这些艰难和危险的时刻一定全都显现了出来，而他的政敌则有望从中捞取任何可能的好处。

对菲迪亚斯、阿那克萨戈拉和阿斯帕西娅的审判都涉及不敬神的罪名，因此，斯巴达人重提这项关乎宗教仪轨的一支的古老罪名绝非偶然。我们可以肯定的是，修昔底德的贵族朋友和克里昂的民主派支持者都出于不同的目的，极力渲染伯里克利周身萦绕的不敬神氛围。然而，他们的攻击都失败了。“公民们非但没有猜忌诽谤，反而因敌人对伯里克利的极端仇惧，赋予他更大的信任和荣誉。”（普鲁塔克《伯里克利传》33.1）所有的证据都表明，在战争前夕，伯里克利的地位依然不可动摇。他做出的关键决定，都是因为他认为应该这样做，而不是迫于国内政治的压力。

伯里克利在政治宣传方面绝非庸手，雅典人对斯巴达所提出的要求的回应便清晰印证了这一点。在回应受诅咒的阿尔克迈翁家族应该被驱逐的要求时，雅典人说，斯巴达人应该赶走受泰纳鲁斯（Taenarus）诅咒的人，并且一再强调斯巴达还应该驱逐受雅典娜黄铜宫（Brazen House）诅咒的人。斯巴达人曾在泰纳鲁斯的海神波塞冬神庙处决了一些叛逃的黑劳士，人们普遍认为这一亵渎行为引发了公元前 464 年的大地震。这种直截了当的类比，正好用来让斯巴达人下不来台。黄铜宫诅咒指的是另一次亵渎神圣场所的事件。那位声名狼藉的普拉提亚战役获胜者、对希腊盟邦实行高压统治的帕萨尼亚斯因与波斯人勾结犯下叛国罪，并与黑劳士密谋叛乱，最终被困在雅典娜神庙中饿死。这也构成了宗教亵渎，德尔斐的祭司们认定此事必须通过繁复且费用不菲的赎罪仪式来化解。

通过援引第二桩丑闻，伯里克利巧妙地提醒希腊人，在没有雅典权力制衡的情况下，斯巴达的霸权是多么令人难以忍受。通过回顾希波战争后那几年斯巴达人的所作所为，希腊人可能就不会把即将到来的冲突仅仅理解为“反抗暴政争取自由”的斗争。与此同时，提到帕萨尼亚斯也可能是对斯巴达内政的敲打。那些年帕萨尼亚斯和国王列奥提西达斯（Leotychidas）的激进政策不仅让斯巴达声望扫地，更引发了城邦高层的叛国以及伯罗奔尼撒内部的叛乱。同样地，公元前 432 年主战派支持的政策会把战火引向伯罗奔尼撒半岛之外，斯巴达看起来将会陷入远离本土的旷日持久的战争。伯里克利一定知道，他的回应将助长斯巴达国内主和派的气势，因此他似乎在雅典和斯巴达的首次外交较量中占了上风。

尽管碰了钉子，斯巴达人还是继续派使节前往雅典。这些使节要求雅典人撤出波提代亚，恢复埃伊纳的自治。[2]“他们尤其公开以最明确的语言宣告，只要（雅典）撤销墨伽拉法令，战争便可避免。”（修昔底德 1.139.1）毫无疑问斯巴达人的提议是真诚的。雅典人仍然可以选择撤销这项法令，就像在雅典展开的争论中显示的那样。如果他们这样做的话，斯巴达的主战派很难说服他们多疑、犹豫和分裂的盟邦开战。即使雅典没有做出任何让步，斯巴达人也因他们在公元前 445 年所立的誓言感到不安，并在后来承认自己才是毁约的一方。如果雅典人接受了他们的条件，那么要动员全体盟邦参战将变得更加困难。

自派出了第一组使团之后，斯巴达的政治环境发生了显著变化。第二组使团显然代表了一种妥协。阿奇达姆斯“试图和平地解决盟友的怨愤、平息他们的怒火”（普鲁塔克《伯里克利传》29.5），但他和他的对手都没有完全掌控局面。如果阿奇达姆斯真能主导局势，理应将争端提交仲裁；如果主战派明显占多数，在派出第一组使团之后他们就会结束交涉。显然，阿奇达姆斯仍然能够推动谈判继续，虽然主战派也能够在所有问题上要求雅典人让步。不过，阿奇达姆斯成功地实现了一个折中方案，这个折中方案让撤销墨伽拉法令成为避免战争的唯一条件。

斯巴达的盟邦墨伽拉正处在雅典对它的经济打击下。斯巴达人认为这已违背了三十年和约的精神，即便没有违反条款：该和约规定任何一方都不应干涉对方同盟的事务。斯巴达不能容忍雅典对墨伽拉的经济制裁，就像雅典人不能容忍科林斯在波提代亚煽动叛乱一样。因此，对斯巴达人来说，撤销墨伽拉法令似乎是和平解决问题的绝对必要条件。然而其他的冲突并没有影响斯巴达，所以可以坐视不管。因此，斯巴达人的提议等于出卖了科林斯的利益。如果科林斯人心生不满并威胁要脱离同盟，阿奇达姆斯和大多数斯巴达人都准备让他们自便。也许现在正是向科林斯人展示谁才是斯巴达同盟霸主的适当时机。

尽管阿奇达姆斯在促使斯巴达的立场软化上取得了显著的成功，伯里克利依然寸步不让。然而，第二组斯巴达使团真诚的妥协姿态，却以一种不同于第一组粗劣的政治煽动的方式，让他陷入真正的窘境。斯巴达人的提议让雅典看起来似乎是为一条原本不过是战术机动，根本不值得开战的麦加拉法令而走向战争。伯里克利无法简单地回绝斯巴达的要求，他必须以一种不寻常的方式来为自己的政策辩护。

那些表面上引发禁运的官方指控现在体现为一项正式的法令，由传令官向墨伽拉和斯巴达传达，为雅典的行为辩护。普鲁塔克说：“这项法令由伯里克利提出，包含了对此政策合理而人道的解释。”（《伯里克利传》30.3）普鲁塔克还记载了一个故事，表明伯里克利感受到了巨大压力。为了回应斯巴达人一再提出的要求，伯里克利通过援引某条模糊的雅典法律来为自己拒绝撤销法令辩护，声称无法拆卸镌刻法令的石板。斯巴达人回答：“那就不必拆卸它，把它转个面即可，因为没有法律反对这么做。”（《伯里克利传》30.1）不管这个故事是真是假，它都表明，伯里克利在捍卫自己顽固的立场时捉襟见肘。

最终，斯巴达人派出了最后一组使团，传达了一个简短无礼的信息：“斯巴达想要和平，只要你们给予希腊人自治权，和平就能实现。”（修昔底德 1.139.3）这是一道最后通牒。此后斯巴达人不再试图谈判。雅典人拒绝撤销法令的顽固立场彻底击垮了阿奇达姆斯和他的派系的努力，让“鹰派”（hawks）撤回了和平提议。从此之后再没有谈判的余地，雅典人必须决定是屈服还是战斗。

尽管伯里克利仍然掌控着局势，但是反对派现在也已经壮大到足以左右公民大会的辩论走向。伯里克利本希望将讨论聚焦在是否接受斯巴达的最后通牒上，然而公民大会最终决定“在通盘考量后做出最终答复”。（修昔底德 1.139.3）这就使得他的对手得以重提墨伽拉法令这个他最不想讨论的话题。两派的许多人在各自的立场上发表了看法。毫无疑问，那些认为“战争是必要的”的人里包括克里昂，而那些主张“这项法令不应成为和平的障碍，而应该被撤回”的人包括麦列西阿斯之子修昔底德。

历史学家修昔底德只记录了伯里克利的演说，他称伯里克利为“当时的雅典人中的第一公民，在演说和行动方面无人能及”。（修昔底德 1.139.4）从演说语气判断，伯里克利仍然自信掌控全局，未曾预料自己的政策会被否决。他的语气强硬而坚定，这一点在开场词中就显露无遗："雅典的各位公民，我的看法一如既往，认为我们不应向斯巴达人屈服……即使在此之前，斯巴达人在谋划对付我们已昭然若揭，而现在这一点更加明了了。"（修昔底德 1.140.1–2）这种语气不太可能说服犹豫不决的选民。

伯里克利对自己政策的辩护主要依据的似乎是一个法律上的技术细节。斯巴达人始终拒绝按照和约规定提交仲裁，反而试图通过威胁或武力来达到目的。"他们想要通过战争而非讨论来解决争端，现在他们来此，不再是请求，而是勒令……只有断然拒绝这些要求，才能让他们明白必须以平等的方式对待你们。"（修昔底德 1.140.2; 5）

伯里克利并非不愿意在任何具体问题上让步。如果斯巴达人接受了仲裁的提议，伯里克利肯定会遵守裁决。但是他不能接受的是斯巴达借波提代亚和埃伊纳事务以及雅典商业和帝国政策（以墨伽拉法令为代表）开创干涉雅典帝国的先例。这等于是让雅典在爱琴海的霸权地位以及随之而来的国家安全仰息于斯巴达的喜怒，从而受制于斯巴达的国内政治。如果雅典人现在在威胁面前退让，那么这就相当于他们放弃平等地位的主张，更会招致未来的讹诈。在伯里克利拒绝撤销法令的时候，就已经向世人昭示了这一切：

我希望你们当中没有人会认为，如果我们拒绝撤销墨伽拉法令的话，我们就会因为一点琐事而投入战争。关于墨伽拉法令，他们特别主张撤回该法令是避开战争的一种方式。也不要深思熟虑后责备自己为一件小事而开战。因为这点

> “琐事”恰恰是对你们的决心的确认和考验。如果你们做出让步的话，你们之后会被要求做出更大的让步，因为你们已经有出于害怕而做出让步的先例。（修昔底德 1.140.5）

双方的很多人肯定都很难理解，为什么雅典人会为了这么一条微不足道的法令而战，就像在 1914 年，德国人，甚至一些英国人，很难理解为什么英国愿意为保证比利时中立的“一纸空文”而战。但在这两个案例中，看似微不足道的争端背后都隐藏着重要的政治和战略考量。伯里克利的声明堪称抵制绥靖政策的经典宣言（与丘吉尔在 20 世纪 30 年代反对绥靖政策的论述惊人地相似），其中展现的勇气和决心令人钦佩。但是伯里克利的政策是合理的吗？

如果仅着眼于眼前的危机，就很容易得出一个否定的答案。眼前的争端本质上并不重要，而斯巴达唯一不可妥协的要求并没有涉及任何物质性的或战略上的重要问题。如果雅典人撤销墨伽拉法令，这场危机可能就平息了。一旦避过此劫，谁能说未来会怎样呢？斯巴达对科林斯的背叛肯定会导致两城邦之间关系的冷却，甚至可能产生裂痕，从而转移斯巴达人的注意力，让他们不再想着与雅典人争执。伯罗奔尼撒同盟内部也可能像过去一样出现其他麻烦。首先，斯巴达与阿尔戈斯的条约将在 10 年后到期，能否续约尚属未知。在阿尔戈斯的威胁未除的情况下，斯巴达人肯定不会招惹雅典，与此同时，10 年的和平可能会使各方都接受现状。尽管所有这些都是推测，但足以表明，如果公元前 433 年到公元前 431 年的危机能够化解，战争绝非不可避免。

然而，伯里克利关于斯巴达内部存在顽固敌对势力的判断是正确的。雅典做出让步可能会暂时平息斯巴达大多数人的恐惧，但在此事上的妥协也可能导致斯巴达在未来冲突中采取更强硬的立场。因此，伯里克利面临着非常艰难的抉择，而事后看来，我们可以得出的结论是，他做了错误的选择。也许他应该妥协，从而拯救阿奇达姆斯的派系。毕竟，斯巴达人并不是被一个像希特勒那样有着固定的目标、牢牢掌控国家并执意摧毁对手的恶魔式人物领导着。撤销这项法令的风险固然存在，但这种风险似乎比战争的风险小。这或许正是历史罕见的特例之一：在情势所迫之下，即便“威胁之下绝不屈服”这般重要的原则亦可暂且妥协。

那么，为什么伯里克利要如此固执而强烈地坚守自己的立场？部分原因在于他为战争设想的战略。政治领导者依托他们的战略来实现外交和政治目标，唯有胜券在握时才会发动战争。但有时他们的军事战略可以反向决定他们的政治和外交抉择。例如，德国在 1914 年只有一个战略，即施里芬计划（Schlieffen Plan）。这个计划要求德国入侵比利时，以便迅速击败法国。但是这种违反了比利时中立原则的行为，肯定会让英国加入对抗德国的战争，造成极其不利的外交和军事后果。同时，战略上的考虑让德国人认为在 1914 年他们成功的概率比未来几年要大。因此，德国没有在 1914 年 8 月密谋挑起一场大规模的欧洲战争。相反，德国选择了一种似乎有望取得胜利的战略，这让他们甘愿冒险一战。

同样地，斯巴达人的决定在很大程度上也是由主战派设想的战略推动的，他们笃信这套战略速战速决。他们不相信战争会像阿奇达姆斯和雅典人声称的那样旷日持久、代价高昂、艰难胶着且胜负难料。斯巴达人认为雅典人不会甘心躲在城墙后面，静静地看着他们的庄稼和房屋被摧毁。相反，他们认为雅典人会出来战斗，就像在公元前 446/ 前 445 年一样。然而，这次斯巴达人不会怯懦地停战，这场战役会是一场决定性的会战，斯巴达人将会获胜，一劳永逸地铲除雅典的威胁。事态的发展会证明他们是错的，但他们对自己战略的信念让他们对寻求妥协的言论充耳不闻，而"或许他们是对的"的侥幸心理则帮助他们说服了其他更犹豫的斯巴达人。

伯里克利同样坚信他找到了能通向胜利的唯一战略，尽管他知道，只有他自己才能让雅典人采纳并坚持这一战略。如果他不在位，更加激进的团体必将掌权，执意挑起军事对抗，但他认为这将是一个严重的错误。伯里克利是唯一能够执行自己战略的人——这是他的优势，也是他的战略的弱点。伯里克利知道即将到来的战争将会多么困难，因此他尽可能地试图避免战争。然而，在斯巴达人投票赞成开战之后，伯里克利的战略却要求战争必须尽早到来，因为他已经年逾六旬，他不确定他还能活多久。

在最后几个月里，还有另一重考量令伯里克利愈发寸步不让。每场战争都仰赖民众支持战争的士气，对于伯里克利所计划的那种战争来说，这一点尤其重要。在激发必要的决心以避免失败主义和保持足够的克制以避免冒险作战之间，维持平衡是很难的。伯里克利或许能依靠他的政治地位和个人权威实现克制，但是他的主要任务是激发必要的决心。斯巴达人派出的第二组使团态度温和，这让伯里克利陷入尴尬的境地，同时也鼓舞了那些主张妥协的雅典人。但是现在斯巴达人蛮横无理的最后通牒让伯里克利不再需要为他的政策辩护了。几乎没有雅典人愿意放弃他们的帝国，即使有人愿意，也不会公开承认。雅典人只需想到斯巴达人傲慢的言辞，就能点燃战斗的热情。

下一次，斯巴达人可能就不会这么“配合”伯里克利了。他们也许会做出表面上的让步，却在核心问题上——雅典帝国的平等地位和独立性——寸步不让。谈判可能会拖延数年。随着年数的增加，雅典人的战斗意志可能会越来越弱，而伯里克利的年龄也会越来越大。与此同时，由于斯巴达人执行了阿奇达姆斯的谨慎计划，雅典在金钱和船只方面的巨大优势将日渐销蚀。伯里克利一定清楚，如果雅典终须战斗（现在看来是不可避免的），那么越早开战获胜的机会就越大。因此，以另一种方式，伯里克利的战略本身也推动了战争的爆发。

伯里克利的演说和政策最终得到了支持。在回复斯巴达人的最后通牒时，雅典人直接用了他的原话：“他们绝不接受任何强制命令，但准备依据条约规定，在相互平等的基础上通过仲裁解决争端。”（修昔底德 1.145.1）斯巴达使团把雅典的回复带回斯巴达后，斯巴达再也没有派出使节。但即便如此，斯巴达人还是没有采取行动。直到公元前 431 年 3 月，战争才因忒拜突袭普拉提亚而爆发——此举要么是在认定大战已无可避免的情况下先发制人，要么就是为了断绝斯巴达退缩的余地。

忒拜的进犯无疑是对和约的公然违背，也正式拉开了战争序幕。斯巴达人不敢再继续观望了，于是在 5 月份挥师入侵了阿提卡。即使在最后一刻，率军入侵的阿奇达姆斯仍然试图避免战争。他派了一位特使到雅典，希望雅典人在看到斯巴达军队真的已经开拔之后会让步。然而，这名特使并未被允许进入雅典城邦，更不用说在公民大会上发言了。因为此时伯里克利自己提出了一项法令，即敌军压境时概不接见斯巴达使节。修昔底德用简练的笔触准确地描绘了当时雅典人的心态：

> 他们不愿听他的话就把他打发走了，同时命令他当天就要离开他们的边境。如果斯巴达人将来想要派遣使节的话，他们必须先撤军，回到斯巴达。他们派人护送（特使）麦莱西普斯（Melesippus），防止他接近任何人。当他到达边境，即将离开时，他说了这样的话："这一天将是希腊人巨大灾难的开端。"（2.12.1–4）

当麦莱西普斯上报雅典人的回复时，阿奇达姆斯没有拖延的余地了，下令进攻雅典的领土。斯巴达人和雅典人就此开启了一场战争，正如阿奇达姆斯所预言的那样，这场战争会延续至他们的子孙后代。

伯里克利本无意开战，他的政策初衷始终在于规避战争，直到斯巴达的行径令战争看似不可避免。但战争最终还是爆发了，因此他对危机的处理就其自身而言是失败的。当然，他面临的困境是严峻的，而且可供抉择的余地极为有限。他的外交手段富有创意，往往别出心裁，并且一贯秉持善意。他显然基于对风险与机遇的仔细权衡，始终在两个不利的极端选择之间寻求中间道路。简而言之，这是一种理智的政策，不仅依赖谨慎和精确的执行，同样也依赖对手对其意图保持冷静、睿智的认知。如果斯巴达只有阿奇达姆斯一派主政，那么该政策可能已经奏效，事实上它几乎就要成功了。但是国际关系和战争不是棋局博弈。它们经常激起民众强烈的情绪，让他们失去理智，把理性抛在一边。在关键时刻，伯里克利似乎忽视了这一现实，过分笃信理性的普世效力。那些本属克制的举措被视为具有侵略性的威胁，而且还削弱了谨慎的一派的力量，而他们正是伯里克利战略成功的根本。当形势恶化的时候，伯里克利在某种程度上受他选择的战略驱使，放弃了他的创造性外交手段，固执地走向通向战争的道路。

第十二章

战略家

伯里克利的军事战略恰如其分地印证了卡尔·冯·克劳塞维茨（Carl von Clausewitz）的格言，即“战争是政治通过不同的手段的继续”，因为战争延续了其外交政策所追求的相同的目标。伯里克利相信，斯巴达的好战姿态是一种暂时的失常，当真正的军事形势变得明朗、理智战胜激情时，情况就会改变。因此，他采取了一项旨在让斯巴达人意识到他们的错误，从而在恢复到战前状态的基础上重建和平的战略——在这种和平构建的世界中，两大强邦都意识到自己没有办法将意志强加给对方，因此选择尊重彼此的完整地位。

一个成功的战略应该依靠对战争目标的清晰认知以及对双方资源的准确评估。它力求用自己的长处攻击敌人的弱点，或者至少在关键时刻和关键地点拥有超过敌方的力量；成功的战略可以借鉴过去的经验，但不受其约束。成功的战略适应条件的变化，无论是物质上的还是精神上的；成功的战略永远预判首轮计策可能受挫，并常备替代方案。当然，希腊人没有克劳塞维茨，在伯里克利的时代，也没有任何成熟的战争理论。可是，历史上也很少有国家或政治家在战争开启的时候，能在战略上做好充分的准备。

斯巴达打破三十年和约时宣称其目标是“解放希腊”，即恢复那些臣服于雅典的希腊城邦的自治权，以达到摧毁雅典帝国的目的。虽然斯巴达人素来慎于开战，但是雅典对斯巴达的盟邦的压迫让他们感到难以容忍。修昔底德告诉我们：“斯巴达人决定，如果可能的话，他们必须尽其所能摧毁雅典的力量，于是发动了战争。”（修昔底德 1.118）无论斯巴达人是为了解放希腊而开战，还是为了保护盟邦免受雅典压迫以维系同盟体系的安全，抑或是为了恢复斯巴达在希波战争期间所享有的无可争议的霸主地位，又抑或是出于上述所有动机，都没有太大区别。因为实现这些目标中的每一个都需要摧毁雅典的力量——摧毁雅典免受陆上进攻的城墙，摧毁使雅典掌握制海权的舰队，推毁支持雅典海军的帝国。任何使这些力量完好无损的和平方案对斯巴达都毫无意义。总之，斯巴达的作战目标要求它采取攻势。

伯里克利的战略不是为了在战场上击败斯巴达人，而是为了让他们相信战争徒劳无益。实际上这是一种劝说或者教育的方式，雅典的行动旨在影响斯巴达的战斗意愿，而不是削弱其作战能力。因此，伯里克利的作战策略完全是防御性的。他告诉雅典人，如果他们“保持镇定，照料好自己的舰队，避免在战时试图扩大他们的帝国版图从而危及他的城邦，他们就会获胜”。（修昔底德 2.65.7）

相应地，雅典人拒绝在陆地上作战。他们放弃他们的田地和乡宅任由斯巴达人蹂躏，同时撤退到城墙后，迫使斯巴达人陷入其并不擅长的围城战。同一时刻，雅典海军将在伯罗奔尼撒半岛沿岸发动一系列突袭。这一战略将一直继续下去，直到受挫的敌人准备讲和。雅典海军的突袭和登陆并非旨在造成实质性破坏，而是要激怒敌人，并向敌人表明，伯罗奔尼撒半岛尽在他们的掌握之中。这个战略旨在从心理上消耗敌人，而非从物质或身体上消灭他们。伯里克利的目的是让他的主要对手斯巴达人明白，他们绝不可能赢得战争的胜利，因此，他们必须得讲和。①

希腊历史上从未出现过这样的战略，因为在雅典帝国的民主政制到来之前，从未有城邦具备实施这种战略的条件。雅典人本可以在第一次伯罗奔尼撒战争的后半段使用这一战略，但他们没有这样做，也许是因为那时伯里克利还不能说服他们。要做到这一点并不容易，因为这个前所未有的战略直接违背了希腊的英雄传统，这一传统把战争中的勇敢视为最高的美德。此外，大多数雅典人是农民，他们的土地和房屋都在城墙外。伯里克利的战略要求他们在自己的房子、庄稼、葡萄藤和橄榄树遭受蹂躏时无动于衷。

面对这些事实，我们即使现在回过头思考，依然很难明白伯里克利是如何说服雅典人接受他的非正统战略的。他可能是唯一一个既能够设想出如此违背民众内心情感和根深蒂固的成见的计划，也能够用他的影响力和能力将其付诸实践的人。正因如此，一位杰出的现代军事史学家将他列入“世界历史上最伟大的将领之一”。伯里克利的伟大之处不仅在于他构想出了这项计划，并果断地通过放弃整个阿提卡地区而不是采取折中措施来实施它，而

① 正如一位现代学者精辟地指出的：“首先（伯里克利）必须证明，雅典和雅典帝国的存在不可摧毁。此外，他还要证明雅典同样可以重创敌人……这是一个合理的预判：在雅典卫城金库耗尽之前，它的对手的勇气和意志便可能崩溃。所以，他们可能会承认雅典的力量和决心是不可战胜的。”[1]

且最重要的是，他能够凭借他的人格力量在一个民主制城邦的公民大会上通过这个计划，并确保其得以执行。“就评价一名将领的能力而言，这一决策的完美执行不亚于任何一场战役的胜利。”[2]

换句话说，伯里克利的首场胜利是克服了他的民众的本能抗拒所赢得的。历史上，当战争的理由看起来正当且有机会速战速决时，民主制国家往往比较容易被鼓动参战。在第一次世界大战中实施民主制的法国、英国和美国，以及第二次世界大战中的英国和美国就是如此。当战争持续的时间比预计的要长时，就会引起民众的普遍不满。唯有以一场决胜之役为目标，民众方能继续支持战事。最为艰难的是让民主国家的民众接受一种以僵持为胜利的战争理念：不倾尽全力击溃敌军，而是通过消耗战迫使对手谈判。杜鲁门在朝鲜战场，肯尼迪・约翰逊、尼克松在越南战场，皆采取此类战略，结果却令杜鲁门声望大跌，约翰逊黯然下台，尼克松政权根基动摇。然而，伯里克利的战略提出了更严苛的要求。他要求雅典人展现出前所未有的克制与耐心。此外，他能够说服他们接受这样的方略，这可能是这位教育家最伟大的胜利。

尽管困难重重，伯里克利仍有理由认为他的战略是最优选择，同时雅典的资源也足以使其成功。在战争伊始，雅典人有一支由 13000 名达到年龄和条件的步兵组成的军队可以去战斗，还有一支由 16000 名士兵组成的军队，他们能够驻守保卫雅典和比雷埃夫斯港的城墙以及周围的边境要塞。普鲁塔克告诉我们，在公元前 431 年伯罗奔尼撒同盟组成了一支 6 万人的军队入侵阿提卡。这一数字必然是夸大的，但伯里克利本人战前就承认，斯巴达人和他们的盟邦的军力可以在一场会战中与其他所有希腊人一较高下。最近的历史更表明，雅典的有识之士知道他们的步兵实力相对较弱。在公元前457年爆发的第一次伯罗奔尼撒战争中，雅典人在塔纳格拉战役中英勇作战，尽管他们人数比敌人多，但还是遭受了惨重的伤亡。当伯罗奔尼撒同盟军队在公元前446年入侵阿提卡时，雅典人选择议和并放弃了他们在陆地上的帝国，而非正面接战。这些记忆无疑推动了斯巴达的反雅典派说服同胞们再启战端。要么雅典人像以往一样不打仗就屈服，要么他们战斗然后覆灭。无论是哪种情况，战争都是短暂的，斯巴达的胜利是必然的。

正是为了证明斯巴达“鹰派”是错误的，伯里克利才决定参战。他向雅典人明确阐述了这一意图：“如果我认为我能说服你们，我必会敦促你们亲手毁掉自己的财产，以此向伯罗奔尼撒人表明，你们不会为了保全财产而屈服于他们。”（修昔底德1.143.5）一旦斯巴达人看到雅典人准备做出必要的牺牲，他们就会意识到战争是徒劳的，转而寻求和谈。由此产生的协议虽然在实质上与三十年和约没有什么不同，却将因斯巴达人承认雅典不可战胜而稳固持久。

为了实施他的战略，伯里克利所拥有的资源不仅让他的对手相形见绌，在希腊历史上也是无与伦比的。雅典的势力依托于它实力雄厚的海军，这也是它的希望所在，包括至少300艘适航的战船，以及其他一些在紧急情况下可以修理启用的战船。除了一些服从雅典帝国的城邦为舰队提供了金钱和桨手，他们自由的盟邦——莱斯博斯、开俄斯和科西拉——可能也提供了船只，很可能超过100艘。相比之下，伯罗奔尼撒同盟所能调动的只有大约100艘战船。此外，伯罗奔尼撒船员的技艺和经验也无法与雅典海军相提并论，战争的第一个10年中发生的事将不断验证这一点。

伯里克利深知，海战胜负——因而也是其战略成败——的关键在于维持舰队与支付船员薪饷的财力。在这个方面，雅典有很大的优势。公元前431年，雅典的年收入是1000塔兰特，其中400塔兰特来自内部税收，600塔兰特来自贡金和其他帝国收入。虽然每年大约有600塔兰特可以用于战争，但这些还不足以支撑伯里克利的计划。正如伯里克利指出的："维持战争的军费靠的是累积的盈余，而非强制征税。"（修昔底德1.141.5）因此，雅典需要动用储备金，而在这方面它同样拥有得天独厚的条件。在战争开始的时候，金库中便囤积着6000塔兰特的银币，另外还有500塔兰特未铸造的金银锭，帕特农神庙里的雅典娜雕像身上覆着价值40塔兰特的金箔，它们可以在紧急情况下拆卸下来并熔化。面对这如此惊人的财富储备，伯罗奔尼撒同盟想形见绌。阿奇达姆斯说："我们的国库中没有钱，我们也不能轻易地通过征税来筹集资金。"科林斯人比其他人更有钱，但他们没有储备金。因此伯里克利有理由告诉雅典人："伯罗奔尼撒人没有钱，无论是公共的还是私人的。"（修昔底德1.80.4；1.141.3）

阿奇达姆斯率领伯罗奔尼撒联军第一次入侵阿提卡时，刻意采取了从容不迫的行军策略。通往阿提卡腹地的最快捷径本应是向东经麦加拉南下，过厄琉西斯直抵雅典肥沃的平原。但这不是阿奇达姆斯的行进路线。与上述方向相反，他转而北上围攻彼奥提亚边境上的一座雅典堡垒俄诺伊。俄诺伊不会对入侵的军队产生任何威胁，当时也没有军事理由去攻击它。也许阿奇达姆斯更多是从政治角度而不是军事角度思考问题的。在上一年夏天的斯巴达集会上，他曾主张斯巴达人应该非常缓慢地蹂躏阿提卡的土地。“你们应该把他们的土地看作给我们的抵押品，而不是其他任何东西。土地耕种得越好，抵押品价值就越高。”（修昔底德 1.82）

见雅典人毫无反应，阿奇达姆斯被迫放弃围困，转而蹂躏厄琉西斯周围的土地。然而雅典人仍然没有采取行动，因此斯巴达人继续东进，并且开始破坏阿卡奈，这是一个居住着许多公民的大型德莫。正如阿里斯托芬所描绘的，这些居民“心如铁石、坚若橡木”。（《阿卡奈人》180）照理说，他们绝不会坐视家园被毁，定会愤然施压，迫使躲在城墙后的同胞出城迎战。即使是现在，阿奇达姆斯也没有放弃让雅典人恢复理智的希望。因此，只要有可能，他就想将阿提卡最富庶的农田作为“挟持的抵押品”。

当雅典人听说斯巴达人正向阿提卡进发时，他们按照伯里克利的计划，开始从乡村撤离。妻子和孩子被送到城邦里，绵羊和牛被赶到优卑亚岛。在近半个世纪前波斯军队入侵时，大多数雅典人都居住在乡村，目睹过波斯军队蹂躏故土的人已寥寥无几。“他们很忧愤，很不愿意抛弃他们的家园，抛弃祖先留下的一直属于他们的神庙，很不愿意改变他们的生活习惯，把每个人所认为是他本族的城邦加以抛弃。”（修昔底德 2.16.2）起初他们都挤在城墙内，空置的空间都被占据，甚至众神的圣所也被占据。雅典卫城脚下的圣地皮拉斯基康（Pelargikon）就被占据了，尽管阿波罗神庙的女祭司从神谕中读出了诅咒，认为这是亵渎之举。城墙上的塔楼也被流民占用。后来，这些流离失所的人被安置到比雷埃夫斯和长墙之间的土地上，但是眼前的困苦已达极致。

然而，当敌军出现在阿卡奈，并开始在距离雅典卫城不到 7 英里[①]的地方蹂躏土地时，雅典人的情绪从沮丧不满变成了愤怒。

---

① 1 英里约等于 1609 米。——编者注

这是对伯里克利的克制战略的首次严峻考验。雅典人的愤怒不只针对斯巴达，也针对伯里克利，因为在他们看来，二者对他们目前的困境负有同样的责任。伯里克利曾预言过这些事件，而这些痛苦也是他们所接受战略的必要组成部分，但这些目前都无关紧要。在群情激愤之际，关于为什么雅典要避免陆地会战，他向雅典人所做的周密的解释已被抛诸脑后。此外，他的批评者指责他十分怯懦，因为他不敢带领他们出城迎战敌人。

在这些好战的反对者中，最激进的是克里昂，在伯里克利死后，他成为雅典"鹰派"的领袖。喜剧诗人赫尔米普斯可能是克里昂阵营的一员，他在一出喜剧中让我们得以窥见当时攻讦的基调。这出喜剧在公元前430年春季上演，谩骂了伯里克利："萨提尔（Satyrs）之王，你为什么永远不会举起长矛，而是只用可怕的字眼来发动战争，活脱脱是懦夫忒勒斯（Teles）的化身？但是如果有一把小刀在磨刀石上被磨尖，你就会咆哮，仿佛被凶猛的克里昂咬了。"（普鲁塔克《伯里克利传》23.7）。甚至连一些伯里克利的朋友也敦促他出城打仗。但是尽管压力很大，他还是坚守他的战略，最终凭借全部政治智慧和威望，才阻止雅典人很快放弃他的战略。

在当时的雅典，现代意义上的军政分权制度并不存在。这有时很不好，但是将军这一职位的双重属性为伯里克利提供了巨大的帮助。因为尽管民众对他所选择的战略有本能的抵触，但是他仍然得以借此让雅典人保持克制。修昔底德描述了当时的场景：

伯里克利深知他们对目前的局势感到愤怒，因而有些头脑发昏。他坚信他的不出战决定是正确的，因此他阻止公民大会或其他会议的召开，以防民众聚在一起出于愤怒而不是理性判断行事而犯下大错。他全力维持城邦的秩序，在可能的范围内确保雅典稳定。（修昔底德 2.22.1）

在战争和其他重大危机期间，有时民主制的领导者认为有必要搁置法定权利和常规的政制实践。在美国内战期间林肯就暂停了人身保护令，在美国重建期间，格兰特（Grant）为打击三 K 党亦采取过类似措施。雅典同样如此，在这个短暂而关键的时期，常规的政治辩论和议事程序被全面中止。没有任何法律通过，也没有任何紧急权力被授予伯里克利或十将军委员会。依照惯例，公民大会本应定期召开，其运作并不受包括伯里克利在内的十将军节制。但他是如何能在足够长的时期内冻结政治活动，来保护他的战略部署的呢？

雅典被围困，出于战争的需要，将军们被赋予了比平时更大的权力。公民们武装起来，守卫着城墙。如果他们被招来开公民大会，那么这座城邦将是不设防的。如果他们留在他们的岗位上，公民大会的代表性就会大打折扣。这些都是取消定期会议的好理由。毫无疑问，伯里克利说服了其他将领——其中一些是他的政治盟友——接受他的观点。面对他们的联合建议，没有任何官员敢于召集公民大会。用罗马人的术语来说，伯里克利不是通过统帅权（imperium）而是通过个人权威（auctoritas）达到了他的目的。

伯里克利不仅制定了计划，更掌握着使民众恪守这一战略的政治手段，且看似拥有将其贯彻到底的充足资源。即便是修昔底德这般严苛的历史评判者，也坚信此战略本应取得成功：

> 在战争开始后2年零6个月，伯里克利去世了。在他死后，他在战争方面的远见卓识更加为人所知。他说，如果雅典人保持镇定，悉心维护舰队，避免在战时扩大他们的帝国版图以致危及城邦，他们终将获胜……当时伯里克利有充分的理由预测，雅典将会很容易地战胜伯罗奔尼撒人……（2.65.6–7; 13）

修昔底德将伯里克利战略的最终失败归咎于他的继任者，说他们“在各个方面都违背了伯里克利的计划”。（2.65.7）但是伯里克利的战略在他死后仍然完整地执行了2年，也就是说，到战争的第5年，这个战略依然没有取得成功。更关键的是，我们回溯历史可以看到，在他还活着的时候，这个战略便已显败象。

若将失败简单归咎于那场突如其来且不可预见的灾难——战争第2年暴发的雅典大瘟疫——虽看似合理，却失之片面。瘟疫瓦解了雅典人的意志，鼓励了伯罗奔尼撒同盟，由此确实重创了伯里克利的战略。但在谈判失败后，雅典人的战斗意志又恢复了，而且也没有理由认为，如果没有瘟疫，斯巴达人的决心就会动摇。这一战略失败的原因必须另寻他处。

要评估他的计划，我们需要弄清伯里克利预期斯巴达人多久才会恢复理智。那些依据阿奇达姆斯战争（公元前431年到公元前421年）的结果来证明他的战略合理性的学者，通常不会问这个问题，[3]但他们的预设本身就表明，一场为期十年的战争本来就在他的预料之中。这一结论部分源自战争前夕伯里克利对雅典人演说的内容。他说，伯罗奔尼撒同盟“既缺乏海外作战经验，也不擅长持久战；由于贫穷，他们彼此间只会进行短期战争”。（修昔底德 1.142.3）除了斯巴达人，绝大多数伯罗奔尼撒同盟的士兵都是自耕农，他们不能长期远离耕地。此外，他们必须依靠自己的收入来承担远征的费用。这些人宁可赌上性命也不愿耗尽家财，“因为他们不确定是否会先耗光积蓄，而且这是很可能发生的，特别是如果战争持续的时间比他们预期的要长”。（修昔底德 1.141.5–6）

伯里克利合理地认为，伯罗奔尼撒同盟缺乏足够的资源来发动那种会危及雅典帝国的战役，尽管没有什么可以阻止他们继续每年入侵并蹂躏阿提卡。这些入侵持续时间无须超过一个月，同时唯一的成本就是为士兵提供给养。因此，重要的问题是，要维持伯里克利战略每年所需的支出，雅典金库能支撑多久。

我们可以通过考察伯里克利牢牢掌控局势的战争第一年的花销来估算战争年均花销的概数。当伯罗奔尼撒同盟在公元前 431 年入侵阿提卡时，雅典人派遣 100 艘战船环绕伯罗奔尼撒半岛航行，还派遣了一支 30 艘船的小舰队，保护关键的优卑亚岛，另派 70 艘船封锁波提代亚。这样算下来的话，全年共有 200 艘战船服役。一艘战船在海上航行 1 个月需要花费 1 塔兰特，通常的巡航期是 8 个月（尽管封锁波提代亚的船只需全年值守）。这些大概将产生 1600 塔兰特的海军支出费用。除此之外还必须加上陆军费用，其中最大的花销在波提代亚。围困那里的步兵从未少于 3000 人，有时更多，保守的估计是平均每天需要 3500 名步兵。士兵们每天的报酬是 1 德拉克马，另外还要支付随从 1 德拉克马。这样的话，陆军的日常开支至少是 7000 德拉克马，或者是一又六分之一塔兰特。如果我们把这个数字乘以全年的大致天数 360，我们得到的数字是 420 塔兰特。当然还有其他的军事开销，不必在这里一一赘述。但是，即使我们只计算海军费用以及在波提代亚的陆军的费用，我们也会得到超过 2000 塔兰特的总数。根据不同类型的数据，另外两种算法也得出了相似的数字。[4]

伯里克利必然预见到，每年至少需花费 2000 塔兰特才能维持战争。3 年的战争将耗费 6000 塔兰特。战争的第二年，雅典人投票赞成从他们的储备金中拨出 1000 塔兰特，仅仅用于“敌人从海上进犯从而必须进行防卫时”。（修昔底德 2.24.1）不管是谁，如果为了其他目的挪用这笔资金的话，等待他的都将是死刑。这样的话，可用的储备金就降至 5000 塔兰特。如果我们加上 3 年的帝国收入 1800 塔兰特，就是 6800 塔兰特。因此，伯里克利的战略只能维持 3 年。既然我们能做此推算，他肯定都算好了这一切，所以我们不能想象他预计战争要持续 10 年，更不用说它最终持续了 27 年。

伯里克利的目标在于扭转斯巴达的想法，因为它是伯罗奔尼撒同盟真正的决策者。当我们回顾斯巴达人最初参战的艰难过程时，这种希望并不是不合理的：他们投票决定开战和他们第一次行动之间的时间间隔很长，在此期间他们试图达成和平协议，且斯巴达的国王始终对开战极度抵触。为了说服斯巴达人考虑议和，只需要争取 5 位监察官中的 3 位支持。为了让他们和斯巴达公民大会接受和约，雅典人只需协助支持和平的原本的多数派恢复掌权，正是这个多数派使得斯巴达在大多数时候安守伯罗奔尼撒半岛，维持和平状态。

鉴于这些事实，伯里克利的计划似乎非常合理。阿奇达姆斯曾警告他的民众，他们对即将到来的战争性质的预判是错误的。雅典人不会在陆地上会战，而斯巴达人也没有别的战略。他们不相信国王的判断，但伯里克利的计划旨在向斯巴达人证明他们的国王是对的。雅典海军采取的行动刻意保持克制，因为它们只是为了证明持久战将对伯罗奔尼撒人不利。更具进攻性和更有效的军事行动反而与伯里克利的计划相抵触，因为它们无法带来决定性胜利，又可能激怒敌人，最终阻碍阿奇达姆斯的合理主张占据上风。

伯里克利在国内和国外推行克制的政策，本应迟早促使斯巴达主和派重新掌权。他或许预期斯巴达很快就会发生这种改变，可能仅需一个作战季便见分晓。也许它的发生需要 2 年的类似行动，但肯定不超过 3 年，因为对于斯巴达来说，继续用拳头毫无效果地捶打雅典防御战略的铜墙铁壁实属不智。然而，这个计划尽管很聪明，却没有奏效。战争的第一年就有了不妙的迹象。雅典人固守城墙拒不出战，与此同时，他们的船只绕着伯罗奔尼撒半岛航行，蹂躏了沿海地区的几个城邦，击败了小股来犯的部队，并夺取了几个战略港口。在斯巴达人撤出阿提卡之后，伯里克利亲率一支庞大的雅典军队对抗墨伽拉，蹂躏了它的全境。尽管如此，依然看不到战争的尽头。

正如一位学者所言，“在一场消耗战中，持续造成破坏的一方终将获胜”，而斯巴达人主导了这场消耗战。除了要承受目睹庄稼被毁、葡萄藤与橄榄树遭砍伐、房舍倾塌焚烧的心理创伤，雅典人还失去了至关重要的粮食供应。粮食可以依靠进口弥补，但代价高昂。用于维持贸易平衡的出口物是橄榄油和葡萄酒，其源头已被摧毁。对进口食品的支付，无论是私人的还是公共的，都消耗着他们的财政储备，因此缩短了其战略坚持的时间。相比之下，雅典对伯罗奔尼撒半岛的攻击，除了对伯罗奔尼撒半岛外围的墨伽拉的打击，其他的都是小打小闹，虽然恼人，但没有造成实质性破坏。斯巴达本土未受波及，斯巴达在拉科尼亚和美塞尼亚的所有领土中，只有一个沿海城邦受到了骚扰。它的一些盟邦遭受了一些伤害，但不是非常严重。诚然，墨伽拉人损失惨重，但即便10年后他们仍未因此求和。

战局对雅典人愈发不利。他们的胜利没有什么战略价值。波提代亚人坚持抵抗，伴随而来的哈尔基斯的叛乱更令他们深感挫败。雅典人花了相当多的时间和金钱，但他们的付出没有多少回报。他们已经被迫从金库中挪用了1300到1400塔兰特，超过了他们可支配的战争金额的四分之一。伯罗奔尼撒同盟丝毫没有气馁的迹象，在第二年春天，他们返回阿提卡地区，并摧毁了之前未受蹂躏的大部分地区。没有证据表明伯罗奔尼撒同盟内部出现了分歧，或者斯巴达主和派的影响力在逐步扩大。克里昂对伯里克利战略无效的抱怨可能仍然是喜剧诗人的主题，但这只是冰山一角，随着苦难的持续，更大的不满必将浮出水面。“鹰派”的人数和影响力与日俱增，势必要求采取更激进的战争手段。随着战争第一年的结束，伯里克利和他的战略所面临的压力不断增大。

伯里克利不能无视这种不满。他显然需要抑制“鹰派”势力的壮大。“因为他想治愈这些弊病，也因为他想对敌人造成一些伤害。”（普鲁塔克《伯里克利传》35.1）因此在公元前430年5月，他亲自率领150艘战船和运输船，上面载有4000名步兵和300名骑兵，进攻伯罗奔尼撒半岛。这是一支非常庞大的部队，其作战目标是造成比前一年更严重的破坏。“抵达伯罗奔尼撒半岛的伊庇达鲁斯后，他们蹂躏了大部分土地。当他们对这个城邦发动攻击时，他们本希望占领它，但没有成功。离开伊庇达鲁斯后，他们蹂躏了海滨城邦特洛埃真、哈雷斯和赫尔米奥尼的大部分土地。从那里他们一直航行到普拉西埃（Prasiae），一个位于拉科尼亚沿海的城邦。他们蹂躏了它的土地，占领了城邦，并把它洗劫一空。当他们做完这些，他们就返乡了。"（修昔底德 2.56.4–6）这场战役不是战略上的改变，而是旨在加速对伯罗奔尼撒同盟的"教育"。然而，伯里克利之所以被迫升级军事行动，是因为他的战略并未奏效。

甚至在伯里克利的远征队离开雅典之前，阿奇达姆斯就已经带领伯罗奔尼撒同盟军队回到阿提卡，继续前一年的破坏行动。这一次他毫不留情，阿提卡的任何地方都没有放过。他掠夺了雅典城前的广阔平原，然后又转向东西两侧的沿海地区。现在他明白将阿提卡的土地作为"抵押品"是没有意义的。他所希望的速胜媾和也早已破灭。军队在阿提卡驻留了 40 天，这是他们战争期间最长的纪录，劫略全境直至粮尽方退。双方的战略期望落空，但他们并没有因此而准备议和，反而更加怨恨对方、坚定了战争的决心，竞相升级军事行动。

然后灾难袭击了雅典人。瘟疫暴发了，并且在公元前 430 年和公元前 429 年间以前所未有的凶猛程度肆虐。在一段时间的沉寂之后，瘟疫于公元前 427 年再次暴发。这场瘟疫在完全结束之前就夺去了 4400 名步兵、300 名骑兵和无数平民的生命，也许消灭了雅典三分之一的人口。这种灾难是人类之前从未见过或听说过的。现代学者和医学专家仍在争论这种瘟疫到底是什么，从腺鼠疫和肺鼠疫到麻疹不一而足，最近流行的说法是中毒性休克综合征。不管它是什么，在阿提卡的全境民众都挤在城墙内时，这场瘟疫变得格外致命。瘟疫对雅典人的士气造成了毁灭性打击，它严重地动摇了伯里克利的地位、民众对他的战略的信心，并且他们认为这场战争就是因为他的政策而久久不能结束。

希腊人一直认为瘟疫是神对人类渎神行为的惩罚。正如在荷马的《伊利亚特》一开始，阿波罗为了报复阿伽门农对其祭司的侮辱而降下瘟疫。这些惩罚往往与没有听从神谕或亵渎圣仪有关。随着瘟疫在雅典暴发，年长的人回忆起了一则过去的神谕，内容是:“与多利亚人的战争将会到来，瘟疫亦随之到来。”（修昔底德 2.54.3）这隐晦地将瘟疫归咎于伯里克利，因为他坚决支持对抗多利亚裔的伯罗奔尼撒人的战争，同时他自己还与一些宗教怀疑论者关系密切。更多的人则想起德尔斐神谕对斯巴达人询问是否应与雅典人开战的回应。神的回答是:“如果他们在战争中全力以赴，他们会赢，他自己也会帮助他们。”（2.54.4）伯里克利曾漠视这一神启的含义，如今相信神谕的人将他公然的不敬与雅典人所遭受的苦难联系起来，指出瘟疫未侵入伯罗奔尼撒半岛。毫无疑问，许多雅典人还想起了斯巴达人让他们赶走受诅咒之人的要求，因此他们把自己的痛苦归咎于与他们的领袖有血脉关系的阿尔克迈翁家族。

伯里克利的政敌，可能包括来自两个派系的政敌，趁机指责是他引发了战争，也是他实施的战略加剧了瘟疫肆虐。他们认为，

这场瘟疫是由于人们在炎热的夏天被囚禁于不卫生的环境中才暴发的。他们整日既无劳作消遣，也不进行体育锻炼以保持健康。他让他们像牲口一样被关在一起，相互传染，既不做出调整，也不提供喘息之机。（普鲁塔克《伯里克利传》34.3–4）

最后，雅典人开始强烈反对伯里克利和他的政策。斯巴达军队的撤离解除了当下紧急的军事危机。同时，随着声望的衰落，

伯里克利再也无法阻止公民大会的召开。与他的愿望相反，雅典公民大会派出使节求和。瘟疫似乎削弱了所有主战派力量，无论是克里昂的“鹰派”还是伯里克利。反战派已经开始执政，并立即试图通过谈判结束冲突。

我们没有被告知讨论过什么条款，但显然，即使是那些希望和平的人也认为条件太苛刻了，因为公民大会拒绝了这些条款，决定继续作战。斯巴达人可能坚持了他们最初的最后通牒中的条款，即雅典应该给希腊人自由，也就是放弃它的帝国。斯巴达的粗暴回应给雅典的主和派造成了巨大的打击，使他们在近10年间未能重振声势。此番在弱势下的求和尝试，恰恰印证了伯里克利的核心论断：唯有让斯巴达人确信雅典既不会屈服也不可战胜，雅典人才能获得体面的和平。一些人似乎没有放弃重启谈判的希望，但伯里克利的威望和口才阻碍了他们。他们因自己的政策失败而受挫，于是对伯里克利发起了人身攻击，而伯里克利在其载于史书的最后一次演说中奋起自辩。

自从伯里克利执政以来，他的声望和影响力从未如此低落。但他的领导风格使问题变得简单。他总是告诉民众真相，即使在推行有争议的和不得人心的政策的时候也是如此。没有人可以说他没有明确地或诚实地提出这些问题，或这些问题没有得到充分和自由的辩论。他可能低估了斯巴达人的愤怒和决战意志，但是民众在投票表决他的政策时，他们本有机会质疑他的预判。他对他们说：“如果你们当初被我说服参战，就表示你们认为在必要的领导品质方面我至少比别人略胜一筹，那么你们现在便不该以决策失误之名加罪于我。”（修昔底德 2.60.7）

在斯巴达人的毫不妥协和苛刻条件的反衬下，伯里克利赢得了围绕这一政策的辩论。雅典人不再派出使节，而是重整斗志投入战争。但是主和派并没有放弃。他们仍然认为伯里克利是和平的主要阻碍，他们决心要除掉他。实际上，雅典的两个极端派系，即主和派和主战派很可能联合起来，除掉这位站在两种道路之间的温和派领袖。

在政治角力中落败后，他们转而诉诸法庭。通过指控政治领袖腐败来打击其推行的政策，这种做法司空见惯。伯里克利初涉政坛时就这样攻击了客蒙。通过控告战神山议事会的成员，厄菲阿尔特为他改革战神山议事会扫清了障碍。公元前 438 年，伯里克利的政敌对他的朋友和他本人使用了同样的手段。现在，公元前 430 年 9 月，伯里克利被罢黜将军之职，以受贿的罪名站上了审判席。

在瘟疫所造成的悲惨局面中，伯里克利的战略暴露出明显的不足，既没有希望取得胜利，也不能得到能被雅典人接受的体面的和平，因此，他被判有罪并受到重罚是不足为奇的。陪审团当时肯定没有完全相信他有罪，因为侵吞公款罪可以判处死刑。然而，这次定罪和罚款似乎也包括剥夺公民权，这意味着判决暂时终结了他的政治生活。伯里克利无疑很快支付了罚款，并从公元前 430 年 9 月起被免职，远离政务。然而，第二年春天，他再次当选为将军。

修昔底德为公众意见的反转提供了一个解释："不久之后，按照民众办事的一贯方式，他们再次选举他为将军，把一切都交给他处理，因为他们对于个人不幸的感受没有那么强烈了，而就城邦整体的需要而论，他们认为伯里克利是所有人中最有才干的。"（2.65.4）这个解释更多的暴露了修昔底德对雅典民主制的看法，而不是揭示了民众态度改变的根由。随着时间的流逝，雅典人已经习惯了他们的苦难，且事实证明将伯里克利免职没有任何益处。此外，那个促成其倒台的反常的政治联盟本来就难以维系，而伯里克利用多年时间组建和巩固的中庸派逐渐重新发挥了作用。

然而，重返政坛的伯里克利并没有恢复那稳健而有力的政策执行力，而这曾是他主导雅典事务时的一贯特征。到了公元前 429 年仲夏再度就任时，他已身患绝症，生命只剩下几个月的时间。夺去他性命的很可能正是那场瘟疫，但疾病并非骤然发作，而是持续折磨着他，“慢慢地耗尽他的体力，侵蚀他崇高的精神”。（普鲁塔克《伯里克利传》38.1）同年秋天，伯里克利去世了。

在伯里克利去世时，他的战略显然已经失败了。他对斯巴达的预判被证明是错误的，这导致他对雅典资源储备的估算严重失准。到公元前 428 年，储备金几乎耗尽，他的继任者们被迫开征也许是雅典历史上首例的直接税，并提高盟邦贡金数额——这两项措施都不在伯里克利的原定计划中，他在战争开始时也没有提到。直接税向来不受有产阶层的欢迎，如果试图直接征税的是伯里克利，这会动摇他对雅典的控制。大幅提高贡金更非其所能预见，若在正常时期，这么做将会激起叛乱。但在公元前 425 年，克里昂和德摩斯梯尼背离了伯里克利的政策，并赢得了一场辉煌的胜利，重创了斯巴达的威望。在那一刻，没有盟邦敢于反抗雅典，因此就可以安全地提高贡金数额。这正是伯里克利更激进的继任者改弦更张的结果。一位著名的意大利学者总结道：“如果战争计划没有改变，如果雅典人没有尝试这些伯里克利不惜一切代价也想要避免的大胆举措，那么无论如何战争也不会以雅典人的胜利告终……双方在几年后都会在冲突中耗尽力量，最终缔结妥协性和约，这断不会如伯里克利所承诺那般巩固雅典对盟邦的统治。”无论雅典到底从公元前 421 年的尼西亚斯（Nicias）和约中获得了怎样的安全保障，都“主要归功于对伯里克利所建议的战争计划的抛弃”。[5]

与此相反，修昔底德把伯里克利战略的失败归咎于他的继任者们抛弃了这个战略。但实际上这一战略在伯里克利死后仍完整实施了 2 年，却没有展现出任何成功的迹象，而其失败之象早在他还活着的时候便已经显露。最有力的证据莫过于在战争第二年，雅典违背伯里克利的建议向斯巴达派遣使团。当时斯巴达人本可以提出虽远低于伯里克利的预期却足以让雅典接受的议和条件，尽管他们没有这么做。如果这种情况真的发生的话，那么按照伯里克利的定义，这场战争就是输掉了。此外，伯里克利的建议遭到否决也表明，他的同胞们认为他的战略已经失败，而他对此的坚持也使他付出了失去领导地位的代价。

伯里克利的战略可以被视为他对导致了战争的战前危机的应对方略的延续。这是一种结合了外交和军事行动的战略，想要避开危险的极端路线，既不在关键问题上屈服，也不挑起战争，其目的是在坚守基本的要点和原则的同时，尽量降低风险。在战前危机期间，重点放在外交方面，目的是阻止战争爆发。在战争爆发后，重点则转向军事行动，目的是通过让敌人认识到他们不可能取得胜利，并给他们造成足够的痛苦，来促使他们做出让步，而不挑起更大的冲突，从而谋取体面的和平。无论战前战后，伯里克利都信赖塑造他自身政策的智慧和理性，并期盼它们在敌营也能占据上风。

他的希望落空了，这一误判虽然严重，却很常见。他期望敌人从他们的经历中吸取理性的教训，认识到继续战斗是徒劳的。

在我们这个时代，基于空中轰炸、火力优势和海军霸权的战略失败表明，敌人未必会因受惩罚而心理崩溃，反而有可能激发更顽强的抵抗决心。当政策制定者不是超然的贵族外交官或专业的外交官，而是公民群体时，情况尤其如此。因为公众的意见是一股强大的力量，激情和对敌人的仇恨往往会碾碎更为理性的考量。在 20 世纪，人们看到过非常小的国家反抗比他们强大得多的敌人。而在雅典和斯巴达这场势均力敌的战争中，顽强的抵抗和牺牲就更有可能发生。

伯罗奔尼撒战争是一个伟大的陆上强邦和一个伟大的海上强邦之间的经典对决。参战的双方都希望把战争引向自己擅长的领域，以相对较小的代价迅速取得胜利。然而，几年之内的事态发展表明，以这种想法作战，他们任何一方都不可能获胜。每一方都必须学会如何在对方的优势领域战斗。为了赢得真正的胜利，而不是伯里克利式的僵局，雅典人将不得不在陆地上击败斯巴达人，或者至少采取更激进的海上冒险行动，从而引诱对方犯下致命错误。

伯里克利的战略不可能赢得胜利，即使是他所追求的有限胜利，更不用说使敌人丧失作战能力和战斗意志的那种胜利。欲达此目的，雅典人本应采取攻势。但是，伯里克利和他的直接继任者们始终畏缩不前——对于一个自诩为永不陷落的岛屿的城邦来说，这种反应是可以理解的。雅典已经发展出一种新的作战方式，能避免常规战争中的许多危险和不适。它让雅典人能够迅速集结兵力，在敌人准备好之前攻击敌人，也使得他们在发动进攻时不危及自己的城邦和人口。以这种作战方式取得的成功使它看起来是唯一必要的作战方式，而陆战的惨重伤亡更强化了对地面会战的规避心态。

伯里克利将这种具有吸引力的战略发挥到了极致，他拒绝出动陆军，即使在保卫雅典的土地时也没有出动。他的战略并不能使敌人失去反抗能力，而只能对斯巴达人和他们的盟邦施加或轻或重的惩罚。敌人的特性使这个计划难以奏效，伯里克利的理性战略成了一种一厢情愿的想法。然而，伯里克利仍然坚持自己的立场。当他的计算在战前危机中出现了失误时，墨伽拉法令成了一个开战借口，但他面对越来越多的批评仍然坚定地，甚至固执地坚持他最初的政策。在战争期间，当雅典人质疑他的战略并试图与斯巴达人媾和时，他也同样毫不动摇。直到他临终的那一天，他依然热切地坚持他的理性为他指引的道路。

第十三章

英　雄

在生命的最后两年里，伯里克利遭遇了一系列灾祸，既有政治上的，也有私人生活上的，这些灾祸如此严重，不禁让人联想到一个世纪后亚里士多德所描述的与狄俄尼索斯剧场中所描绘的悲剧英雄相关的那种命运逆转。在伯里克利载入史书的最后一次演说中，他宣称他在制定最佳政策并说服别人接受其合理性的能力上、在爱国和廉洁上，不逊于任何一个人。但是他的政策一度遭到否决，他曾被免职、被起诉，并因收受贿赂的指控被定罪。这位曾经“在演说和行动方面无人能及”的雅典第一公民，最终声名扫地、生活在耻辱之中，被指责为城邦一切不幸的罪魁祸首。他曾在去世前几个月短暂复职，但没有改变这一基本局面。

在私人生活方面，伯里克利遭受的痛苦也同样可怕。战前他就经历了与长子克桑提普斯关系疏远的痛苦，以及被克桑提普斯公开诽谤的尴尬。伯里克利在第一段婚姻中生的两个儿子尚在人世时，他至少还有法定的继承人。然而，这两个儿子连同他的妹妹和他的一些亲朋好友都死于瘟疫。面对这些灾祸时，他试图保持他一贯的冷静，但在给小儿子的坟墓献上花环时，他终于崩溃，“大哭起来，流下了许多眼泪，这是他一生中从未有过的”。（普鲁塔克《伯里克利传》36.5）同年，这位骄傲而高高在上的领导者竟沦落到请求雅典人网开一面，为他 20 年前亲手制定的公民法破例，只为了让他与阿斯帕西娅的私生子小伯里克利获得公民身份。普鲁塔克告诉我们，雅典人把伯里克利家族遭遇的不幸视为“对他的傲慢和自大的某种惩罚”。（《伯里克利传》37.5）但考虑到他已经遭受了太多不幸的打击，雅典公民同意了这个特例，将那个男孩登记为公民。

也许对于伯里克利来说，最残酷的逆转莫过于他毕生奉献的城邦的衰颓。他曾长期而成功地领导这座城市，使其繁荣强盛、蓬勃自信，这座城市反过来也成就了他的辉煌，但如今它在战争和瘟疫中可悲地衰败。财富急速蒸发、公民数量锐减，雅典的权势和信心降低到要请求与敌人和谈的地步。雅典同盟的名声也严重受损。10 年前，当伯里克利的政敌指责雅典人像僭主一样对待他们的盟邦时，他没能慷慨陈词为此辩护。但在生命的最后几年，他不得不承认雅典帝国“实施一种僭主统治，也许过去取得这个帝国是错误的，但放弃它则过于危险”。（修昔底德 2.63.2）雅典帝国如此不得人心，以至于斯巴达人——他们在战前战后都未能体面地对待其领导下的希腊人——却能以“为了希腊人的自由”为口号。

战争和瘟疫还嘲弄了伯里克利在葬礼演说中描绘的伟大民主制帝国的崇高愿景。当时，他夸耀雅典人对法律的忠诚：“我们不违反法律，主要是因为我们尊重它。我们服从那些担任公职的人和法律本身，特别是那些为保护受压迫者而颁布的法律，以及那些虽未成文，但是违反它们公认可耻的法律。”他劝慰那些阵亡将士的父亲们，让他们从儿子们赢得的荣誉中获得安慰：“因为只有对荣誉的热爱才是不朽的，当你们逐渐变老，身体已经没

有力气，给你们带来更大欢愉的不是利益，而是荣誉。”（2.44.4）

然而，瘟疫撕去了雅典文明的外衣，摧毁了人们对传统和美德的所有尊重：

> 没有人愿意为了所谓的荣誉而克制自己……即时的享乐以及一切能带来享乐的事物都被视为既光荣又有用的。对神明的敬畏或对人类法律的畏惧再也无法约束任何人：一方面，他们看到所有人无一例外地死去，认为虔诚与否并无区别；另一方面，没人指望自己能活到被审判并为罪行付出代价的那一天……（2.53.3–4）

目睹这般目无法纪和虚无主义的景象，想必令他倍感痛心。战争和疾病带来的毁灭性破坏以另一种方式瓦解了雅典人的斗志和尊严。早在战争爆发之前，伯里克利就看到了人们开始摒弃他所珍视的开明思想和观念。他不得不忍受人们攻击他那些知识渊博的朋友，并眼睁睁看着其中一些人被流放。在葬礼演说中，他赞扬了雅典人的智慧、品格、教育、制度和风俗，但是一次都没有提到神明。然而，作为阿那克萨戈拉和普罗塔戈拉的学生，他却只能眼睁睁看着他的民众背离智慧和理性的指引，转而愈发听信预言和卜辞。

我们能从伯里克利最后一次出现的场景中看出，这一悲剧性的逆转重重地压在他的心头，直到生命终结。普鲁塔克描述了他的临终场景。雅典许多大人物和伯里克利的私人朋友聚在他的房间里，谈论他的美德和他曾掌握的大权。他们以为他睡着了，于是细数他作为将军赢得的 9 场胜利。实际上，他是清醒的，并对他们称赞这些胜利表示惊讶，认为他们所赞扬的这些胜利既源于他的才能，同样也来自好运的眷顾和众多他人的贡献。相反，他说，他们应该赞美他最重要、最伟大的成就："现在没有一个活着的雅典人因为我而披上丧服。"（《伯里克利传》38.4）

史书中记载的伯里克利这最后一句话肯定让在场者大吃一惊，就像它会让任何其他雅典人感到惊讶一样。即使是他的朋友也不得不承认，他的政策至少在某种程度上促成了战争的爆发，而他的战略多少加剧了瘟疫的肆虐。然而，他的遗言表明，那些忘恩负义的指控给他造成了极深的创伤。

公元前 425 年春，索福克勒斯上演了他最伟大的悲剧《俄狄浦斯王》。[1] 仔细研读这部剧作可以发现，坐在雅典卫城南坡剧场里的雅典观众很可能在忒拜和它不幸的国王的故事中看到了他们自己的城邦及其领导者的影子。[2]

戏剧开场时，忒拜正经历着一场可怕的瘟疫。一位祭司哀叹道："热病之神突然扑向我们，可恶的瘟疫，他破坏了城邦，使忒拜人的家园荒无人烟。冥王因哀号和葬礼的哭声而富足。"（27–30）[3] 俄狄浦斯王的传说从来没有提到过瘟疫，这是索福克勒斯的发明创造。另外，剧中瘟疫的源头不是阿波罗，而是战神阿瑞斯。因此，这场瘟疫俨然是战争的产物。雅典的观众不会忽视故事中的这些剧情创新，他们很快就能从俄狄浦斯身上认出那个在瘟疫初降时领导城邦的身影。祭司称俄狄浦斯为"众人中的第一人"（andron de proton，1.33），正如修昔底德称伯里克利为"第一公民"（protos aner）。

很快，克瑞翁带着德尔斐神谕的答复归来，回答如何消灭城邦瘟疫的问题。"他明确命令我们驱逐（elaunein）玷污这块土地的东西……”“我们不幸的根源是什么？”俄狄浦斯问，“我们该如何摆脱它——通过什么仪式？”“驱逐，”克瑞翁回答，“或者以血还血。我们必须为那场引发瘟疫的谋杀赎罪。”（11.95–99）观众们很清楚，俄狄浦斯本身就是污染的源头，该被驱逐的正是他。伯里克利也是如此。他被认为是一个受到诅咒的家族的后人，据说这个家族因为一桩未赎的谋杀污染了城邦。斯巴达人曾提议，只要雅典人“驱逐（elaunein）被女神诅咒的人”（修昔底德 1.126.3），也就是伯里克利，就可以避免战争，但是雅典人拒绝了。于是伯里克利如俄狄浦斯般继续领导城邦，而战神也给雅典降下了瘟疫。

戏剧中俄狄浦斯王的另一个特征也会让雅典的观众们想到伯里克利。剧中 14 次以“tyrannos”（僭主或者国王）指称忒拜的统治者，以“tyrannis”描述俄狄浦斯的君主权力和王国。在公元前 5 世纪的雅典，这些词含义模糊，有时以一种中性的含义被使用，仅仅表示“国王”和“王国”。在索福克勒斯的戏剧中，大部分情况下这些词被如此使用，俄狄浦斯亦这般自称。索福克勒斯的其他戏剧中也有统治者的形象，其中一些人比俄狄浦斯更符合“僭主”这种带贬义的描述，但是与《俄狄浦斯王》中这个词的使用密集程度相比，出现的频率很低。显然索福克勒斯意在强调俄狄浦斯权力的特殊性质。实际上，僭主是一种特殊类型的最高统治者。与合法的国王（basileus）不同，僭主是以某种非正统的方式，而不是通过合法继承这一常规的、合乎制度的方式取得统治地位的统治者。通常，僭主是一个通过暴力手段——例如谋杀、政变或民众革命夺取权力的篡位者。篡位者自己往往是杰出的统治者，可能深受民众爱戴。但是，第 2 代或第 3 代的僭主统治普遍会恶化，成为一个严酷专制的政权，符合“tyranny”一词的现代意义（“暴政”）。

俄狄浦斯是典型的第一代僭主——他运用非凡的智慧破解了斯芬克斯之谜，将忒拜从早先的瘟疫中拯救出来，从而以一种非常规手段获得了权力。从那时起，他就成为一个受人爱戴的模范君主了，因此无论是他自己还是他的人民，都不介意以中性甚至尊敬的态度称他为“tyrannos”。悲剧性的讽刺恰恰在于此，即他自己和忒拜民众不知道，但是这部戏剧的观众都清楚地知道，他在最负面的意义上也是“tyrannos”：因为他是通过一种最恶劣的暴力行为得到王位的。多年前，在路边的一场争吵中，俄狄浦斯杀死了一个陌生人。他不知道那个受害者正是忒拜的国王，他的亲生父亲。后来，俄狄浦斯来到忒拜，解开了谜题，获得了王位。这部悲剧中核心的合唱颂歌唱出了僭主制的阴暗面：

> 僭主（tyrannos）乃是暴戾傲慢（hubris）之子，
> 那傲慢徒然填满自己
> 以不合时宜、不合分寸的盛宴为食。
> 它攀登至最高处
> 却终将直坠深渊
> 脚下无处立足，难逃败亡……
>
> 那言行嚣张之人，
> 无视公正，不敬神庙——
> 愿厄运将他攫住
> 惩罚他这注定不幸的傲慢。（11.873–81；883–88）

伯里克利无论从哪个角度来说都不是一个僭主。但是他的敌人经常以此相诋毁，甚至他的仰慕者们都承认他在雅典城邦的地位独一无二。成千上万的雅典人都听过喜剧诗人克拉提诺斯在剧场里称他为“最伟大的僭主”。多年来他的政敌把他比作庇西特拉图，并指控他像庇西特拉图一样试图在雅典建立僭主制。在公元前443年的陶片放逐投票前的辩论中，伯里克利的批评者还指责他把提洛同盟变成了雅典人的僭主统治。即使是像历史学家修昔底德这样友好的评判者，也认为伯里克利统治下的雅典“名义上实行的是民主制，实际上是第一公民的统治”。（2.65.9）索福克勒斯笔下的俄狄浦斯，特别是在戏剧的第一部分，也类似于这样一位领袖，而不是傲慢、暴戾的独裁者。他遵守法律，不携带武器，也没有护卫。对于国家大事，他秉持公开讨论的态度，而不是私下决定，而且他能够听取别人的意见。正如伯纳德·诺克斯（Bernard Knox）所言：“俄狄浦斯统治下的忒拜可能是一个tyrannis，但它最像一个由第一公民统治的民主制城邦。”[4]雅典观众不太可能忽视这一相似之处。

这并不是说两者可以完全等同。诺克斯指出，他认为“这些相似之处只是一个基本模式中偶然的细节”，他当然说得对，当他进一步说这种模式暗示俄狄浦斯对应的“不是任何特定的雅典人，而是雅典本身”[5]时，他的观点也很有说服力。以下是诺克斯对俄狄浦斯性格的描述：

> 他是一个伟大的人，经验丰富，当机立断，但都是在深思熟虑、经过层层分析和理性思考后才会采取行动。因此他屡获成功，这给他带来极大的自信，但他的行动总是以共同

> 利益为目标。他是一个独揽大权的统治者，深爱民众，也被他的民众爱戴。但是他意识到，他的成功引起了嫉妒，并怀疑上层在酝酿针对他的阴谋。他在重大挑衅下可能爆发出可怕且看似不可控制的愤怒，但当他发现自己与民众疏离时，他又能勉强且艰难地压制自己的怒火。[6]

将这些对俄狄浦斯的描述稍加调整，同样适用于雅典民众。古代文献中没有任何内容表明，伯里克利曾受嫉妒、猜疑或难以抑制的愤怒的影响。相反，他以冷静、庄重、超然、克制自我并拒绝向公众展露情绪著称。但这一描述的其余部分完全适用于伯里克利。毫无疑问，雅典观众必定注意到了这部戏剧的主角和他们刚刚去世的领导者有许多相似之处，并对此议论纷纷。

对我们来说，这些惊人的相似性让我们能够从不寻常的角度看待伯里克利和他非凡的事业，并获得更深刻的理解。我们不会把自己局限在伯里克利和俄狄浦斯的直接比较之中，我们会将伯里克利的生活和性格与索福克勒斯所有现存作品中悲剧英雄的一般模式进行对比分析。伯纳德·诺克斯再一次成为我们研究索福克勒斯式英雄本质的最佳向导。他指出这类英雄“不受神明的支持，还要面对世人的反对，做出一个源于他最深层的本性（physis）的决定。随后盲目、顽强、英勇地维护这个决定，哪怕要付出自我毁灭的代价”。[7]

诺克斯详细阐述了索福克勒斯悲剧世界中英雄的典型特征：“在现存的6部戏剧中……英雄往往面临在可能（或必然）发生的灾难与妥协之间的抉择。如果选择妥协，他将会背叛其自我认知、权利与责任。而英雄总是选择拒绝妥协，这一抉择随即遭到多方阻挠——或是友人的规劝，或是威胁，或是直面武力镇压。但是他拒绝屈服，他仍然忠于自我……”[8]

这也是我们在战前危机爆发到伯里克利去世这段时间里，从他身上看到的品质。他采取的一系列温和举措，是在极端的可能性之间做出的妥协，但这些举措只是他个人谋划的一部分，是实现其目标的最佳手段。在与批评者以及敌人的较量中，他没有妥协。面对科林斯人提出的“只要雅典不干涉科西拉事务，他们愿意与雅典和平共处”的提议，伯里克利坚持雅典根据三十年和约拥有与中立方缔结条约的权利。此外，当斯巴达人提供了可能避免战争的解决方案时，伯里克利要求他们服从和约的内容，将所有争端提交仲裁。在这两件事中都存在通融的理由，完全对和约采取变通理解。但是伯里克利没有妥协。

索福克勒斯笔下的英雄坚定地坚持自己的决定，诺克斯将他与《俄狄浦斯在科洛诺斯》里年迈的英雄相比较，后者如同“北方的某个海岬，迎接来自四面八方的风暴巨浪的拍打”。伯里克利在许多演说中反复显露出同样执拗的性格特质。在他支持战争的演说中，他说：“我必须给你们提出与过去同样的建议，而且我要求你们中的那些已经被说服的人支持共同的决议……”（修昔底德 1.140.1）“你们不要觉得我们是要为了一点小事而战……你们也不要为此感到自责。”（1.140.4–5）“你们必须知道，战争是有必要的。”我们的父辈做了伟大的事情，“我们一定不要辜负他们给我们树立的榜样，我们必须保卫自己，以各种方式抵御敌人，更要竭力将霸权完好无损地传给子孙后代”。（1.144.4）

同样的基调主导了他在公元前 430 年带有挑衅性的临终演说。他同时挑战了他的政敌和雅典公民。他说：“不要被这些公民误导，不要对我心怀怨恨……”“你们必须忍受那些来自上天的痛苦折磨，明白这些是不可避免的；你们也要勇敢地面对那些来自敌人的痛苦侵扰。”（2.64.1–2）“去实现这两件事（日后的荣耀和避免当下的羞耻），不要派遣使者前往斯巴达……”（2.64.6）[画线部分为作者的强调]

在索福克勒斯的悲剧中，英雄的决心总是会受到各种建议和争论的挑战和考验。有些人试图说服英雄，让他改变主意；有些人要求英雄接受他们的智慧，受他们教导。这些诉诸情感和理性的呼吁，实际上是在要求英雄屈服（eikein），正如诺克斯指出的：“这些建议要求英雄反思和被说服。”但若具有真正的英雄气概，甚至会拒绝倾听这些要求。在战争前夕和战争期间，伯里克利正是如此。在公元前 432 年斯巴达发出最后通牒之后，一些渴望和平的雅典人迫使公民大会就墨伽拉法令展开辩论，他们认为撤回法令或许仍然能避免战争。虽然只有伯里克利的发言内容被记录下来，但是他的批评者肯定要求他重新考虑，要求他被说服，要求他改变主意，简而言之就是要他屈服。他的回答充满英雄式的桀骜不驯：“雅典的各位公民，我的看法一如既往，认为我们不应向斯巴达人屈服（me eikein）。”就像索福克勒斯笔下的英雄一样，他轻蔑地将自己与那些意志薄弱者区分开来：“我知道，那些在实际投入战争时与当初被说服去发动战争时心态不同的人，会随着形势的变化而改变主意。而现在我必须给你们提出与过去同样的建议，而且我要求你们中的那些已经被说服的人支持共同的决议，即使我们可能失败，也要如此，也不可因侥幸取胜而自诩睿智。”（1.140.1）

在战争的第一年，伯里克利受到了雅典主战派的攻击，他们希望他放弃他的战略，带领雅典人与伯罗奔尼撒同盟的军队作战。伯里克利唯恐他人被其言说蛊惑，所以他禁止召开公民大会。当然，他自己绝不会被他们的观点说服。公元前430年，在瘟疫暴发期间，主和派再次叫嚣，反对伯里克利继续作战的决定。他给了相同的答案，他不会屈服："至于我，我一直没有改变，我也不会屈服，改变了的是你们。"（2.61.2）值得注意的是，伯里克利将这种自始至终的英雄姿态赋予了雅典城邦，而这个城邦分明是其本人的延伸。他告诉雅典人："要明白，雅典之所以闻名于世，是因为它从来不向厄运屈服（me eikein）。"（2.64.3）这正如他在葬礼演说中称赞那些"宁愿在抵抗敌人的战争中光荣就义，也不愿苟且偷生而投降"的人一样。（2.42.4）

伯里克利始终秉持着"桀骜不驯者那炽烈的独立意志"，这正是悲剧英雄的标志。"他们拒绝被统治，不容任何人凌驾其上或视其为奴，他们是自由的。"[9] 这一特质完美诠释了伯里克利生命最后岁月的形象。但令人瞩目的是，他明确使用了自由与奴役的修辞，敦促雅典人维持墨伽拉法令：

> 你们马上做出决断，在你们受到任何伤害之前就投降；或者，如果我们打算兴师作战（我认为我们应当这样做），就不要在任何借口（无论是大是小）下让步，也不要因恐惧放弃我们已有的一切。在寻求以法律形式解决之前，当一个平等者以命令的形式向其邻邦提出要求（不论这些要求是大是小），就是试图要我们接受他们的奴役。（1.141.1）

"这些顽固不化的家伙，根本没法打交道。"[10] 其他人只能寄希望于时间，或许能让这位固执的英雄认识到自己的错误。能在伯里克利身上看到这种品质似乎很奇怪，因为这位政治家素来克制而谨慎。公元前 457 年，当伯里克利在公民大会上力劝托尔米德斯不要入侵彼奥提亚地区时，他说出了他最为人铭记的话："如果你们不肯听伯里克利的劝告，那么就等待最明智的顾问——时间。"（普鲁塔克《伯里克利传》18.2）然而，在公元前 433 年的西波塔战役后，伯里克利变了。他坚信他必须采取迅速而果断的行动，才能阻止雅典与科林斯争端的升级以及大规模战争的爆发。但是当公元前 432 年斯巴达人投票决定开战时，他确信战争已无法避免，而时间成了一个更加危险的敌人。公元前 457 年时他还是个年轻人，但是在这场战争爆发时，他已经年逾六旬，时间对他不再有利。他坚信只有一种战略能带来胜利，而且只有他才能推行并掌控这个战略。每过一年，雅典对抗斯巴达的能力、让斯巴达人明白动武徒劳的能力，以及为维护城邦和帝国建立持久和平基础的能力就削弱一分。毫无疑问，许多雅典人力劝他等待，暂时搁置他要采取的危险行动。然后，他们要求伯里克利撤销墨伽拉法令以避免战争，他们期望时间会使战争变得不再必要。但是，伯里克利坚定地认为，战争必须在他仍然能够引导雅典的命运时到来。最后战争真的来了，并破坏了他之前一直试图保护的所有东西。

但是英雄从不等候，时间也无法改变他们。在《俄狄浦斯王》的末尾，英雄"还是开场时的那个专横的人物。他向克瑞翁发出类似命令的请求，拒绝听劝，坚持己见。在剧本的最后一行，还得有人提醒他，他已经不再是忒拜的国王（tyrannos）了"。伯里克利在临终之际展示了相同的性格。他的朋友们称赞他的军事成就，但是他斥责他们，并指示他们应该赞美其他成就。此外，他坚持说“现在没有一个活着的雅典人因为我而披上丧服”。这显然是一个从未被时间说服自己有错的人做的声明。许多雅典人已经战死在他坚持必须立即发动的战争中；成千上万的人正在瘟疫的折磨中慢慢死去，而至少可以说，正是因为伯里克利坚持的战略才加剧了疫情。未来还将有更多人死于瘟疫复发和连绵战事。在伯里克利弥留之际，雅典到处都有人愤怒地责备他，他们认为，是他的政治才能以及战略决策的失败，才造成了当下的不幸。但是伯里克利不承认他犯了任何错误，也不接受任何指责。

伯里克利还以另一种英雄式姿态否定了时间的力量。“记住，”伯里克利对雅典人说，

> 雅典之所以在全人类中最负盛名，是因为它从来不会向厄运屈服，而是选择在战争中投入比其他城邦更多的生命和努力，还获得了迄今为止最强大的权力。即使有朝一日我们终将屈服（因为任何成长起来的事物都会衰败），这份霸业的记忆也必将永世流传于后人心中。

这是索福克勒斯式悲剧的语言风格。正如诺克斯指出的那样，我们也可以从中感受到雅典城邦自身具有的悲剧特质。“它就像索福克勒斯笔下的英雄，痴迷于不可能之事。”[12] 但将这些话道出的正是伯里克利，其思想、精神和品格深深镌刻其中。如果我们把伯里克利的名字换成雅典，这句话也同样准确和真实。伯里克利和他的城邦一样，就像是悲剧中的英雄。

雅典和伯里克利都被自身卓越品质的阴暗面所反噬。正是他

们的进取心与坚韧意志让他们走向伟大，也将他们推向了灾难的深渊。伯里克利的力量和独特性在于他对理性和智慧——尤其是对自己的智慧的非凡自信。这种自信对他大有助益，就像对俄狄浦斯一样，使他和他的城邦雅典攀上了前所未有的巅峰。然而，在伯里克利生命的最后几年里，他对理性的顽固坚持却将他击倒。首先，他对自然哲学广为人知的执着招致民众的敌视，使其众叛亲离、政治声誉受损。战争爆发后，尤其当瘟疫来袭时，同一股势力再次攻击他。他被指控漠视神谕、持有不敬神的态度，最终煽动民愤导致他被免除公职。普通雅典人无法认同他那种对人类理性的绝对信任。他们总是对单纯的理性感到不安，并需要来自非理性力量、超自然元素的抚慰和保证，但这些恰恰是伯里克利蔑视和忽视的。

他对理性的信奉在另一方面也令他失算：他精心策划的威慑外交未能奏效，因为他审慎的举措反而激起了斯巴人的激烈反应。在敌方阵营里，恐惧心理和荣誉感最终压倒了理性权衡。他的战略本意是以温和的手段劝服敌人讲和，但这个战略太温和了，以至于不能带来胜利，反倒引起了敌人的愤怒、强化了敌人的决心。

这一切表明，在外交方面，特别是在战争中，激情和求胜意志所发挥的作用往往比理性计算预期的更大。因为忽视了这些因素，伯里克利严重失算了。但是，即使是毫无瑕疵的完美推理，也不是无懈可击的。即使在人的智慧达到顶峰时，也总会有一些超出人类心智掌控范围的因素存在。伯里克利在痛苦中领悟了这个道理。然而，在战争爆发之前，他曾以极度的自信将这一点抛在脑后：“我们习惯将一切与我们的预期相反的结果归咎于运气。”（修昔底德 1.141.2）当瘟疫暴发后，他才勉强承认了他预见能力的局限："不要被这些公民误导，不要对我心存怨恨……敌军入侵，不过是你们在违抗其命令时必然采取的行动，虽然这场瘟疫确属意料之外。"（2.64.1）但是即使在瘟疫暴发之前，也发生过一些超出伯里克利预期的重要事情，而伯里克利就像任何一个悲剧英雄一样，不愿承认这一点。

伯里克利的英雄品质（不论好坏）体现在他不仅能抵御那些意志薄弱者的诉求，还能坚定地面对那些残酷且难以避免的事实，即他的一些计算偏差以及一些未曾预料的事情。对于那些在不知道所有相关事实的情况下被迫迅速做出艰难决策的领导者，指责他们的错误是很容易的。即便如此，伯里克利的计算也从来没有偏离正确太远。他对斯巴达的政治局势有着深刻的理解，他的外交策略几乎取得了成功。即使他的军事战略有缺陷，如果不暴发瘟疫，可能这一战略也会成功。如果情况稍有不同，同样的固执己见或许正是成功的关键。

坚定不移和冥顽不灵之间的区别可能非常微小，这一点可以从我们这个时代的一位英雄人物的经历中得到验证。温斯顿·丘吉尔在抵抗敌人的决心上，有不逊于伯里克利的固执和不屈。他在国家运势跌至谷底之际上任，在一篇充满伯里克利式雄辩的演说中，发出了震撼人心的抗战宣言：

> 我自己有充分的信心：如果所有人都尽职尽责，如果没有任何事情被忽视，如果做出最好的安排——正如我们现在所做的那样，我们将证明我们能够再次保卫我们的海岛家园、安然度过战争的风暴、经受住暴政的威胁，即使需要多少年，即使必定孤军奋战……我们将坚持到最后；我们将在法国战

> 斗，我们将在汪洋大海中战斗，我们将以越来越大的信心和不断增强的力量在空中战斗，我们将保卫我们的岛屿——无论付出怎样的代价；我们将在海滩战斗，我们将在登陆地点战斗，我们将在田野中、在街巷里战斗，我们将在山上战斗。我们绝不投降。[13]

然而，英国差一点就输了，差点儿就要承受纳粹德国入侵和占领的苦难。如果希特勒和戈林继续轰炸英国皇家空军的登陆地和地面设施，而不是用飞机轰炸城市，德国可能就已经赢得了不列颠战役，而一旦掌握制空权，德国必然胜利。在这种情况下，丘吉尔斗牛犬般的决心（他在法国沦陷后拒绝接受相对慷慨的和平提议）在事后看来，就会显得是一个悲剧人物壮丽但执拗的反抗，他因自己英雄式的顽固而让他的人民陷入困境。

这就是我们的研究要求我们对伯里克利做出的评价。他对自身智慧的力量以及理性能够塑造更美好世界的能力充满自信，超出了人类可能实现的范围。这种超越人类的自信是英雄气质的一部分，也解释了为何悲剧英雄既令人敬畏又伟大非凡。然而，伯里克利的伟大远不止于其英雄人格。他宣称雅典永垂不朽是真知灼见，尽管使雅典不朽的不是他所想的那般源于强权（这种强权很快就被颠覆了），相反，他的城邦不朽声名的真正来源，是伯里克利对于理想社会和理想公民的独特而独创的愿景：一个自由民族通过在自治共同体中轮流执政、共商国是，最终实现个体与集体的卓越成就。伯里克利的愿景重视智慧和才能，并且毫不犹豫地用公共荣誉奖励这两者。他的愿景也重视艺术，既视之为教化的利器也承认其自身的乐趣。他的愿景以拒绝由城邦强制施加的平等（如在斯巴达）、坚持将机会自由作为通往平等和荣誉的道路的方式，调和了自由与平等之间的紧张关系。这是一个关于民主的愿景，其目的不是把生活的所有方面都降到最低的共同标准，而是致力于在成就城邦卓越的同时，也成就个人的卓越。他的愿景要求公民的参与和牺牲，同时保留了一个广阔的私人活动空间，这一空间城邦无权干涉。它承认每个公民都有权利追求自己通往幸福的道路，同时要求每个公民尊重其他公民和整个共同体的需要。这是一个具有永恒价值的愿景。只要人类仍为政治自由的问题所困扰，这一愿景就会一直有启发和指导意义。

第十四章

伯里克利的影响

“伟人有两次生命。一次是当他们在尘世作为之时，另一次是从他们去世那天开始的，只要他们的思想和观念仍具有力量，他们的生命便得以延续。”[1]这个说法很贴切。这也是伯里克利的真实写照。像许多伟大的领导者一样，他留下了一个无人能够填补的危险权力真空。雅典政治很快回归到早年的对立态势，因为雅典的要员们都在争夺伯里克利留下的空缺职位。然而，由于他们缺乏伯里克利那种独一无二的卓越品质，他们以一种更典型的民主竞争方式展开争夺，通过寻找新奇方法来取悦并讨好选民。

修昔底德认为这些继任者是无能之辈，他把战争失利归咎于他们缺乏领导力。他们的私人野心和贪婪不仅使他们放弃了伯里克利的战略，还让他们选择了损害雅典根本利益的政策。“这些政策若成功，它们只能给个人带来荣誉和利益；一旦失败，就会给正在作战的整个城邦带来伤害。”（修昔底德 2.65.7）这个评价太过苛刻，因为这些继任者接手了一个危如累卵的烂摊子，而且至少其中一些人认为自己采取的政策最适合雅典。然而，他们中没有一个人具有此刻雅典需要的领导者素质，也没有人像伯里克利一样，拥有成为名副其实的“第一公民”所需的美德和经验。但是，他们每个人似乎都在按自己的方式，有意识地模仿伯里克利的一些品质。

在伯里克利去世后的几年里，雅典最重要的政治家是尼西亚斯。他曾与伯里克利一起担任将军，似乎继承了他的衣钵，因为他始终恪守伯里克利的战略。于是，克里昂成了他的敌人，因为克里昂偏爱更激进的战略。克里昂开始攻击他，就像之前攻击伯里克利那样。由于尼西亚斯缺乏那位伟人的威望和说服天赋，他试图模仿伯里克利的风格。他竭尽所能地突出自己与伯里克利的相似之处，在私人生活中保持疏离感，回避享乐和社交活动，甚至回避与人交谈。无论担任将军还是雅典议事会成员，他都如伯里克利般埋首公务。他安排朋友守在家门口，请求到访的人谅解，理由是“尼西亚斯此刻正忙于处理重要公务”。（普鲁塔克《尼西亚斯传》5.2）尼西亚斯还雇用了一位我们今天会称之为公关专家的人，普鲁塔克称此人是尼西亚斯在“这些事务中的首席悲剧搭档，以及为他披上威严和名望外衣的同僚”。这个人名叫希埃罗（Hiero）。他的任务是在民众中散布尼西亚斯为了城邦事务而过着艰苦生活的故事。

> 甚至在他洗澡和吃饭的时候，也有一些公务占据着他的心神。他忽略了自己的私事，总是想着公共利益，直到夜晚初更时分才躺下休息。这就是为什么他的身体状况不好，也是为什么他对朋友不太温和友善。在为城邦服务的同时，他也失去了朋友和金钱。其他人则在公共事务中寻求享乐，同时结交朋友、积累财富，把公共利益当作儿戏。（普鲁塔克《尼西亚斯传》5.3.4）

当然，这只是对伯里克利那种天生的崇高姿态的刻意夸大，而尼西亚斯很快就暴露出他缺乏前任领袖的远见和说服力。不过，尼西亚斯是一个坚定不移的爱国者，并且廉洁无私。在伯里克利死后 16 年里，尼西亚斯始终在雅典执掌大权，这在很大程度上得益于他成功地将自己塑造为其榜样的衣钵传人。

吊诡的是，连曾对伯里克利及其政策攻击最猛烈的克里昂，竟也摆脱不了伯里克利的影响。在几乎所有方面，克里昂都站在伯里克利的对立面。伯里克利行事冷静克制，而克里昂被描述为“暴戾至极”。（修昔底德 3.36.6）在对待盟邦和城邦的战争目标方面，伯里克利倾向于采取温和的政策；克里昂则主张严酷地处理反叛的盟邦、采取激进战略，以及只能以巨大代价实现的战争目标。伯里克利倡导重要议题要自由讨论，欢迎新的想法；克里昂谴责雅典人沉湎于冗长的辩论、愿意听取多方意见，谴责他们在被新论点说服后改变立场的作风。

即使如此，克里昂这个臭名昭著的平民煽动者却喜欢扮演伯里克利式政治家的角色。在他认为多数人错了的时候，他敢于反抗和指责他们。有一次，他在演讲开头说：“我的观点和之前一样。”这几乎与伯里克利在战争前夕反对多数雅典人时所说的话如出一辙。还是在这次演讲中，克里昂把雅典人的困境归咎于他们自己，就像伯里克利在许多场合所做的那样。他很狡黠，深谙如何盗用伯里克利的言谈举止来达成与后者截然相反的目的。

伯里克利是亚西比德的监护人，而且亚西比德还在这位伟大领袖的家中长大，因此亚西比德受到伯里克利的影响不足为奇。即使没有这层关系，这个男孩的才能、品性和他父亲的显赫声望也让他注定会踏上军政仕途。但有证据表明，他的监护人所树立的榜样影响了他的步伐和方向。他在伯里克利职业生涯的巅峰期度过了他的童年，当时伯里克利是雅典最有权势的人。亚西比德在野心的驱使和友人的怂恿下，立志不仅要建立丰功伟业，更要超越其监护人的成就。

亚西比德的政治生涯有一个辉煌的开端，和伯里克利一样，他在 30 岁出头就被选为将军。克里昂死后，他成为反对尼西亚斯及其与斯巴达人和平共处政策的派系的领导者。亚西比德奉行了一个与此相反的计划，即在雅典、阿尔戈斯和伯罗奔尼撒半岛上斯巴达的其他敌对城邦之间建立一个同盟，这一战略与伯里克利在第一次伯罗奔尼撒战争中采取的战略非常相似。这一战略差一点就让斯巴达退出战争，并为雅典带来全面胜利，但公元前 418 年的曼丁尼亚战役让它功败垂成。

这样的结果至少部分是因为无论亚西比德还是尼西亚斯，或是任何一个雅典人，都没有足够的政治支持以使其政策在遭遇挫折时仍能贯彻始终。雅典迫切需要一个伯里克利这样的人物来团结人民，同时这个人还能坚定而稳固地指导他们执行一个或另一个政策。如果没有明智、有效的领导，民主制就会盲目地陷入破坏性的暴行和自我毁灭的冒险主义之中。也许最糟糕的例子就是雅典人要求米洛斯岛民加入同盟。之前米洛斯一直与雅典和它的同盟保持距离，60 年来，雅典人一直允许他们这样做，没有什么紧迫的理由迫使雅典人改变这一政策。但在公元前 416 年，挫败感越来越深的雅典人命令米洛斯人加入雅典帝国。当米洛斯人拒绝时，雅典人围攻了米洛斯岛。米洛斯最终投降，获胜的雅典人杀死了米洛斯所有成年男子，并将妇女和儿童卖为奴隶。这是雅典人犯下的最臭名昭著的暴行，成为永远玷污其荣誉的历史污点。

在伯里克利执政的时代，即使在严重的叛乱已经威胁到雅典的存亡时，他们也从未犯下这样的罪行。

第二年，亚西比德为了在与尼西亚斯的对抗中占据上风，提议远征遥远但富有的西西里岛。这是伯里克利生前一直反对的那种军事冒险。尼西亚斯也反对这一计划，他试图阻挠这一计划的努力反而让远征军的最终规模比原先提议的要大得多。结果，一个原本可能只是较小的错误变成了重大的灾难。之后，法庭对亚西比德进行缺席审判，并判处他叛国罪。到公元前 413 年，他已流亡斯巴达。尼西亚斯战死了，和他一起战死的还有数以千计的雅典士兵和盟军士兵，雅典舰队主力沉没在西西里海域，雅典的金库也几近空虚。雅典人似乎被打垮了。他们的盟邦纷纷叛乱，斯巴达人确信一场轻而易举的胜利即将到来，甚至一些中立者也计划加入其中以分得一杯羹。

在这个可怕的时刻，雅典民众的反应表明，他们仍然深受伯里克利的影响。他们认识到需要一种像伯里克利式谨慎可靠的政治领导方式，于是他们创造性地设立了一种新制度，以在没有杰出个人领袖的情况下，来提供指导和保持稳定。他们投票决定“设立一个由年长者组成的委员会（probouloi），在形势需要时，对城邦事务提供建议并拟定法案”。（修昔底德 8.1.3）一些古代作家和现代学者将此视为远离民主的一步，因为这个由 40 名长老组成的委员会有能力限制公民大会和议事会的权力。但这种观点显然是错误的。公民大会是在自由、没有被胁迫的情况下选择建立该委员会以应付紧急情况的，并且委员会的成员也是自由选举产生的。

这 40 个人中只有 2 个人的名字流传下来，即哈格农和索福克勒斯。在民众心中，这2人都与伯里克利关系密切。哈格农曾至少3次和伯里克利共同担任将军，一次是公元前440年在萨摩斯，另外两次是在其他战场，时间分别是公元前430年和公元前429年。公元前438年，当伯里克利受到政敌攻击时，哈格农在捍卫伯里克利方面发挥了重要作用。公元前437年，哈格农担任重要殖民地安菲波利斯的创建者。而在萨摩斯叛乱期间，悲剧作家索福克勒斯为伯里克利执行了一个棘手的外交任务。同时，众所周知，他与伯里克利关系亲密。[2] 显然，在新成立的委员会中，雅典人安排了尽可能多的伯里克利的旧部。

修昔底德对后伯里克利时代的雅典没有好感，而且他对公元前413年雅典人的努力的赞扬也颇为勉强："民主就是这样，在令人恐慌的时刻，他们准备尽可能地按规矩行事。"（8.1.4）实际上，在这场危机中，雅典民主政体的表现很明显是伯里克利式的。在战争的第一年，当伯里克利担心激情会干扰理性的政策时，他凭借个人权威，以阻止召开公民大会的方式来限制民主机制。现在，雅典的公民大会自发地以一种彻底的伯里克利精神（果决、务实、克制、谨慎、节约），通过将前所未有的权力授予了由一批在伯里克利执政传统下成长的受人尊敬且值得信赖的温和派成员组成的委员会，实现了对自身的约束。他们也在财政上表现出非凡的操守。"他们决心从现有条件出发，绝不投降；他们设法获得木材和金钱，尽最大努力准备一支舰队，同时设法维持他们同盟的安全，减少公共开支。"（8.1.3）

在长者委员会的领导下，雅典人展现出惊人的复兴之势。他们几乎镇压了同盟中的所有叛乱，还几乎把伯罗奔尼撒同盟的舰队都赶出了海域。然而，波斯人对斯巴达的支持激发了敌人的斗志。雅典似乎不可能战胜有波斯大王支持的伯罗奔尼撒同盟。与此同时，被判处死刑的亚西比德逃离斯巴达，并担任提萨弗涅斯（Tissaphernes）的私人顾问。提萨弗涅斯是波斯总督，他刚与斯巴达缔结了新的盟约。亚西比德渴望回到雅典，但只要雅典还是民主政体便无法如愿，因为他仍背负着重罪指控。他与爱琴海雅典海军基地的雅典人谈判，若能推翻民主制并让他回到雅典，他将促使提萨弗涅斯和波斯人倒向雅典。如果他真的能带来波斯的援助、雅典的胜利，即使是爱国者和支持民主制的人，也准备在这些条件下接受他的回归。最终这场政治博弈导致了公元前411年的一场成功的政变，“四百人”政府（the Four Hundred）建立，首次终结了雅典延续百年的民主政体。

“四百人”政府中的主导派系很快暴露出其寡头本质与对民主的仇视。他们对民主派和温和派实行了暗杀和恐怖统治，在他们正要将城邦出卖给斯巴达人时，温和派接管了政权。政变后仅4个月，“四百人”政府就被一个参与者更广泛的政权取代，并在年内恢复了民主制。恢复后的民主制没有产生伟大的领导者，而且它还犯了一些错误，并且最终输掉了伯罗奔尼撒战争。这一切在古代饱受诟病，千百年来几乎没有人为其辩护。然而其成就不容忽视，展现出了非凡的勇气和决心，而且实际上几乎赢得了胜利。修昔底德的评价是对这一民主制最好的颂词：

> 即使在西西里战败——在那里他们失去了大部分的舰队以及其他军队，城邦内部已然党争四起之后，他们仍然又坚持了十年之久，不仅要对抗他们以前的敌人和后来加入的西西里人，还要对抗他们自己的大多数同盟城邦——

> 因为它们都背叛了雅典，而且后来还要对抗波斯大王的儿子居鲁士——他为伯罗奔尼撒海军提供金钱支持。即便如此，他们也没有屈服，直到他们因为内部的纷争而毁了自己。（2.65.12–13）

修昔底德的此番论述意在佐证伯里克利的预言，即如果雅典人恪守他最初的战略，本可轻而易举地赢得战争。我们不必认同这种观点，也能与这位伟大的历史学家一同钦佩雅典民主制度在失去领袖后所表现出的非凡韧性和勇气。更令人动容的是，即使在最黑暗的岁月里，雅典人也始终恪守伯里克利的民主愿景。即使战败后，他们的帝国、他们的自治权和他们的民主制都被剥夺了，这份坚守依然未曾动摇。

公元前404年，斯巴达人向已经战败并且在挨饿的雅典人强加了苛刻的投降条款。战败方被要求解散同盟并交出舰队，城邦的城墙也要被拆毁。雅典人失去了外交自主权，因为他们的城邦成了伯罗奔尼撒同盟的一员，他们承诺“不管斯巴达人将他们引往何处，他们都将跟随斯巴达人”。接下来，斯巴达人在雅典扶植了一个寡头制傀儡政权，该政权因暴虐统治而有“三十僭主”（The Thirty Tyrants）的称号。新政权很快开始了另一场恐怖统治，包括大范围的没收充公和司法处决。首先出于政治目的清洗著名的民主派领袖，然后觊觎财富陷害富人，最后连统治集团内部抗议暴行的温和派也难逃毒手。随着敌意和反抗愈演愈烈，“三十僭主”不得不引来一支斯巴达驻军来保护他们免受同胞的攻击。

在控制了之前的雅典帝国后，现在斯巴达人主宰着希腊世界。

他们四处压制民主制，代之以寡头制的傀儡政权，统治看似固若金汤。雅典本身已沦为占领区，甚至稍稍显露民主倾向的嫌疑都可能招致指控和杀身之祸。伯里克利点燃的民主之光似乎再次彻底熄灭了。

在这个黑暗时代，雅典人曾找到了一位具有伯里克利风范的领袖，他就是吕库斯（Lycus）的儿子色拉西布洛斯（Thrasybulus）。色拉西布洛斯曾是希望召回亚西比德的温和派成员之一，他认为这是一种拯救雅典和赢得战争的方式。当公元前 411 年寡头派的密谋者试图把他们的政变蔓延至萨摩斯时，色拉西布洛斯是雅典舰队的一名舰长。他带领民主派抵抗，并获得胜利。不管是在取代“四百人”政府的温和派政权中，还是在随后完全恢复的民主政体中，他都担任雅典舰队的司令，并且屡建奇功，创下雅典海军在战争中最辉煌的胜绩。他是伯里克利式民主制的产物，也是伯里克利式雅典公民教育的成果；他接受了忠于职责、奉献于雅典帝国的传统教育，并在他的一生中始终坚持这些理想。[3]

在斯巴达获胜后，雅典人面临的抉择，恰似 1940 年法国人的处境。多数法国人尽可能地接受了被德国人打败和占领的现实，同时努力尽可能正常地继续他们的生活。有些人选择与德国人合作，要么是因为他们真心认同，要么是因为这样可以带来安全和机会，或者是希望通过缓和占领带来的影响来帮助他们的同胞。另一些法国人（数量很少）在戴高乐的带领下，立即决定开展自由法国运动，并向英国寻求根据地和支援。

色拉西布洛斯是雅典人的戴高乐。他逃到忒拜，这是一个以前曾与雅典为敌但现在与斯巴达反目的城邦。在那里，流亡的雅典民主派和爱国者团结在色拉西布洛斯的领导下，组建起一支小型军队，据守雅典北部边境群山中的一个堡垒。当“三十僭主”的军队不能镇压叛军时，更多的雅典人选择投奔这支抵抗军。最后，色拉西布洛斯已经足够强大，他率军攻占比雷埃夫斯，并在与斯巴达军队的对峙中不落下风。斯巴达人选择了放弃雅典，公元前 403 年，色拉西布洛斯和他的手下恢复了完全的民主制。难怪雅典人为了表彰他，把他葬在公共墓地之中，就在伯里克利坟墓旁边。

“三十僭主”的暴行触怒了许多公民，他们想追捕并惩罚那些与“三十僭主”勾结的罪犯。这将带来审判、处决和放逐，使雅典陷入派系纷争和内战，重蹈许多其他希腊城邦民主制覆灭的覆辙。但与此相反，色拉西布洛斯与其他温和派人员联手推行大赦，仅惩处少数元凶，保护了其他所有人。新恢复的民主政府坚定地执行温和、克制的政策，其举措后来赢得了亚里士多德的盛赞：“雅典民主派对他们之前所受灾难的反应，无论是私下的还是公开的，堪称诸民族中最卓越、最具政治智慧的典范。”他们不仅颁布并恪守大赦，而且还筹集公共资金，向斯巴达人偿还了“三十僭主”用于对抗民主派的借款。“因为他们认为，这是恢复和谐的方式。其他城邦的民主派上台执政时，他们从没想到要花自己的钱；相反，他们还要夺取和重新分配对手的土地。”（《雅典政制》40.2–3）公元前 403 年民主派的温和政策使得各阶层、各派系成功和解，这让雅典民主制在没有内战或政变的情况下蓬勃发展，几乎一直持续到公元前 4 世纪末。

因此，伯里克利的精神取得了胜利。在恢复民主制半个世纪后，温和的雅典民主派以最高的评价称赞伯里克利和他的成就：他是与梭伦、克里斯提尼和地米斯托克利齐名的伟人之一，他们为雅典带来了民主和伟大。他廉洁奉公，“是一位优秀的政治领袖、最好的演说家，他用纪念碑和各种其他装饰品装扮着雅典城邦，甚至今天来到雅典的人仍然认为，雅典不仅配得上统治希腊人，还配得上统治全世界”。（伊索克拉底［Isocrates］《论财产交换》［*Antidosis*］234）

在20世纪的最后10年里，对伯里克利和雅典民主的这般讴歌似乎已然大获全胜。对民主美德的认信比历史上任何时候都更为普遍。一些人甚至认为，始于古代雅典的民主制的支持者与反对者之间的长期辩论已经结束了。然而，简单翻阅历史记载，就会得出一个更清醒的结论。

两千多年来，民主制一直有许多强大的敌人，却鲜有朋友。在伯里克利时代之后的那个世纪里，一些具有影响力的思想家谴责民主制，并用雅典的例子证明民主制有致命缺陷。大多数古代作家将民主制的领导者描绘成民众煽动者和公共利益的破坏者。他们认为民主制非常不稳定，是派系和阶层之间毁灭性斗争的舞台，在民主制城邦里，穷人占多数的群体践踏较富裕的少数群体，毫不顾及个人的权利。民主制与生俱来的不稳定性会不可避免地导致内战，并因此走向无政府状态和僭主制。柏拉图直接抨击了伯里克利，并谴责雅典人称赞民主政治家：

> 人们说，他们使城邦变得伟大，却看不到城邦在这些前任领导者治下已肿胀且腐烂。因为他们用海港、码头、城墙、税赋和诸如此类的废物填满了城邦，没有为节制和正义留下任何空间。当危机来临的时候，人们会责怪当前的指导者，却为地米斯托克利、客蒙和伯里克利喝彩，而他们才是灾难

真正的始作俑者。(《高尔吉亚篇》518e–519a)

这种充满敌意的描绘一直持续到18世纪，在此期间它从未受到挑战，同时主宰着西方的思想。从文艺复兴到启蒙运动时期的统治者和作家都接受了柏拉图的批评，因为这样做符合他们的最大利益。国王、贵族和支持等级制度的保守派担心把权力给予“暴民”的后果；艺术家和作家担心普通人掌权会导致文化的堕落；宗教领袖则预见到教会权威与民众政府的水火不容。总之，欧洲君主和贵族社会中所有强大的势力和机构都对民主理念抱有敌意，并且欣然接受了这样的观点：伯里克利统治下的雅典是一个灾难性的失败。

在作为启蒙运动时代特征并贯穿了法国大革命的激烈辩论中，希腊的经验屡屡被用作反对民主倡导者的有力论据。这种观点十分有力，而且广泛流传，甚至美国宪法的制定者们——他们建立了世上最成功稳定的民主政体——在辩论时也不假思索地接受了这种成见。亚历山大·汉密尔顿（Alexander Hamilton）曾以伯里克利的政治生涯来说明，在纯粹的民主制国家中，一个民选领导者拥有滥用权力的机会：

> 这类人，无论是国王的宠臣还是人民的宠儿，在许多情况下都滥用了他们所拥有的信任，并以公益为借口，毫不顾忌地为了个人利益或个人满足牺牲国家的安宁。
>
> 著名的伯里克利，为了迎合一个娼妓（阿斯帕西娅）的怨恨，牺牲了同胞的鲜血和财富，去攻击、征服并摧毁了萨摩斯。还是伯里克利，他受私人恩怨的刺激……是那场著名

> 的、致命的战争的始作俑者。在希腊的史册中，这场战争被称为伯罗奔尼撒战争，这场战争……最终葬送了雅典联邦。[4]

就连詹姆斯·麦迪逊（James Madison）也赞成柏拉图对古代雅典的评判："这样的民主制一直是上演动荡和纷争的舞台，始终与个人安全或财产权不相容，并且通常这种民主制的寿命很短暂，终局必是腥风血雨。"[5]

但实际上，正如我们所见，伯里克利时期的雅典与这些指控毫不相干。柏拉图对其政体本质的攻击是一种歪曲。雅典民众并未允许他们的领导者僭越权柄。即使是对于民主政体中最有权势的人，雅典人也会毫不迟疑地罢黜和惩罚他们，伯里克利对此有痛苦的体会。他们也抵御了来自外部和内部的对民主制度的威胁。历经伯罗奔尼撒战争将近 30 年的腥风血雨、军事溃败、外邦占领和寡头政变，雅典人同时展现了奉献与克制，这是维系民主政府和体面社会存续所必需的两种品质。

当我们考虑到以下事实时，这种克制显得尤为令人钦佩：雅典的多数派原本可以轻而易举地掠夺富人并向他们的敌人复仇。显然，他们都接受了民主愿景，同时他们的经验也证明了这个愿景的有效性。他们并未将治理雅典的习俗与法律视为富人和有产者统治被剥削的大众的阴谋，相反，他们认为，尊重和服从法律是保护弱者和穷人免受富人和强者压迫的根本保障。同时，只有民主政府才能赋予普通人自由、尊严和自重，而这一切皆系于对法律的遵守。他们认为，蔑视法律是僭主之道："在民主制下，保护公民和城邦的是法律，而僭主和寡头则在猜忌和武装护卫中寻求保护。"（埃斯基涅斯［Aeschines］《反对提马库斯篇》［*Against*

Timarchus] 4–5）在公元前 403 年民主制重新设立后不久，一位演说家以优美的语言表达了雅典人对法律的忠诚，这篇葬礼演说让人想起伯里克利在一代人前发表的演说。这位演说家说，早期的雅典人是最早建立民主制的人，

> 他们相信所有人的自由乃是和谐最强大的源泉。他们通过互相分享共同面对危险时产生的希望，在公共生活中获得了灵魂的自由。他们用法律来惩恶扬善，因为他们认为，凭借武力的统治是野兽之道，人类应该通过法律裁断公义、运用理性来说服他人，同时以在行动中服从法律的最高权威和理性的指导来践行二者。（吕西亚斯《葬礼演说》17–19）

19 世纪，当现代民主制度开始在美国和英国扎根时，人们对雅典民主的态度变得更加积极。英国的民主支持者们重新发现并赞扬了伯里克利时代的雅典政制及其民主生活方式。乔治·格罗特（George Grote）的伟大著作——12 卷本的《希腊史》——在 1846 年到 1856 年间相继出版，改变了人们对伯里克利时代雅典的认识和理解。随着英国向更充分的民主迈进，经格罗特诠释的伯里克利时代的雅典愈发成为灵感的源泉。受过良好教育的英国男女从小就浸润在对公元前 5 世纪的雅典人的认知和景仰之中。

在第一次世界大战期间，伦敦的巴士上张贴着伯里克利葬礼演说的节选海报。摘取这些内容的人认为，伯里克利要求雅典人坚守阵地抵抗斯巴达人的演说词，对于生活在以自由和商业为特征的现代民主制国家中的公民来说具有重要的时代意义，因为他们正在与军国主义专制政体作战。他们还认为，伯里克利对每个

雅典人的呼吁——号召他们为共同体做出必要的牺牲，会引起英国人民的共鸣。同时，这些人希望平等、守法、言论自由、政治参与的价值观，以及对善良与美、权力与荣耀的热爱，能够吸引普通民众。[6]

在 1915 年，一位杰出的英国古典学家可以坦然地说，

> 古希腊的思想和灵感在今天仍然可以帮助我们，不仅可以用来应对当下的责任担当，更能推动我们深化和拓展民主和公民权、自由与法律的范畴和内涵，而这些正是我们突然迈入的历史新纪元所面临的首要政治使命。[7]

从那时起，民主制下的雅典就开始广受赞誉，但现代民主自身屡遭武力侵略和意识形态挑战的严峻威胁。20 世纪 30 年代的大萧条，以及随后法西斯和纳粹独裁政权的崛起，似乎让人们在 19 世纪的期待成为笑话。当时人们认为民主制肯定会通过理性、繁荣、自治的自然进步取得胜利。民主政府看似一度从世界上大部分地区消失了，让位于那些因现代技术加持而前所未有得凶残的暴政。

第二次世界大战摧毁了一种专制政体，不过，西方民主国家迎来了新的挑战。许多西方知识分子重新开启了柏拉图所发起的对民主的批判，尽管他们的批评来自一个不同的角度。柏拉图以及追随他的早期现代君主主义者和贵族主义者批评伯里克利式民主过于追求平等，而 20 世纪的批评者主要抱怨其不平等，特别是在自由社会中不可避免的财富分配不平等。这些批评者要求的不是所有公民的机会平等，而是结果平等。政治平等是雅典民主的

基石，但经济平等在伯里克利时代及其后的民主纲领中从未占据一席之地。早在公元前 6 世纪初，雅典的农民就要求重新分配土地，获得相同份额（isomoiria）的阿提卡土地，但是这一需求没有得到满足，此后也再未重提。其他城邦的社会革命教训表明侵犯财产权只会导致内战、无政府状态、暴政和贫困，这证明法律面前的平等而非财产均等是与繁荣、自由和安全兼容的唯一原则。因此，对雅典人来说，社会正义并不意味着经济平等。这位雅典民主人士要求的是机会平等，即“公共事务对所有人才开放”。但他也认为，优秀和出色的能力应该得到回报。无论是经历灾难还是诱惑，身处繁荣还是贫困，雅典人始终恪守这些原则。

古代的民主批评者持有一种基本态度。他们不信任普通人，并为了追求更高的目标——一个乌托邦式的正义理念——而剥夺了普通人的自主权。对柏拉图来说，这意味着由一小群哲学家来统治，他们将凭借神圣且永恒不变的知识来治理国家。这种对民主制的批评认为，个人自由和自治对于建设一个真正正义的社会来说是次要的，并且只有少数人知道正确的目标以及实现目标的途径。

大多数民主制的捍卫者否认存在一种只有某些精英团体掌握，或者说只有某些精英团体可以掌握的统治技艺或科学。他们认为，良好政府和良好社会的实现需要所有公民的参与。民主制的要素——个人自由、法律面前人人平等、机会平等、选举权和担任公职的权利——并不是实现更高目标的手段。相反，民主的自治制度本身就是目标。因此，人的尊严和全面发展既需要合理的经济发展水平，也需要对自由、自主的生活所需品质的践行。因此，首要的是政治，而不是经济。有力的证据表明，政治民主和经济自由比其他制度都更有可能带来繁荣。虽然没有政治制度能确保繁荣，但民主制至少可以提供一部分所需的条件。

伯里克利时代雅典人的故事表明，民主制的创立和存续需要一个高水平的领袖。面对考验时，雅典人之所以能展现出必要的献身精神、智慧和节制，很大程度上是因为伯里克利成功地向他们传递了民主的愿景和典范。这是一个在政治共同体中尊崇个体的愿景。这个愿景限制了国家权力的范围和强度，为个人自由、隐私和人格尊严保留了充分的空间——这些正是民主政体的核心要素；它拒绝了古代斯巴达追求的均平主义原则，因为这种原则必然压制这些权利；以奖励才能的方式，这一制度激励了个人的成就与卓越，不仅让民众的生活更加美好，也提升了每个人的生活质量。最重要的是，伯里克利使雅典人相信，他们的私人需求，无论是精神上的还是物质上的，都需要一个像雅典这样的共同体来满足。因此，为了保卫雅典，他们愿意冒生命危险；为了雅典的利益，他们愿意做出牺牲；为了维护雅典，他们愿意克制自己的激情和欲望。

在我们这个时代，新兴的民主国家非常脆弱，面临着严峻的挑战。几乎没有哪个国家具备深厚的民主传统，经济状况更是从困顿到濒临崩溃不一而足。许多国家现在面临着长期的种族分裂问题，这些问题威胁着民主政治发展所需的团结与和谐。与此同时，世界上那些繁荣而自由的国家的形象与榜样，通过现代技术传达给了这些新兴民主国家的人民，却使民众对物质生活的期待膨胀至不切实际的地步。如果这些新获得自由的国家主要将民主视为快速实现物质富裕与财富均等的捷径，那么它们将大失所望，而民主制度也将随之倾覆。要取得成功，它们需要一个关于未来的愿景，这个愿景必须足够强大，能够支撑他们度过困难时期和顺利时期，并激励他们做出许多必要的重大牺牲。这些国家必须看到，民主制会尊重每一个人的尊严和自主权，并理解民主的存续需要每一个个体将自己的福祉与整个共同体的福祉紧密联系在一起。

要在那些早已对政治理想主义心生怀疑的社会中培育这种新信念将尤为艰难。因此，新兴的民主国家需要一个以伯里克利为模板的领导者。这样的领导者应当知道民主的真正目标和本质应当是将公民提升到可企及的最高境界，而不是为了安抚最弱者的嫉妒情绪去压制最杰出者，因为那是暴君的做法。它们需要那种理解个人自由、自治以及法律面前的平等本身即具有最高价值的领导者。它们尤其需要具备非凡说服力的领导者，能让躁动不安的公众相信，这些政治制度是建立一个正派的政权和让所有人能过上好生活的首要且不可或缺的基石。

这样的愿景和领导力在我们这个时代并不容易找到。当民主的嫩芽穿透压迫的坚硬地表时，世界为之震撼。那些希望帮助这些幼苗茁壮成长的人，不妨从伯里克利及其城邦的故事中汲取灵感和教益，因为正是在那里民主曾经克服了所有不利条件而取得胜利。

注释

引言

1. Voltaire, *The Age of Louis XIV* (Berlin, 1751), Introduction, p. 1.
2. Robert Gilpin, *War and Change in World Politics* (Princeton, 1981).
3. 最近的一次学术会议名为“霸权竞争：雅典与斯巴达、美国与苏联”，由康奈尔大学的Ned Lebow和Barry S. Strauss组织，于1988年6月在意大利召开。

第一章 贵族

1. 它们最早出现在荷马史诗中，作为祭奠伟大首领、英雄的葬礼竞技会的一部分。在伯里克利时代，规律的体育竞技会已成为庆祝奥林匹亚、德尔斐、尼米亚（Nemea）和科林斯地峡节日的核心活动，这些节日分别敬奉不同的奥林匹亚神。在雅典，泛雅典娜节庆祝城邦的守护女神雅典娜，而酒神节（Dionysian Festival）不仅有体育竞技会，还有著名的悲喜剧竞赛。

第二章 政客

1. 一则故事称她与伟大的画家波利格诺托斯（Polygnotus）有不正当关系，而这位画家在位于市政广场的著名“绘画柱廊”的壁画里，以她的面孔为模板描绘特洛伊妇女，以表达对她的感激。另一种说法是，她与客蒙有染，甚至两人公开以夫妻名义共同生活，但这些故事几乎无法令人信服。
2. J. K. Davies, *Athenian Propertied Families 600–300 B.C.* (Oxford, 1971), p. 305.

第三章 民主支持者

1. 雅典人在开公民大会的日子经常逗留在市政广场，或因喜欢交谈，或因不愿参与会议。为了召集他们参加大会，除了通向普尼克斯山丘集会地的出口，其他出口都会被封闭。接着，人们会朝这个出口的方向牵出一条浸透红染料的绳索，任何衣服上染了红色的人都会被罚款，此举是为了督促人们履行公共义务。

2. 这些引用和信息来源于亚里士多德的《雅典政制》(43.4–6)。该作品描述了公元前4世纪雅典民主的运作方式，但我们没有理由认为在伯里克利时代(即一个世纪前)，公民大会的程序和议程会有很大的不同。

第五章　帝国支持者

1. 本翻译基于对一段残缺铭文的合理且广泛接受的复原，尽管这种复原不可避免地存在不完善之处。参见 #47 in *Greek Historical Inscriptions*, edited by Russell Meiggs and David Lewis (Oxford, 1969), p. 121。
2. 在古希腊历史中，很少有问题像卡里阿斯和约那样引发如此激烈的争议。自古以来，其真实性便备受质疑，这场争论至今仍未平息：几乎每两年就有一篇关于这一主题的文章发表。古代作家对该和约的细节提供了稍有差异的版本，但这些差异并不重要。大多数否认该和约正式存在的现代学者承认，当时确实发生过事实上的敌对行动中止。近年来，一些学者开始为该和平条约的真实性辩护，并将其日期定于欧律墨冬战役(Battle of Eurymedon)之后不久，即公元前5世纪60年代。参见 E. Badian, "The Peace of Callias," *Journal of Hellenic Studies* 107(1987):1–39。关于本文所提出的立场和日期的辩护，请参考 Russell Meiggs, *The Athenian Empire* (Oxford, 1972), pp. 129–51。
3. Raphael Sealey, "The Entry of Pericles into History," *Hermes* 84(1956): 247.
4. Eduard Meyer, *Forschungen zur alten Geschichte*, vol. 2 (Halle, 1899), pp. 19–20.
5. 一些学者对所谓的"同盟代表大会法令"(Congress Decree)的真实性提出了质疑。关于这一问题的详细讨论，可参见 Meiggs, *The Athenian Empire*, p. 151–52, 512–15。普鲁塔克并未为该法令提供具体日期，但此处采用的时间顺序是由那些认可其真实性的学者所选择的。
6. Ibid., p. 153.
7. 纸草法令的复原在细节上远未确定，但 H. T. Wade-Gery 和 Benjamin Meritt 对其版本的描述似乎是合理的："我们并不认为我们逐字复原了那位提到该法令的古代评论者在其总结中使用的语言，但……我们可以自信地基于纸草文献中保存的部分进行解读，无论精确的复原可能是什么样子。"(*Athenian Tribute Lists*, vol. 2, p. 188.)
8. *The American Heritage Dictionary of the English Language* (Boston, 1969).

第六章　和平缔造者

1. 德尔斐的祭司支持斯巴达，因为斯巴达人曾在他们对抗福基斯人(福基斯人与雅典结盟)时给予了帮助。在伯罗奔尼撒战争初期，这些祭司通过一则预言表达了他们对斯巴达的忠诚。当时他们声称德尔斐的阿波罗对斯巴达人说："如果他们全力作战，他们将取得胜利；无论他们是否祈求，他都

会提供援助。”（修昔底德 1.118.3）

2. 普鲁塔克（《伯里克利传》26.3–4）提到囚犯互相在身体上烙印的事情。他还引用萨摩斯的杜里斯（Duris of Samos，28.1–3）讲述的一些关于雅典人实施酷刑及其他暴行的故事，但他将这些故事斥为诽谤。这些说法确实可能是诽谤，但它们也反映出当时愤怒情绪的强烈程度。

第八章 教育家

1. Russell Meiggs, “The Political Implications of the Parthenon,” in *Parthenos and Parthenon, Greece and Rome*, Supplement to vol. 10 (1963), p. 37.
2. Ibid., p. 39.
3. J.J. Pollitt, *Art and Experience in Classical Greece* (Cambridge, 1972), p. 78. 我对雅典卫城上建筑和雕塑的理解和叙述，很大程度上得益于这一富有启发性的分析。
4. Ibid., p. 79.
5. 这是 Édouard Wil 在 *Le Monde Grec et l'Orient, tome I, Le Ve siecle* (510–403) (Paris, 1972), p. 58 中提出的概念。
6. Pollitt, p. 79.
7. Ibid, p. 78.
8. C. J. Herington, *Athena Parthenos and Athena Polias* (Manchester, 1955), p. 62.
9. Pollitt, p. 87.
10. Ira S. Mark, “The Gods on the East Frieze of the Parthenon,” *Hesperia* 53 (1984): 332.
11. Ibid., p. 336.
12. Cynthia Farrar, *The Origins of Democratic Thinking* (Cambridge, 1988), p. 77.
13. Herington, p. 56.
14. Will, p. 270.

第九章 伯里克利的私人生活

1. Davies, *Athenian Propertied Families* (Oxford, 1971), pp. 329–30.
2. Gustav Glotz, *Histoire grecque*, vol. 2: *La grèce au Ve siècle* (Paris, 1938), p. 169.
3. 伯里克利私人生活中事件的具体日期无法精准确定。在为这些事件提供大致日期时，我参考了 Davies (pp. 457–58) 的推论。普鲁塔克（《伯里克利传》24.8）说伯里克利是他妻子的第二任丈夫，但 Davies 提出了有力的论证，认为她首先嫁给了伯里克利，其后才嫁给希波尼库斯。
4. Davies, p. 18.
5. 普鲁塔克（《伯里克利传》31.5）说菲迪亚斯被投入监狱并在那里去世，但应优先考虑斐洛考鲁斯（Philochorus）的记载。斐洛考鲁斯是生活在公元前

4 世纪和前 3 世纪的雅典地方史作家，他似乎有更可靠的证据。
6. 有些学者对普鲁塔克在这一点上的记载（《伯里克利传》32.3）持怀疑态度，但他的史料来源——苏格拉底学派的埃斯基涅斯——距事件发生不过一代人之遥，并且有机会与目击者交谈。因此，他的证据不应轻易被忽视。
7. F. J. Frost, “Pericles, Thucydides son of Melesias, and Athenian Politics Before the War,” *Historia* 13 (1964): 396.
8. F. J. Frost, “Pericles and Dracontides,” *Journal of Hellenic Studies* 84 (1964): 72.
9. Édouard Will, *Le Monde Grec et L'Orient, tome I, Le Ve siecle* (510–403) (Paris, 1972), p. 275.

第十一章　危机管控者

1. 试图否认墨伽拉法令旨在实施经济禁运的观点，是 G. E. M. de Ste. Croix 在其全面且详细的著作 *The Origins of the Peloponnesian War* (Ithaca, 1972) 中的核心论点。据我所知，这一理论尚未获得其他学者的支持。
2. 在第一次伯罗奔尼撒战争期间，埃伊纳因武力胁迫成为雅典帝国的成员。所有这样的附属城邦都失去了自治权，而这项特殊诉求的性质尚不明确，因此很难理解为何斯巴达人将其作为和平条件之一。

第十二章　战略家

1. F. E. Adcock, “The Archidamian War, 431–421 B.C.,” *Cambridge Ancient History*, vol. 5(Cambridge, 1940), p. 195.
2. Hans Delbrück, *Geschichte der Kriegskunst*, vol. 1, Das Altertum (Berlin, 1920, reprinted 1964), pp. 125–26.
3. 其中包括大多数研究该主题的学者。关于一些最具代表性的例子，参见 D. Kagan, *The Archidamian War* (Ithaca, 1974), p. 345。
4. 关于这些计算以及战争费用的更详细讨论，参见 Kagan, *The Archidamian War*, pp. 35–40。
5. Gaetano de Sanctis, *Pericle* (Milan and Messina, 1944), p. 253–54.

第十三章　英　雄

1. 我写这一章时假设这个时间是准确的，接受了 B. M. W. Knox 在 “The Date of the Oedipus Tyrannus of Sophocles,” *American Journal of Philology* 7 (1956): 133–47 一文中提出的非常有说服力的论点，这一点也得到了大多数学者的认可，但剧本写作的具体日期无法确定。我们也无法确知观众在剧本首演时的反应，或索福克勒斯的创作意图。然而，本文提出的论点并不依赖于该日期，而是基于我的观点，即通过研究伯里克利的生平和《俄狄浦斯王》的文本，可以清楚地看出伯里克利与俄狄浦斯之间英雄特质的相似性。

2. 我对索福克勒斯悲剧的理解，特别是对《俄狄浦斯王》的理解，来源于 B. M. W. Knox 的两部伟大著作：*Oedipus at Thebes* (New Haven and London, 1957) 和 *The Heroic Temper* (Berkeley, Los Angeles, London, 1964)。他认识到俄狄浦斯与伯里克利之间的许多相似性，但也恰当地指出了二者之间的显著差异。他非常有说服力的论点是，俄狄浦斯代表了雅典城邦，既体现了它的积极面，也反映了它的消极面。我接受他的解释，但我将这些相似性定义得更深刻。我还认为，既然伯里克利深刻塑造了雅典并成为其象征，索福克勒斯在《俄狄浦斯王》中所塑造的雅典形象，也在某种程度上反映了这座城邦最伟大的领导者的形象。
3. 在整个过程中，我使用了 B. M. W. Knox 简洁且富有洞察力的《俄狄浦斯王》译文。参见 B. M. W. Knox, *Oedipus the King* (New York, 1972)。
4. Knox, *Oedipus at Thebes*, p. 60.
5. Ibid., p. 77.
6. Ibid., p. 29.
7. Knox, *The Heroic Temper*, pp. 5 and 6.
8. Ibid., p. 8.
9. Ibid., p. 40.
10. Ibid., p. 25.
11. Ibid., p. 26.
12. Ibid., p. 60.
13. Winston S. Churchill, "A Speech to the House of Commons, June 4, 1940," in *The War Speeches of Winston .S Churchill* compiled by Charles Eade, vol. 1 (Boston, 1953), p. 195.

第十四章　伯里克利的影响

1. 这些话是阿道夫・伯利（Adolph Berle）在富兰克林・D. 罗斯福总统去世后不久说的。他的演讲收录在 Adolph A. Berle, *Navigating the Rapids*, ed. Beatrice Bishop Berle and Travis Beal Jacobs (New York, 1973), p. 535 中。该段引文由 William E. Leuchtenburg 引用，见 *In the Shadow of FDR* (Ithaca, 1983), p. viii-ix。
2. See D. Kagan, *The Outbreak of the Peloponnesian War* (Ithaca, 1969, pp. 149–51, 175–177).
3. W. Schwann, "Thrasybulos," in *Krol, Realenzyklopaedie der klassischen Altertumswissenschaft*, ed. A. Pauly, G. Wissowa, and W. Kroll, pp. 568–74.
4. *Federalist* Number 6, p. 109.
5. *Federalist* Number 10, p. 133.
6. 这一段是对 Frank M. Turner, *The Greek Heritage in Victorian Britain* (New Haven, 1981), p. 187 中观察的改述。
7. Alfred E. Zimmern, *The Greek Commonwealth: Politics and Economics in Fifth-Century Athens* (Oxford, 1915), p. 5, cited by Turner, p. 188.

出版后记

“伟人有两次生命。一次是当他们在尘世作为之时，另一次是从他们去世那天开始的，只要他们的思想和观念仍具有力量，他们的生命便得以延续。”雅典著名历史人物、雅典民主制的奠基者伯里克利便是这样一位伟人，他不仅于在世时铸就了雅典的辉煌伟业，更在此后的千年里，以其思想和政治遗产影响着世界。

本书深入探讨了这位雅典“第一公民”是如何奠定雅典的伟业、使雅典成为公元前 5 世纪希腊世界的中心的。伯里克利出身贵族，是一名杰出的政治家、将军和教育家。他大幅扩展了雅典公民政治的参与范围，推动了商业和经济扩张，打造了希腊历史上独一无二的雅典帝国。他的远见卓识不仅体现在政治改革上，也体现在对文化艺术的扶持中。伯里克利是索福克勒斯、埃斯库罗斯、菲迪亚斯、希罗多德、阿那克萨戈拉等名人的朋友和资助者，在他的支持下，雅典成为希腊启蒙思想的中心。他深知文化发展对于城邦的重要性，推动公民教育，提倡理性主义，并主持修建了一系列伟大的公共建筑，包括最著名的帕特农神庙——至今仍是雅典辉煌时代的象征。他所构想的雅典城邦愿景，不仅强于政制，更是一座承载雅典公民精神的永恒纪念碑。

本书作者卡根不仅细致刻画了伯里克利在政治、军事、文化等方面的多重身份，还运用翔实的史料以及“反事实历史”的方法理路，生动描绘了伯里克利的私人生活以及他死后对世界的深远影响。在作者笔下，伯里克利如同索福克勒斯悲剧中的英雄，忠于自我、永不妥协，这一性格特质深刻影响了他的言行与决策。伯里克利的思想与成就奠定了西方政治的基础，他虽已逝去，但他的影响力延续至今。

图书在版编目（CIP）数据

伯里克利与雅典伟业的铸就 / (美) 唐纳德 · 卡根著；王可雅译. -- 北京：九州出版社, 2025. 9. -- ISBN 978-7-5225-4024-5

Ⅰ. K831.984.7=2

中国国家版本馆CIP数据核字第202566CZ15号

版权登记号：01-2025-2262
地图审图号：GS（2025）1760号

伯里克利与雅典伟业的铸就

作　　者	［美］唐纳德 · 卡根 著　王可雅 译
责任编辑	牛　叶
出版发行	九州出版社
地　　址	北京市西城区阜外大街甲35号（100037）
发行电话	（010）68992190/3/5/6
网　　址	www.jiuzhoupress.com
印　　刷	河北中科印刷科技发展有限公司
开　　本	880毫米 × 1194毫米　32开
印　　张	11.25
字　　数	252千字
版　　次	2025年9月第1版
印　　次	2025年9月第1次印刷
书　　号	ISBN 978-7-5225-4024-5
定　　价	88.00元